EL REINO DE LA INFANCIA

EL REINO DE LA INFANCIA

MEMORIAS DE MI VIDA EN CUBA

UVA DE ARAGÓN

El reino de la infancia

Publicado por Eriginal Books
Published by Eriginal Books
Miami, Florida

Copyright © 2021, Uva de Aragón

Edición al cuidado de / In charge of this edition: Vitalina Alfonso, 2021
Cubierta y diseño / Cover and design: Yenisel Cotilla, 2021
Editor de Fotografía / Photo Editor: Richard Muñoz, 2021

Primera edición / First edition: September 2021

Todos los derechos reservados. Impreso en Estados Unidos.
All rights reserved. Printed in the United States

ISBN: 978-1-61370-115-7

A mis padres, abuelos, hermanos, tíos, primos,
maestros, compañeros de aulas y juegos.
A tantos famosos y humildes que enriquecieron mi infancia.
A mis hijas, nietos, sobrinos y demás descendientes.
Por mil razones, cada una distinta y la misma

La verdadera patria del hombre es su infancia.

Rainer Maria Rilke

Portal

Pienso que es lugar común afirmar la importancia de los primeros años de vida en la formación de los seres humanos. Estas memorias, que comienzan con algunos apuntes sobre mis padres y otros familiares, se concentran en los quince años y dos días que viví en La Habana, mi ciudad natal. Quizás contengan algunas claves sobre preguntas que todos nos hacemos con mayor o menor frecuencia: ¿Quiénes somos? ¿De dónde procede cierta vocación, manía, temor, sueño o filosofía de vida? Mirar hacia atrás es siempre un intento de entender el presente y adivinar el futuro.

Hace tiempo deseaba escribir estas páginas y confieso que en dos ocasiones el intento fue fallido. No entendía entonces el carácter selectivo de la memoria y la validez de narrar los acontecimientos según me acordara de ellos, aunque tal vez en algunas ocasiones fuera de forma incompleta y en otras estuvieran coloreados por mi imaginación o la distancia. No importa. De una forma u otra estos papeles no contienen falsedades, sino la más honesta narración de una mujer en el ocaso de su vida que vuelve la mirada hacia su infancia y adolescencia habaneras, con nostalgia, sí, pero quisiera creer que también con amor y humor.

Mis gracias a mi hermana Lucía –la única que hoy en día comparte el recuerdo de muchas de mis primeras vivencias– por escuchar, noche tras noche, lo escrito cada día a medida que se forjaba este texto. Agradezco, igualmente, a mi primo Armando Carvallo sus acertadas observaciones y a Vitalina Alfonso su afilada y amorosa edición. Mi gratitud a Yenisel Cotilla por el hermosísimo diseño y a Marlene Moleón por siempre acoger en Eriginal Books todos mis últimos libros. Las inexactitudes que pueda haber son mi responsabilidad y resultado de la complejidad de la evocación. He consultado fuentes bibliográficas, principalmente, cuando la vida del país y la de mi familia comenzaron a entremezclarse, y el espacio público penetró con fuerza en ese mundo privado e íntimo de la infancia y el hogar. He tratado de comprobar por otros medios la veracidad de hechos históricos narrados, pero aclaro de nuevo que cuanto aparece aquí es principalmente producto de mis vivencias y mi deseo de recrearlas.

Desearía que este libro tuviera un propósito más amplio que el placer, el dolor y el aprendizaje que me han significado escribirlo, y el aprecio que pueda recibir de hijas, nietos, familiares y amigos. Me gustaría no solo reflejar una historia personal, sino también costumbres, una sociedad, un momento en los anales de Cuba que, como mi vida, cambiaron radicalmente a partir de 1959.

Reconozco, sin embargo, que mi familia no era del montón y que tuve el privilegio de conocer a importantes personalidades cuando niña y jovencita, otra razón por la cual no deseaba que estas experiencias se perdieran. Tampoco éramos tan diferentes. Hay cosas que se repiten en toda la geografía del mundo y en todas las eras: el amor de padres y abuelos; la relación entre hermanos; la influencia de los maestros; el papel de los amigos, la ilusión de un primer amor.

También, lamentablemente, desde la antigua Grecia, infinidad de hombres, mujeres, niños, y en las últimas décadas miles de mis compatriotas, han sufrido el desgarrón afectivo de dejar atrás todo lo que se conoce y ama, y marchar al exilio, como hice con mi familia el 13 de julio de 1959. Ahí termina esta historia, con la pérdida del reino de la infancia. Quizás estas páginas no sean más que un esfuerzo tardío por recuperarlo, o de manera más ambiciosa, por salvarlo del olvido.

Ojalá, lector, puedas entrar a ese mundo de mis primeros años con ojos de asombro y corazón sensible, y compartas por unas horas la vida de la niña que fui, esa que en cierta forma, siempre y todavía, persiste en mí.

Mi padre

Ernesto Rafael de Aragón y del Pozo nació en La Habana el 10 de febrero de 1892. De niño vivió en Nueva York y Jacksonville, pues su padre, médico y farmacéutico, tuvo que exiliarse con su mujer e hijos pequeños durante las guerras de independencia. Aprendió perfectamente el inglés. Se graduó de Bachiller en Letras y Ciencias en el Instituto de Segunda Enseñanza de La Habana, y de doctor en Medicina de la Universidad de La Habana a los veintidós años.

Desarrolló una brillante carrera médica como cirujano y ginecólogo. Tuvo buenos profesores, excelentes colegas. Trabajó en una gran variedad de hospitales, públicos y privados. Fue profesor titular de la cátedra de Patología Quirúrgica de la Universidad de La Habana. Estuvo activo en sociedades médicas, tanto cubanas como extranjeras, y muchas veces las dirigió. Recibió numerosos reconocimientos, entre ellos la Orden Carlos Manuel de Céspedes, la máxima condecoración cívica en el país durante la República.

Viajaba a menudo fuera de Cuba para mantenerse al día de los avances de la Medicina. Publicó múltiples trabajos

Ernesto R. de Aragón, septiembre de 1915

académicos y se le estimaba en hospitales europeos y norteamericanos. Fue uno de los galenos que representó a Cuba en el Congreso Panamericano de la Salud, en Dallas, Texas, en 1933, donde se proclamó el 3 de diciembre como Día de la Medicina Latinoamericana, en honor a Carlos J. Finlay, famoso por su descubrimiento de que los mosquitos eran transmisores de la fiebre amarilla.

Mantuvo vínculos cercanos con el movimiento feminista durante los primeros años de la República. Le preocupaba que las mujeres no tuvieran acceso a cuidados prenatales y ello lo llevó a aspirar a un escaño como Representante a la Cámara, el cual ocupó de 1944 a 1946. Como legislador introdujo proyectos de leyes para mejorar la atención médica a las mujeres en los hospitales públicos. Las obsesiones en su carrera fueron la fertilidad de la mujer y la reducción de la mortalidad infantil, al igual que la sanidad pública. Durante sus años como Representante renunció a su salario como profesor universitario, pues aunque la Constitución permitía cobrar ambos sueldos, lo consideró un "privilegio injustificado", como consta en su carta de renuncia a dicho ingreso. Tenía fama por su sentido ético.

Además de ejercer la Medicina y la docencia como verdaderos sacerdocios, estuvo involucrado en la vida cívica del país. Así lo muestran cartas y artículos que aparecen en distintos archivos y publicaciones de la época. Se opuso a la dictadura de Gerardo Machado.

De personalidad seria en su profesión –era legendaria su puntualidad y el silencio en el salón cuando operaba–, en el trato con sus íntimos exhibía gran calor humano y sentido del humor. Aunque dedicó su vida a las ciencias, era amante de la literatura, y mantuvo amistad con muchos intelectuales de la época. Contrajo matrimonio en 1916 con Mercedes Godoy. Al año siguiente nació su hija Silvia María, y en 1922 su hijo Ernesto Urbano. Con la enfermera María Neris tuvo una hija natural, Gilda, la cual llevaba su apellido y de la que siempre se ocupó. El 3 de julio de 1941 contrajo matrimonio con mi madre, Waldina Hernández-Catá, a quien había conocido apenas unos meses antes.

Mi madre

Uva Hernández-Catá nació el 13 de octubre de 1913, en la Calle de los Caños del Peral no. 3, en Madrid, a unas cuadras de la Plaza de Isabel II. Era la cuarta hija de mis abuelos. Su padre, Alfonso Hernández-Catá, había comenzado su carrera diplomática de Cónsul de Cuba en El Havre, donde vinieron al mundo mi tía Sara y mi tío Alberto. El mayor, Alfonso, fue el único que abrió los ojos en la Isla. (Todos fueron inscritos como cubanos.) El quinto hijo, Pepe, llegaría once años después que mi madre, también en Madrid. De Francia pasó mi abuelo a Inglaterra, y en 1913, mientras él terminaba sus labores en Birmingham, mi abuela, Mercedes Galt Escobar, apodada Mamá Lila, viajó a España con los críos para dar a luz en casa de sus padres, el periodista gallego Waldo A. Insúa y la camagüeyana Sara Escobar Cisneros.

Don Waldo, sin consultarle a nadie, inscribió a la nieta con la versión femenina de su nombre, Waldina, que en español se pronuncia Ubaldina, lo cual derivó en que la llamaran Uva. Me contaron muchas veces que días después de nacida, al conocerla su padre, comentó que tan fea y con ese nombre tan raro, más le valdría ser

Uva Hernández-Catá, circa 1939

muy simpática. Y no solo lo fue, sino que sería igualmente una mujer de extraordinaria belleza.

Creció rodeada de personajes de la edad de plata de la literatura española, ya que su padre era escritor y se desenvolvía en los círculos literarios madrileños. Contaba con gracia que de pequeña actuó en una obra de Federico García Lorca y el poeta la regañó porque disfrutó tanto al tocar una campana –a lo cual se limitaba su papel– que lo hizo dos veces. Aquí comentaba siempre con tono de niña buena:

–Yo no comprendía entonces que Lorca fuera tan importante.

Si mi tía Sara estaba presente, le contestaba de inmediato:

–Tampoco Lorca lo sabía.

Nunca me cansé de escucharla narrar su primer encuentro con Rafael Alberti cuando la familia y el autor de *Marinero en tierra* se encontraban veraneando en la Sierra. También de su temor a perderse en la multitud que acudió al entierro de Benito Pérez Galdós. El autor de *Fortunata y Jacinta* había sido una especie de mentor de su padre, por lo que mi abuelo llevó a sus hijos a rendirle tributo final. Para Ubaldina, sin embargo, lo más importante eran sus padres, hermanos, primos y ciertas costumbres que nunca olvidó. Rememoraba hasta sus últimos años las castañas asadas, no tanto porque le gustara comerlas, sino por cuánto les calentaban las manos durante los paseos invernales. Añoró cada Navidad el guirlache y el Roscón de Reyes.

Aunque Papá Alfonso, como le decíamos, fue cónsul en varias ciudades de España, la familia siempre residió en Madrid. Muchas veces se iban los meses de calor a las playas de Estoril, en Portugal, que no eran entonces ni tan caras ni tan famosas como ahora.

La última dirección de la familia en Madrid fue en Diego León y Velázquez, en el distinguido barrio madrileño de Salamanca. Para esa fecha, en los albores de la Guerra Civil, ya Don Alfonso era embajador.

Sara y mi madre comenzaron sus estudios en un colegio de monjas, de las que contaban verdaderos horrores, entre ellos que obligaban a las niñas a arrodillarse por horas sobre granos de arroz que les hacían sangrar las rodillas. Pronto se liberaron de aquella escuela. Sara, de fuerte personalidad desde niña, quiso saber qué alumna había hecho una fechoría por la que estaban castigándolas a todas, y no se le ocurrió forma mejor de averiguarlo que hacerse pasar por cura y confesar a todas sus compañeras. Cuando las monjas fueron a contar sus pecados, no se atrevió a escucharlos, y al tratar de huir del confesionario, la pillaron y la echaron del colegio. Mi madre no quise quedarse sin la protección de su hermana mayor y también la quitaron de esa escuela. Fue lo mejor que les pudo pasar, pues las dos estudiaron entonces en la Institución de Libre Enseñanza, el prestigioso plantel docente que tanta repercusión tuvo en la vida intelectual de la nación española. Mucho tiempo después, cuando mi hermana Lucía y yo viajamos a Madrid con nuestros padres, Mami nos llevó orgullosa a visitar su viejo colegio.

Uva Hernández-Catá, 1917

En Madrid fue testigo de momentos históricos, como la proclamación de la República. Mi madre, sin embargo, contaba con mayor admiración cuando se marchó el Rey Alfonso XIII y el pueblo mismo custodió al Palacio de Oriente. Pocos años después su padre presentaría en sus salones las credenciales como Embajador de Cuba ante el Presidente Niceto Alcalá Zamora.

En España tuvo amigas entrañables, algunas que siguieron siéndolo toda la vida, como Beatriz Lugris, que luego contrajo matrimonio en Cuba con Guillermo de Zéndegui, y María Elena (apodada la *Quichi*, cuyo apellido no he logrado recordar), que se casó con el periodista español Francisco Lucientes.

Más de un pretendiente intentó enamorarla, pero al único que la recuerdo mencionar fue a un hijo del dictador Miguel Primo de Rivera. No creo que el joven fuera bien visto en su hogar, en el cual Don Alfonso y sus hijos mayores eran de talente liberal (en el sentido europeo del vocablo), y simpatizaban con los republicanos. Por su puesto diplomático, pese a ser escritor y periodista, el padre, sin embargo, no podía siempre expresarse libremente en público. No creo que a mi madre la atrajera el joven por sus ideas políticas, ni me precisó si se trataba de Fernando o José Antonio, ni nunca me reveló que el primero fue asesinado y el segundo fusilado, ambos en 1936. No me extraña demasiado su silencio. Mami tenía la tendencia de recordar solo los sucesos gratos. De todas formas, es una de las muchas cosas que lamento no haberle preguntado.

Mi madre conoció Cuba por vez primera en los años 30, cuando como protesta por la dictadura de Gerardo Machado, su padre renunció a su cargo diplomático y se fue a la Isla con la familia. Mis tíos Alfonso y Alberto lucharon contra Machado, y Alfonso, el mayor, fue detenido. Afortunadamente mi abuelo, que no carecía de buenos amigos en La Habana, donde todavía las influencias funcionaban, logró que le permitieran salir de la cárcel y del país. Antes de ser liberado, contrajo matrimonio en La Cabaña, donde se encontraba preso.

Aunque durante toda su infancia y juventud mi madre había oído hablar con fervor de Cuba, su primera impresión de la Isla no fue buena. Eran momentos tensos, en que explotaban bombas y petardos todas las noches. La asombraba, asimismo, la composición racial de Cuba, pues en esa época prácticamente no había negros en Madrid. Además, acostumbrada al carácter austero de los castellanos, la desconcertaban los cubanos, siempre sandungueros hasta en los peores momentos. Contaba, por ejemplo, su gran sorpresa cuando un conductor de guagua hacía una parada fuera del itinerario para bajarse a tomar café y nadie se inmutaba. No entendía a veces la jerga del cubano de a pie, ni que a todos los españoles los llamaran gallegos. Sin embargo, al final de su vida aseguraba que aunque residió menos de veinte años en la Isla, se sentía cubana.

El gobierno revolucionario de 1933 premió la actitud de Don Alfonso durante la dictadura, nombrándolo Ministro Plenipotenciario de Cuba en España, como entonces se denominaba a los embajadores. No duró mucho en el cargo. Antes de que estallara la Guerra Civil tuvo que salir de la Madre Patria y lo enviaron a Panamá, la única embajada disponible. Mi abuela, mi tío Pepe, mi tía Sara y mi madre, por distintas razones, se quedaron en España unos meses más. Años después, ya fallecidos todos mis mayores, María Elena, la amiga de la infancia de Mami, me contó, a instancias mías, que en plena Guerra Civil mi madre se les presentó en París, y se pasó unos días en una buhardilla en la que ella, su esposo y su pequeño hijo vivían exiliados. De ahí tomó un tren hasta El Havre donde abordó un vapor para cruzar el Atlántico y reunirse con su familia. Don Alfonso, quien naturalmente le había enviado el pasaje, fue pronto nombrado Ministro en Chile y luego en Brasil. En ambos países fueron felices e hicieron grandes amigos. Mi madre, esbelta, bella, con su garbo madrileño y su gracia cubana, se vio una vez más rodeada de pretendientes. Tomó un curso en la Cruz Roja. Aprendió a defenderse con el portugués.

Nada la preparó para el 8 de noviembre de 1940. Esa mañana llevó con el chofer a su padre desde la legación cubana en el barrio de Copacabana al aeropuerto Santos Dumont. Don Alfonso viajaba a São Paolo a dar unas conferencias. Al despedirse, le preguntó cómo andaba de dinero. Con un gesto, la hija le contestó que regular. Él buscó en los bolsillos y le entregó unos billetes –ella los describía como "aparatosos", más por el tamaño del papel que por su valor real. Antes de subir las escalerillas, el escritor se viró y agitó la mano en señal de despedida. Fue la última vez que lo vio. Apenas, al despegar, el Junker de la aerolínea VASP en el que viajaba, chocó con un avión anfibio *Dragonfly*. Ambas naves aéreas cayeron sobre la Bahía de Botafogo. No hubo sobrevivientes.

La familia llegó a La Habana por barco con el cadáver, el 14 de diciembre de 1940, y ese mismo día sepultaron en el Cementerio de Colón a Alfonso Hernández-Catá. Una joven república, como era entonces Cuba, no podía ofrecer una pensión generosa a la viuda de un diplomático, con un hijo menor –mi tío Pepe contaba con dieciséis años– y dos hijas jóvenes que nunca habían trabajado en su vida. A Sara y a mi madre un amigo les consiguió lo que pienso que era una "botella" en el Ministerio de Educación. Ignorantes de que a menudo esos nombramientos no requerían trabajar, ambas se presentaron a sus puestos. Hoy pienso que probablemente en el Ministerio no sabrían qué hacer con las hijas del embajador, pero las pusieron a llenar unos sobres. A mi madre le rodaban las lágrimas sobre aquellas interminables cajas.

Mi abuela se preocupó por su estado depresivo que se manifestaba, además, en frecuentes desmayos, y la llevó a la consulta del Dr. Ernesto de Aragón, amigo de Don

Alfonso. Debió ser en enero de 1941. El 3 de julio de ese año se casaron. Mi madre no regresó al Ministerio.

No creo que mi tía Sara se quedara mucho tiempo doblada sobre las cajas de aquellas oficinas. Siempre se ganó la vida como periodista y se ocupó de Mamá Lila hasta cerrarle los ojos.

Bajo el signo de la luna

Nací en la madrugada del martes 11 de julio de 1944, en el Hospital Anglo-American, en La Habana. Era la segunda hija de mis padres. (Mi hermana Lucía había nacido el 22 de julio de 1942.) Mi padre tenía tres hijos mayores, Silvia, Ernesto (*Bebo*) y Gilda, como ya he mencionado. Me bautizaron como Uva de los Ángeles, Uva por mi madre y de los Ángeles por mi tía paterna Aurora, que llevaba ese segundo nombre. De niña me llamaban con el diminutivo cariñoso de Uvita.

Mami me contaba que ella y Papi habían llegado a la casa del cine Trianón, cerca de las 11 de la noche del día 10, cuando sintió las primeras contracciones. Fueron

Uva de Aragón Hernández-Catá, 1947

poco después para el hospital, que no estaba lejos, pues vivíamos entonces en la Calle 23, no. 453, entre H e I, y el Anglo-American se encontraba a muy corta distancia, en la Calle 2, esquina a 15, en el mismo barrio de El Vedado. Mi padre la atendió. Con los años se me confunde si esta historia es la de mi nacimiento o la de mi hermana Lucía, pero estoy casi segura de que es la mía, pues sé que nací a las 4 y 40 de la madrugada, como marcaba en un dije en forma de reloj de unos pulsitos de oro que Mami nos mandó a hacer a cada una cuando niñas.

Inmueble donde estuvo el hospital Anglo-American.
Calle 2, esquina a 15, El Vedado, 2021

En 1944 ganó en Cuba la presidencia Ramón Grau San Martín, quien aseguraba que las mujeres mandaban y que la cubanidad era amor. Se equivocaba, pero parece que de alguna manera me hicieron efecto aquellas ideas, pues soy feminista y Cuba ha sido para mí fuente perenne de angustia y devoción. El mundo atravesaba la Segunda Guerra Mundial, y pocos meses después de mi nacimiento un fuerte huracán azotó la Isla. No me gustan ni las guerras ni los ciclones. Mi signo zodiacal es Cáncer. No creo demasiado en la astrología, pero amo la luna, que rige a los cánceres. Claro que yo no sabía nada de eso entonces. Era una bebita trigueña, con mucho pelo, rodeada de mimos y cuidados.

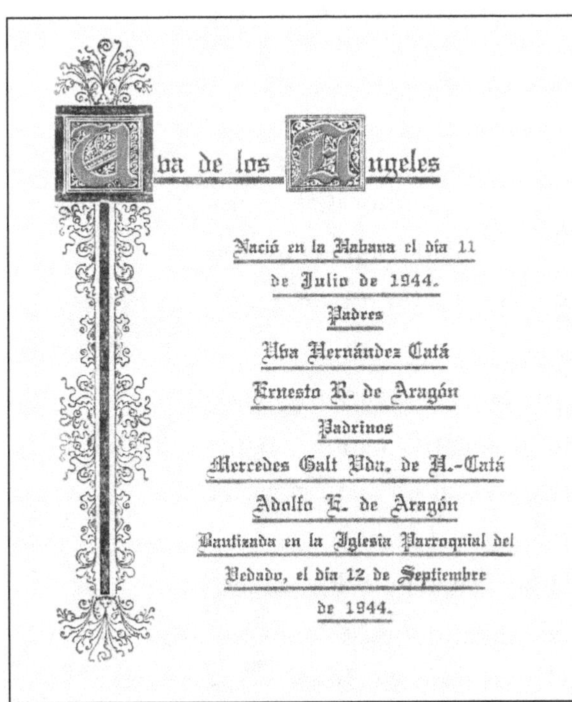
Uva de los Angeles

Nació en la Habana el día 11 de Julio de 1944.

Padres

Uva Hernández Catá

Ernesto R. de Aragón

Padrinos

Mercedes Galt Vda. de H.-Catá

Adolfo E. de Aragón

Bautizada en la Iglesia Parroquial del Vedado, el día 12 de Septiembre de 1944.

Recordatorio del bautizo, realizado el 12 de septiembre de 1944

Tengo muy pocos recuerdos antes de los cuatro años. Contaba con dos cuando nos mudamos de El Vedado a la Calle 42, no. 115, entre 1ra. y 3ra. Avenida, en Miramar, casa que mi padre mandó a construir. Siempre la recuerdo, amplia, llena de luz y brisa. Mi madre quiso que fuese bendecida. Ese día estaba yo en cama, enferma, y cuando el sacerdote entró y salió con rapidez, después de echar unos latines y agua bendita en mi habitación, la sotana se le alzó. Quizás había vientos de Cuaresma pero a mí debió parecerme algo mágico pues me cuentan que pregunté con asombro:

–¿Los padres curas vuelan?

Todos rieron, y mi tía Sara, tal vez con dones visionarios, diagnosticó:

–¡Qué imaginación la de esta cría!

Lucía y Uvita

Mi hermana Lucía de las Mercedes y yo nacimos de los mismos padres, en la misma clínica de El Vedado, bajo el mismo sol de trópico y el signo astral de Cáncer, con un año y 355 días de diferencia.

Desde pequeñas fuimos muy unidas. Compartíamos rutinas diarias, la habitación y el amor de nuestros padres y familias. Íbamos a la misma escuela, nos vestían igual, jugábamos juntas, y a veces hasta nos enfermábamos al unísono.

Claro que no éramos iguales. Lucía era de piel blanca, cabellos crespos, llenita, saludable, alegre aunque con carácter. Yo era trigueña, de pelo negro y lacio como un chino, achacosa, y hasta los siete años flaca como una lagartija. Tenía una sensibilidad casi enfermiza, que me hacía romper a llorar y hasta devolver la comida con que solo me alzaran la voz.

A medida que crecimos las diferencias se hicieron más marcadas porque cada una cobraba su propia personalidad. Pero algo permaneció inalterable: nuestra compenetración. Nunca sentimos celos la una de la otra, ni el egoísmo venció al cariño fraterno. Y en las poquísimas veces que peleábamos nuestros padres nos llevaban a repetir un ritual de paz en que escenificábamos un diálogo versificado:

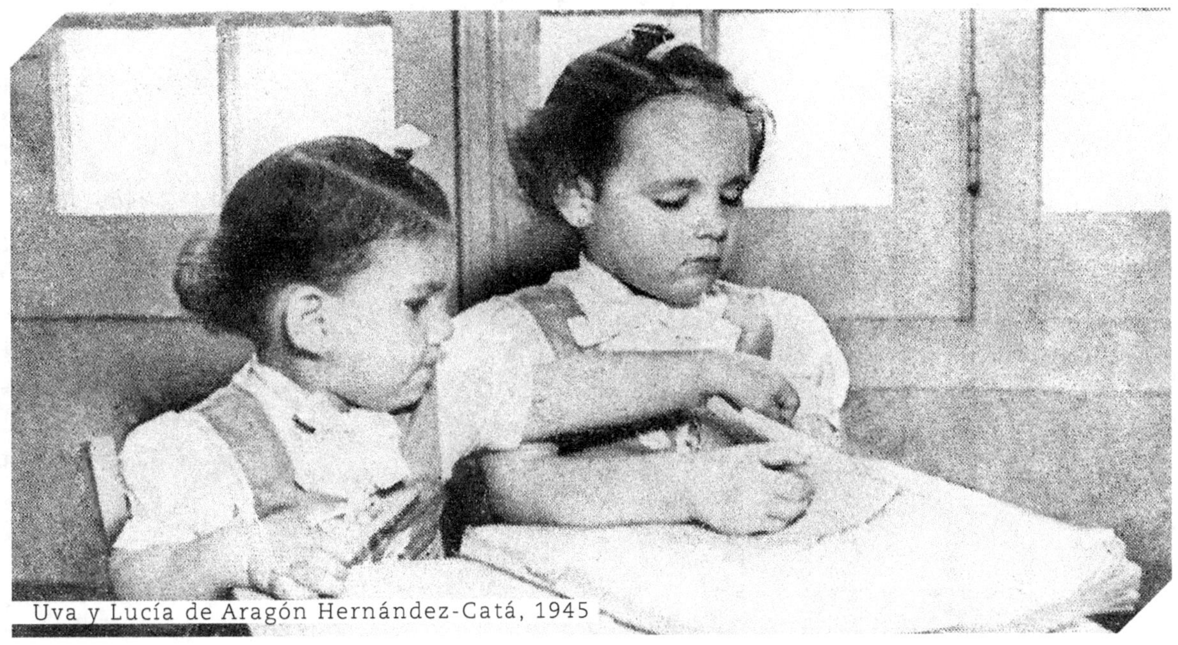
Uva y Lucía de Aragón Hernández-Catá, 1945

–Toma este ramito de flores y adiós que me voy.
–¿A dónde vas?
–A buscar amores que tú no me das.
–¿Qué dices?
–Narices.
–¿Qué hablas?
–Palabras.
–¿Qué haces?
–Pues nos daremos la mano y haremos las paces.

Y con el apretón de las manitas infantiles y los besos, venían también el olvido y el perdón. Regresábamos alegres a nuestros juegos. Jamás un resentimiento emponzoñó nuestra unión de hermanas y amigas.

Muchas veces los que nos rodeaban, al referirse a nosotras, decían "Lucíayuvita", así, rápido, como si fuera un solo vocablo, una sola persona. Éramos en verdad un binomio inseparable. Por eso a través de estas viñetas a menudo aparecerá el nosotras en vez del yo. Ese nosotras es "Lucíayuvita".

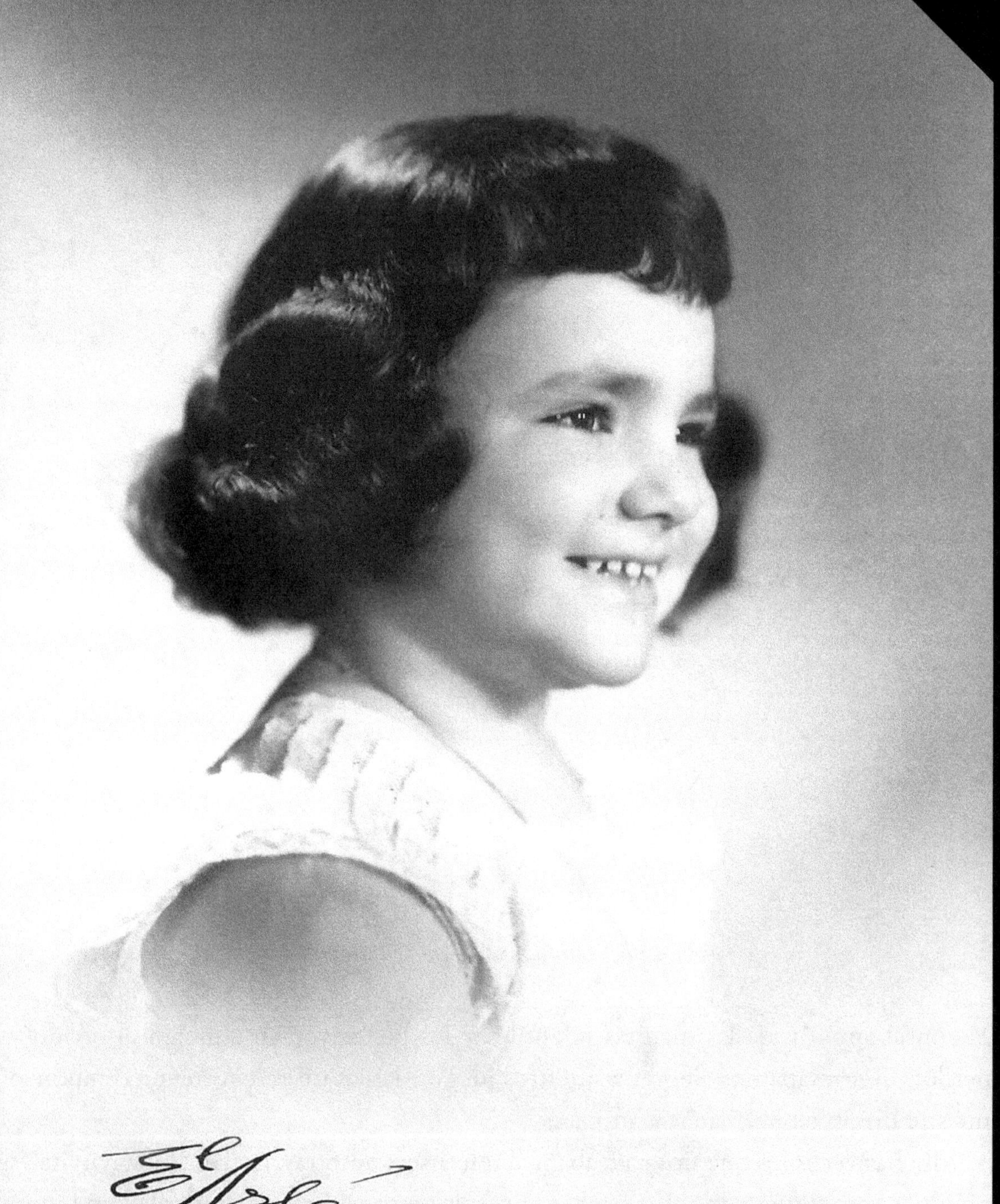

Lucía, 1946

Uva, 1946

Mami

Mi madre era alta, delgada, con un perfil de perfección griega y una hermosa caballera negra. Cuando niña, a mí me parecía la mujer más linda del mundo. Ahora, mayor, rememoro las féminas que conocía en mi infancia y creo que no exageraba, por más que el amor de mi mirada infantil idealizara su imagen.

La recuerdo como ama de casa. Sus labores, en una mansión relativamente grande, aunque sin lujos excesivos, pero con bastante servicio doméstico, no se parecían a las que pueda tener ahora cualquier mujer joven. Por las mañanas, aún en la cama, la cocinera entraba a su dormitorio para discutir el menú del día –que variaba si mis padres planeaban cenar fuera, si iba a haber invitados e incluso según el día de la semana, pues los viernes no se comía carne, como ordenaba entonces la Iglesia Católica. Evoco a mi madre en el corredor de la planta alta contando las sábanas y fundas, y apuntando el número de piezas con su letra de graciosos picos, para enviarlas a los chinos –en cuyas manos estaban la mayoría de los servicios de lavandería en Cuba en esa época. La ropa de cama regresaría días después, limpia, olorosa y tersa, y, tras comprobar

Uva Hernádez-Catá y Ernesto R. de Aragón, Madrid, 1950

que nada faltaba, se colocaba ordenadamente en los closets. La veo igualmente recibiendo los productos que ordenaba a la droguería Sarrá –pasta de dientes, papel higiénico, jabón de castilla, champú de huevo, agua de violetas Agustín Reyes, leche de magnesia, Optalidón, bicarbonato de sodio– y guardando cada artículo en los gabinetes de los baños. Hacía lo mismo en la despensa con lo que se encargaba a la bodega o al mercado. Allí, en el piso bajo, en una habitación pequeña, larga y estrecha, con tablas a ambos lados, en el pasillo entre la cocina y el comedor, situaba ordenadamente los pomos de vinagre y aceite de oliva, las latas de puré de tomate o frutas en conserva, los paquetes de frijoles y garbanzos, los sacos de arroz. A veces dejaba que mi hermana Lucía la ayudara y en pocas ocasiones a mí también, pero siempre acababa riñéndome porque por más que me esforzara nunca los productos me quedaban perfectamente alineados, como a ella le gustaba. En realidad, no eran regaños fuertes, pero la quería tanto y era tan sensible a esa edad, que bastaba con que me hablara un poco alto para hacer pucheros o esconderme en algún rincón sollozando hasta que ella acudiera a tranquilizarme. Pronto ambas comprendimos que era mejor no incluirme en esas faenas.

También puedo visualizarla vestida elegantemente –aun la ropa sencilla adquiría en ella visos de lujo– para salir por las noches con mi padre, y el aroma de L´Air du Temps envolviéndola. Con frecuencia iban al cine o a buenos restoranes, casi siempre con matrimonios muy cercanos, como el Dr. Emilio Soto Pradera (nuestro pediatra) y su esposa Fidelia, gran amiga de mi madre; o con mi hermana Silvia y su marido Jorge Smith, un cubano rellollo pese al apellido de origen escocés. En ocasiones invitaban amigos a cenar a nuestro hogar e incluso a veces ofrecían fiestas o cócteles. Desde muy pequeñas nos permitieron alternar con los adultos que iban a la casa, y fue así que conocimos a personas muy destacadas, tanto en la medicina como en la política y la cultura.

Principalmente evoco a mi madre-madre. Se preocupaba obsesivamente por nosotras. Bastaba que refrescara un poco para que nos pusieran una chaquetica de piqué. Si traspirábamos, hacía colocarnos una toallita en la espalda, debajo de las batas, para que no se nos pegara el sudor. Incluso uno de nuestros primos, Jorge Carvallo, creyó por un tiempo que sufríamos de una misteriosa joroba que aparecía y desaparecía.

Nos mandaba a hacer sencillos vestidos o "batas" para el diario, y otras bellísimas para fiestas y ocasiones especiales. Gustaba colocarnos grandes lazos en la cabeza y que el fotógrafo Salvador viniera cada diciembre a retratarnos para la postal de Navidad. De pequeñas, a menudo nos llevaba a El Laguito, en el reparto Country Club, a echarles pan a los patos. Ya mayorcitas íbamos con ella de tiendas a La Habana, como se le decía entonces al centro de la ciudad, alrededor de las calles Galiano y San Rafael. Según lo que fuéramos a comprar, visitábamos El Encanto, Fin de Siglo, La Época, Flogar, los Almacenes Ultra, o el Ten Cent. También la peletería El Gallo, a donde encargábamos los zapatos ortopédicos que me vi obligada a usar hasta los once años. Aunque nos entusiasmaba salir con Mami, ella iba a veces tan rápido –llegamos a apodarla "el bombero"– que en ocasiones se nos perdía en alguna tienda. Afortunadamente, como era muy alta, sobresalía entre las demás clientas y solíamos encontrarla en pocos segundos, que nos parecían una eternidad. A medida que fuimos creciendo siempre le gustaba que una de nosotras, o las dos, la acompañáramos a sus salidas, ya fuera a ver a su madre, a la modista, la dulcería...

En los veranos, cuando nos llevaba por las mañanas al Havana Yacht Club, mientras el marinero Jaime entraba al mar con dos o tres niños sobre cada uno de sus grandes muslos, ella no nos quitaba los ojos de encima desde el puente, donde se sentaba con otras madres, "debajo de las sombrillas", como en el poema de Martí. También nos matriculó en las clases de natación, que supervisaba situada al borde de la piscina, incluso de pie. Exhortaba al instructor:

–Cuidado, Calderón, que las niñas no metan la cara, que se van ahogar.

Naturalmente que así era imposible aprender a nadar, y yo, aunque sé bien la teoría, lo hago como los perros, con la cabeza fuera, pues nunca logré aguantar la respiración en el agua.

Antes de comenzar el curso escolar hacía las compras con nosotras de los uniformes para el colegio y de los enseres que pudiéramos necesitar –cartucheras, lápices, gomas de borrar, sacapuntas, reglas...– y de los libros de texto en La Moderna Poesía, librería situada en la calle Obispo. Era un edificio de estilo Art Dèco que se me antojaba un lugar verdaderamente mágico, pues mi amor por los libros comenzó a temprana edad. Cuando regresábamos, o al día siguiente, Mami se sentaba a la mesa a proteger los libros con forros que hacía de un papel grueso que venía en grandes rollos. Colocaba una etiqueta en la cubierta de cada volumen con el nombre de la asignatura y el nuestro. Quizás habría poca variedad de colores, pues solo visualizo los forros azul marino, verde botella o vino. Siempre escogía un tono para Lucía y otro para mí. A mí me parecía que éramos las alumnas que teníamos los libros mejores forrados de todo el colegio.

Si nos enfermábamos, a mi madre se le unía el cielo con la tierra, y pese a que mi padre era médico, llamaba al pediatra a la menor inquietud. Nos tocaba la frente para calcular si teníamos fiebre, y si le parecíamos "sospechosas", nos colocaba el termómetro en la ingle. Las veces que estuvimos malitas de verdad, Papi tenía que pasar la noche en la habitación contigua, y ella llevaba a la niña enferma a dormir a su lado en lo que entonces me parecía una gran cama. (Ahora me doy cuenta era de tamaño doble, mucho menor que las *queen* y *king* que usamos en la actualidad.)

Incluso cuando estábamos sanas, recorría dos o tres veces en la noche el largo pasillo de su cuarto al nuestro para comprobar que estuviéramos bien. Mucho tiempo después me contaba que se le paraba el corazón cuando creía que no respirábamos y nos tocaba suavemente hasta que nos movíamos. Solo entonces le volvía el alma al cuerpo. Mi madre usaba ropones largos y vaporosos, y se cubría la parte superior del cuerpo con una mañanita de la que prendían varias medallitas religiosas. Estas entrechocaban mientras caminaba, ligera como un soplo. Si tuviera que escoger un solo recuerdo de mi madre me aferraría a aquellas visitas nocturnas, aquel dulce beso sobre los cabellos, al sonido casi mágico de los pliegos de su bata de dormir y al suave tintineo de sus medallas en medio de la madrugada.

Papi

Mi padre era de estatura mediana, un tanto grueso para los estándares de la época; de frente amplia –en mi infancia ya estaba casi calvo–, y ojos expresivos bajo pobladas cejas oscuras. Usaba espejuelos con los cristales redondos sin montura, sujetos por una fina varilla. Tenía la piel del cutis tersa, como la de un bebé. Sus manos, que cuidaba por su profesión de cirujano, eran también muy suaves. Pronto aprendimos a darnos cuenta de su estado de ánimo mediante la expresión de su rostro, por lo general serena y alegre, aunque en ocasiones lo intuíamos preocupado. Sabía reírse, y cuando lo hacía con gusto se le movía la barriga como a un buda satisfecho.

Creo que fue un buen padre para sus seis hijos, aunque a mi hermana Gloria, cuyo nacimiento lo hizo tan feliz, apenas pudo disfrutarla. Tal vez me equivoque, pero quizás porque cuando Lucía y yo nacimos había ya cumplido cincuenta años y estaba más que establecido en su carrera; pienso que fue particularmente generoso con el tiempo que nos dedicó y los muchos rituales que a través de los años desarrolló con nosotras.

Antes de irnos a la escuela, Lucía y yo desayunábamos con Papi todas las mañanas. A los tres nos servían café con leche y tostadas, tan típico en La Habana. A veces también nos daban huevos pasados por agua, servidos en una copita alta que contenía el huevo entero, con su cáscara. Lo rompíamos y lo colocábamos de nuevo, ya pelado, dentro de la copa. Papi comía siempre media toronja con gran gusto. Más que los alimentos, nos nutría su conversación. En ese rato nos preguntaba sobre los estudios, y si había algo que no entendíamos trataba de despejar nuestras dudas. Aunque nos prestaba atención, también estaba al tanto del reloj pues era patológicamente puntual, cualidad que nos inculcó desde muy chicas y aún nos acompaña.

A Papi le encantaba el béisbol, o la pelota, como decíamos en Cuba entonces. Era un fanático del equipo Habana. Compraba varios asientos cada temporada, junto a los de otros familiares y amigos. A Mami, criada en España donde ese deporte era desconocido, no le interesaban para nada los juegos –sospecho que nunca llegó a entenderlos–, pero iba por acompañarlo y conversar con las otras mujeres. Entre semana, cuando participaban los Leones Rojos del Habana, Lucía y yo escuchábamos el juego en un gran radio colocado en un pequeño taburete situado entre la pared y la cama de Lucía, en la que yo me colaba para oír mejor, pues teníamos que mantener el volumen bajo. Los días de colegio se suponía que nos durmiéramos temprano, y escuchar la radio era una actividad clandestina, lo cual la hacía aún más grata. A veces, sin embargo, gritábamos de alegría con alguna buena jugada de nuestro equipo y nos delatábamos.

Frecuentemente Papi nos llevaba los fines de semana a los juegos. De alguna manera nunca faltaban asientos. Supongo que no todos los abonados asistían siempre al estadio de El Cerro. Allí habían vendedores ambulantes que ofrecián diversas golosinas, o café en un gran termo y servido en diminutos vasos de cartón. El costo era de tres centavos por persona. A mí me encantaba invitar al café, y llevaba, como una vieja, las monedas amarradas en la esquina de un pañuelo. Me imagino que se lo había visto a alguien, pues no era costumbre de mi madre ni de nadie que recuerde. A los mayores les hacía gracia, pero no se burlaban y me complacían aceptando tan módica invitación.

En ocasiones, si había un juego muy importante entre semana, y Papi quería llevarnos, se le hacía todo tipo de promesas a mi madre, preocupada porque nos acostásemos tarde cuando teníamos escuela al día siguiente. Pese a que tenía razón, casi siempre lográbamos convencerla.

Papi era amigo de Miguel Ángel González, el *manager* del Habana. A menudo, tras alguna victoria del equipo, nos llevaba al *dogou*t, e incluso en alguna ocasión fuimos a

Ernesto R. de Aragón, mayo de 1945

su casa, creo recordar que en el Reparto Kohly. Así, Pedro Formental, Edmundo Amorós, Burt Hass, la "Araña" Jorgensen y muchos otros jugadores pasaron a ser nuestros héroes. Teníamos múltiples pelotas con sus firmas. Un año, para celebrar la victoria en el campeonato, Papi invitó a todo el equipo y tuvimos una gran fiesta en la terraza. Nunca desde entonces he sentido igual devoción por un *team* de pelota.

Otro ritual anual era que Papi nos llevara al Palacio de los Deportes a ver el espectáculo de *Ringling and Brothers*, cuando llegaban a La Habana, casi siempre en diciembre. A Mami no le gustaban los circos. (La he comprendido muchos años después.) Nosotras gozábamos con los perritos que tocaban el piano, nos asombrábamos con los grandes elefantes desfilando en hileras. Los rugidos de los feroces leones nos llenaban de pavor y reíamos nerviosas con los payasos y enanitos. Una vez, antes de comenzar el show, visitamos a un gigante. Papi nos compró un anillo a cada una de aquel hombre tan grande, en los cuales cabían todos nuestros deditos infantiles. Al regreso se lo contamos con entusiasmo a Mami, quien se horrorizó porque le hubiéramos dado la mano, y prácticamente nos bañó con alcohol para desinfectarnos.

A Papi también le gustaba que lo acompañáramos a la Clínica Miramar (actualmente Cira García), cuando por las tardes, antes de la cena, iba a ver a sus pacientes. Todos los médicos y enfermeras nos conocían y cuidaban bien mientras él se dedicaba a sus rondas, aunque desde temprana edad aprendimos que se trataba de un lugar donde no se corría ni se hablaba en voz alta. En ocasiones había alguna paciente de la familia o muy amiga, y cuando sabía que estábamos con él, pedía vernos. Nosotras asomábamos tímidamente las cabezas en el cuarto de la enferma. Muchos de sus colegas eran verdaderas glorias de la medicina cubana, pero para aquellas dos niñas esos hombres con sus batas blancas eran como miembros de nuestra familia. De adultas, como a todo el mundo, no nos agradan los hospitales, pero tampoco, como a otras personas, nos asustan. Prácticamente crecimos en aquella clínica.

En una de estas visitas Lucía vio una perra sata echada a la entrada. No tuvimos que rogarle mucho a Papi –gran amante de los caballos y los canes– para que dejara llevárnosla. Una vez bañada, la perra era verdaderamente linda. Le pusimos Blanquita y se quedó con nosotros varios años.

En esa época teníamos ya otro perro. Mi padre y el Doctor Emilio Soto Pradera encargaron sendos chiguaguas a Estados Unidos. Eran de raza, como constaba en los

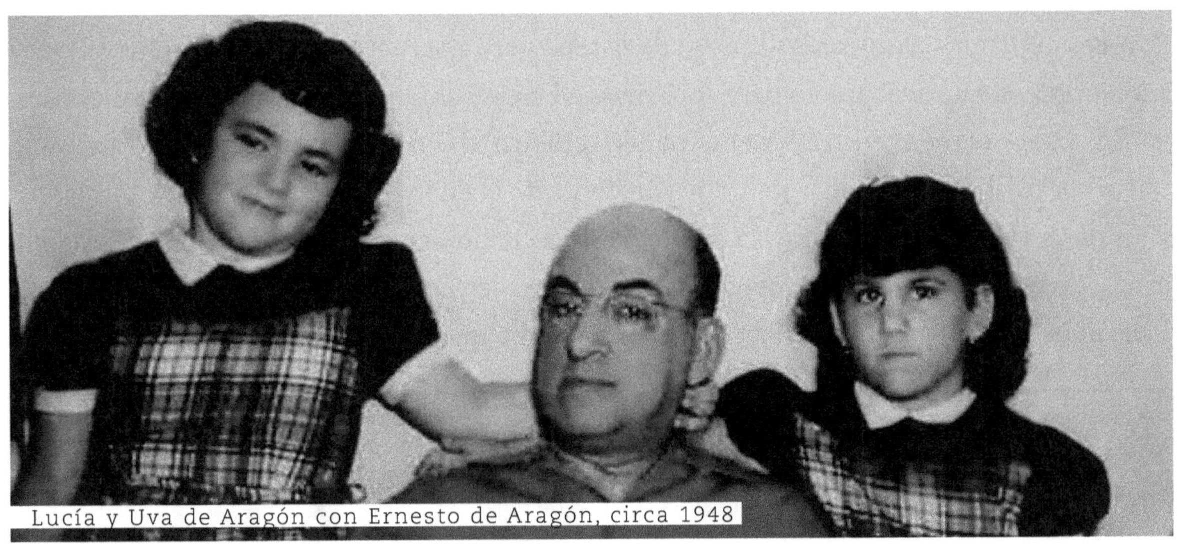
Lucía y Uva de Aragón con Ernesto de Aragón, circa 1948

documentos del *American Kennel Society*. La nuestra era hembra y le pusimos Peanut, no por los *comics* de Charles M. Schulz, que comenzaban en esos años y no conocíamos, sino porque era pequeña y del color del maní. Era una perrita buena, cariñosa y le tomamos mucho cariño. Llevaba ya bastante tiempo con nosotros cuando Soto Pradera y Papi decidieron cruzar los animalitos, para lo que se llevaron a Peanut a la consulta del pediatra; sin embargo, ella se escapó. Papi hizo todo lo humanamente posible por encontrarla pero Lucía y yo no parábamos de llorar. A los tres días sollozando, Papi nos sentó a las dos y habló con esa mezcla de seriedad y ternura con que explicaba las cosas. Nos dijo que lo más probable es que ya no apareciera, quizás lamentablemente la habían atropellado pero a lo mejor estaba con otra familia que también la quería. Añadió que teníamos que aprender a distinguir entre hechos desagradables, abundantes en la vida, y las desgracias. Él amaba a Peanut como nosotras pero su pérdida no era una tragedia y no quería vernos llorar más. "Guarden esas lágrimas, que a lo mejor más pronto de lo pensado tienen que derramarlas por un ser querido", nos dijo. Quizás no recordaría toda la vida esas palabras si no se hubieran tornado un vaticinio, pues unos tres años más tarde Papi moriría.

De todos los rituales con mi padre el que evoco con mayor emoción es el juego del león dormido. A veces acostado en la cama, otras recostado en un gran butacón, Papi pretendía ser una gran fiera que sostenía en la mano una flor (por lo general usaba un pañuelo). Debíamos quitársela sin despertarlo. Se quedaba inmóvil, casi como si estuviera inconsciente. Nosotras nos acercábamos en puntillas, calladitas y nerviosas.

A veces podíamos alcanzar los bordes de la tela, pero inevitablemente el león despertaba rugiendo y nos apresaba, solo para comernos a besos y abrazos. Los tres reíamos dichosos.

En ocasiones me entristece que no puedo recordar el sonido de la voz de mi padre, aunque sí sus palabras. Sin embargo, nunca he olvidado el tacto de su mano. Aún hoy, a tantos años de su muerte, puedo sentir la mía en la suya cuando cruzábamos la gran avenida para ir a la Casa Suárez a comprar dulces, o para no perderme en la multitud del estadio o del Palacio de los Deportes. Era una mano suave y firme que me sigue guiando.

Mamá Lila

Mi abuela materna y su hija Sara vivían en una casita larga y estrecha en el no. 3015 de la Avenida 33, en el Reparto La Sierra. Creo que mi madre las visitaba prácticamente a diario, y nosotras con muchísima frecuencia. Ambas ocupan un lugar cimero en las memorias de mi infancia habanera.

Por la forma en que se vestían y peinaban las mujeres mayores en esa época, Mamá Lila parecía tener más edad de la real. Entre 1950 y 1959, la etapa en que más la recuerdo, contaba de sesenta y siete a setenta y seis años. Por sus vestidos estampados, sus cinturones estrechos y su caballera blanca, a veces recogida en una redecilla, se avenía a mi concepto infantil de cómo lucían las abuelas.

Mercedes Galt Escobar. *Mamá Lila* Circa 1908.

Mamá Lila, circa 1956

Su cutis, libre de arrugas y maquillaje, la hacía aparentar, en cambio, menos edad. A mí me agradaba sentarme en sus piernas y acariciarle el rostro. Una vez –tendría yo cuatro o cinco años– le pasaba la mano por la cara y le comenté inocentemente cuánto me gustaba el tacto de su piel, especialmente "esto que te cuelga aquí", refiriéndome a la papada. De inmediato me bajó de su regazo y me puso en el suelo, mortificada. Demoré muchos años en comprender la causa. Es el único gesto brusco hacia mí que recuerdo, pues me quiso incondicionalmente.

Todas las tardes dormía la siesta. Al despertarse se ponía una absurda faja de cordones y su vestido limpio. Se empolvaba la cara y se coloreaba los labios muy claritos con un creyón de Coty. No sé el perfume que usaba, pero me parece aún percibir su aroma.

En su cuarto tenía un escaparate que guardaba tesoros maravillosos: cajas de jabones olorosos, botones de todos los tamaños y colores, hilos, agujas, limas, tijeras grandes y pequeñas, pañuelos bordados, medallitas, rosarios, una lupa, un abrecartas, un misal, recordatorios de bautizos, comuniones, fallecimientos. Estaba prohibido el acceso a aquel mueble de madera con dos grandes puertas, una especie de universo mágico. Pero a veces, si no tenía ganas de levantarse, mi abuela encargaba a alguna de las niñas:

–Tráeme tal cosa del escaparate; que está en la tercera tabla a mano derecha; atrás de… ¡Pero no toques nada más!–. Y allí, exactamente donde ella decía, se encontraba el objeto buscado.

No lo hacía a diario, pero cuando cocinaba era de chuparse los dedos. Nunca he comido un cocido más sabroso que el de ella, ni una natilla más deliciosa que la que me dejaba probar acabadita de hacer, calentita, del fondo de la cazuela.

Mi abuela, con esa mirada gris acero suya que podía ser tan bondadosa como despiadada, tenía sin duda su carácter, aunque no lo mostrara en el trato con los niños. A la gente que no le gustaba la colocaba en su mente junto a Matías Pérez, aquel piloto de globos de origen portugués, quien, en 1856, durante su segundo vuelo en La Habana, desapareció sin dejar rastros, aunque quedó grabado para siempre en el imaginario nacional. Solo había que mirarla cuando se presentía que alguien la estaba incomodando para que con los ojos ella expresara que ya lo había subido a su famosa nave aérea, privada de vuelos de regreso.

También era famosa por sus respuestas cortantes. Los hijos bromeaban al decir que iba a ponerse la sotana, con todos sus ojales, para dar cabida a sus abundantes "botones", como llamábamos a esos desplantes. Después he pensado que estas salidas, un tanto altaneras en una mujer tan dulce, posiblemente provenían de sus parientes maternos camagüeyanos, por lo general famosos por cierto aire, no del todo infundado, de aristócratas.

Cuando las bronquitis asmáticas que padecí frecuentemente en la infancia me obligaban a guardar cama, Mamá Lila venía a pasarse la tarde conmigo. Yo miraba con ansiedad el reloj, calculando la hora que se despertaba de la siesta, se arreglaba y llamaba por un carro de alquiler, pues aunque luego le permitía a mi madre que el chofer la llevara a su casa, se empeñaba en venir siempre de esa manera.

Empezábamos nuestras "tertulias" con lecturas de *Las cien mejores poesías de la lengua castellana*. Escuchaba extasiada mientras Mamá Lila me iba descubriendo a Gutierre de Cetina, Jorge Manrique, Lope de Vega, Bécquer, Espronceda, Zorrilla. No entendía todas las palabras pero me sobrecogía la súplica enamorada a unos ojos airados; aquel raro mandato de "Recuerde el alma dormida/avive el seso y despierte...", y la pobre barquilla entre peñascos rota. Me conmovía la soledad en que quedaban los muertos; el pirata navegando en olas de plata y azul, y el llanto despechado de Inés de Vargas. De la poesía pasábamos a la música. Entonaba viejos romances "¿Dónde está la blanca niña?" –nanas del cancionero español: "Allá en el fondo del mar estuve"..., y otras melodías populares de trasfondo histórico como "¿Dónde vas Alfonso XII?" Aún no puedo escuchar sin emoción la habanera "La paloma" que tantas veces me cantó.

También me revelaba las maldades de sus hijos, en especial de Alberto, el más travieso y ocurrente. Por ejemplo, una vez vino a visitar a mi abuelo un importante escritor. Al verlo en el salón de espera, Albertito se le acercó, y muy serio, señalándole la larga y abundante barba, y luego la notable calvicie, le preguntó con su ceceo infantil:

–Zeñor, ¿por qué ezos cabellos que tiene uzted aquí, no ze los quita y ze los pone aquí?

Otra anécdota que ha permanecido en la familia para siempre fue acerca de un día cuando habían comido opíparamente en el hogar de los abuelos, y Mamá Sara le preguntó al nieto si deseaba un café con leche, a lo que Albertito contestó enfáticamente:

–¡Con tostadas!

Rieron, pensando que el niño había respondido con la misma ironía con que la abuela había hecho la oferta. Al ver que pasaba rato y no se levantaba de la mesa, le preguntaron la razón y explicó con naturalidad que esperaba el café con leche y las tostadas prometidas. Todavía cuando alguien en la familia se excede en ingerir manjares le ofrecemos café con leche y el otro contesta, "¡Con tostadas!", igual que lo hiciera aquel niño glotón hace más de un siglo.

Lo mejor lo guardábamos para el final. Cuando ya había cedido el fuerte sol del mediodía de trópico, le rogaba a Mamá Lila:

–Hazme cuentos de Papá Alfonso.

Entonces aquella mujer más bien gruesa, de pelo cano, se convertía en la bella Sherezade. Me contaba de los tiempos de bohemia y pobreza de su futuro marido al llegar a Madrid en los primeros años del siglo XX, de cuando lo conoció y se casaron sin permiso de sus padres, de cómo de la iglesia casi brincaron al barco rumbo a Cuba, y de cómo llegando a La Habana él le mostró la sola moneda que poseía y le pronosticó dramáticamente que pasarían hambre.

–Fue la única promesa que no me cumplió –añadía invariablemente, con un punto de orgullo en la voz.

Alfonso Hernández-Catá, circa 1911

Alfonso Hernández-Catá, cuarto de primera fila, de izquierda a derecha. Lo acompaña, entre otros, el dramaturgo y director de teatro Sipriano Rivas Cherif (a la izquierda del escritor). En el extremo derecho, con mano en el bolsillo, Alberto Insúa

No tenía que rogarle mucho para que me narrara sobre los cargos diplomáticos de mi abuelo en Francia, Inglaterra, España, América; de las tertulias con otros intelectuales; las noches de teatro; sus hábitos como escritor; lo voluble de su carácter –ora jocoso y orondo, ora melancólico y tierno–, y su trágica certeza de que moriría joven. Así, Benito Pérez Galdós, José Ortega y Gasset, Ramón Pérez de Ayala, los hermanos Machado, Federico García Lorca, Rafael Alberti, Eduardo Barrios, Gabriela Mistral fueron poblando mi imaginación al igual que otros niños podían alimentarse de historietas del Pato Donald o Mickey Mouse.

Cuando llegaba el crepúsculo y la sombra de los almendros se proyectaba sobre las paredes de mi cuarto de niña, se escuchaba una vocecita infantil: "Cuéntame sobre el accidente".

El rostro de cutis blanco parecía palidecer aún más y entonces ya no era mi abuela, sino la mujer enamorada que penaba la muerte de su marido en la plenitud de sus cincuenta años. Se animaba, sin embargo, cuando recordaba cómo días después de su

Casa de Mamá Lila y Tita Sara. Ave 33 no. 3015. Reparto La Sierra. Foto tomada en 2021

fallecimiento lo vio en el comedor en un cono de luz, y el nuncio le había asegurado que significaba su paso al cielo. A mi abuelo, que solía decir que era "ateo, gracias a Dios", le habría hecho mucha gracia el cuento pero a mi abuela era lo único que la consolaba ante la pérdida del compañero amado.

A veces aparecía mi madre con un medicamento para la niña enferma o para avisarle a mi abuela que bajara a cenar, pero si Mamá Lila no me había hecho el último cuento, yo protestaba entre pucheros, hasta que lograba detenerla, aunque fueran solo unos minutos más. Tenía la sabiduría de terminar su visita, además de con un beso, también con alguna historia risueña. Esa noche me dormía escuchando en mi interior la melodía de su voz.

Tita Sara

"Sara Hernández-Catá era una mujer distinta en todos los sentidos. Tenía la frente amplia, los ojos grandes y un tanto saltones de su padre, el pelo crespo que peinaba hacia arriba, dejando ver con claridad el rostro, un poco cuadrado, que ella maquillaba a diario como quien pinta un retrato. No se vestía igual a las demás mujeres de la época. No usaba faja ni medias y en vez de collares de perlas, se adornaba con prendas exóticas, grandes, casi obras de arte. Fumaba en una boquilla larga. En La Habana de los años 40 y 50 iba a todas partes en guagua, como se le dice en Cuba a los ómnibus. Dormía desnuda. Hacía cuentos picantes con gracia insuperable, que acompañaba con el movimiento de sus hermosas manos. Profería malas palabras en los momentos adecuados, sin groserías ni aspavientos. Era liberal y liberada". Así comienza un largo artículo que escribí hace algunos años sobre mi tía Sara[1]. Quizás cuando niña no la hubiera sabido describir tan bien, pero siempre tuve conciencia del

[1] Uva de Aragón: "Sara Hernández-Catá: la alegría de vivir". *La Gaceta de Cuba*, no. 2, marzo/abril, 2013, pp. 26-31.

Sara y Uva Hernández-Catá, circa 1948

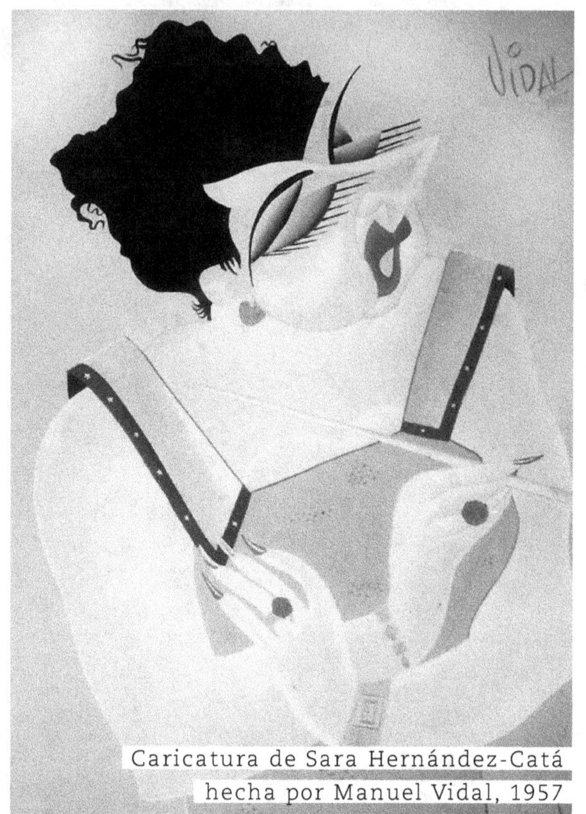

Caricatura de Sara Hernández-Catá hecha por Manuel Vidal, 1957

lugar tan especial que ocupaba en mi universo infantil.

Cuatro años mayor que mi madre, era su única hermana –el resto eran hombres. Aunque muy distintas, se querían infinitamente. Mami era de una belleza clásica; Sara, exótica. La menor, discreta; la mayor, atrevida. Pudorosa mi madre; sensual mi tía. Atenta a las normas sociales Uva; ajena a ellas su hermana. Poco dada a las aventuras la primera; viajera incansable la segunda.

Durante mi infancia, mi madre era la ternura y la disciplina; Tita Sara la diversión y la transgresión. El refrán se le aplicaba bien. Dios no le dio hijos, pero los sobrinos, los de la sangre y los del espíritu que le otorgó el diablo, tuvieron en ella una bruja buena. Desde que éramos muy pequeñas pasaba mucho tiempo con Lucía y conmigo. Uno de nuestros juegos favoritos era meternos en la cama con ella. Con sus piernas en nuestro vientre, y nuestras manos en las suyas, nos elevaba en el aire. Esa especie de montaña rusa humana nos causaba un delicioso vértigo. Siempre acabábamos cayéndonos sobre el colchón muertas de risa. Como nos pillara Mami en estos retozos, las tres –incluyendo a Tita Sara– no escapábamos de un regaño.

También nos enseñó cantos, adivinanzas, trabalenguas y malas palabras. Estas eran un delicioso secreto bien guardado que nos hacía sentir el goce de lo prohibido. Con papeles de aluminio de distintos colores en que venían envueltas las galletas cubiertas con chocolate, llamadas "africanas", hacíamos con Tita Sara barquitos de papel, copas de vino, y para mi gran admiración, pues nunca logré que me quedaran bien, unas bellísimas pajaritas. También se sentaba a colorear junto a nosotras con aquellas cajas de lápices Prismacolor que atesorábamos. Lo hacía muy bien y le ponía nombre a los colores. El turquesa era "el azul bonito". El carmelita o marrón, como se dice en España, "el castaño", y un amarillento sucio, el "caca de mono".

Su compañero sentimental fue por muchos años el periodista Luis Gómez Wangüemert. Con el tiempo he pensado que aquella relación debió escandalizar a la sociedad habanera, ya que él estaba casado, pero en nuestra familia era lo más natural del mundo. Los pequeños lo llamábamos "tío Luis". Cuando éramos niñas se disfrazaba de cura con la toga de la universidad de mi padre y "oficiaba" muy ceremonioso en los bautizos que organizábamos en el jardín para nuestras muñecas. Más de una de nuestras amiguitas estuvo siempre convencida de que se trataba en verdad de un sacerdote.

Sara tenía gracia con los niños. Durante los veranos que pasamos en la Playa Veneciana –tendría yo ocho o nueve años– se metía en el mar con toda la gente menuda. Inspiraba tanta confianza que entrábamos bastante hondo y nos colocábamos en un semicírculo a esperar que las olas rompieran sobre nuestros cuerpos. A muchas niñas les inventaba pintorescos apodos. La que nadaba mejor era "el pececito"; otra, que entonaba bien, "el ruiseñor".

Algunos juegos incluían a toda la familia y a amigos que nos visitaban. Uno era el de los refranes, en el cual, sentados en rueda, teníamos que decir un proverbio. Iban perdiendo los que no recordaran ninguno. De más está decir que entre col y col, nos aprendimos casi entero el inagotable refranero español. Otro entretenimiento era el de los personajes. Uno de los jugadores salía de la habitación y los demás acordaban en secreto una figura famosa para que la adivinara con preguntas tales como si era hombre o mujer, vivo o muerto, cubano o extranjero, músico o escritor, etcétera. A veces Tita Sara llevaba el acertijo a un extremo muy sofisticado pues las interrogaciones eran: "Si fuera animal, qué animal sería". "Si fuera árbol..." "Si fuera flor..." Una anécdota que quedó siempre en la familia fue una ocasión en que Mamá Lila creía saber de quién se trataba y decía:

–Sí, ya sé, ya sé, ese muchacho... ese muchachito... ¡Buda!

A Tita también le gustaban las barajas. Sentada sobre las piernas cruzadas en el pequeño diván de su estudio, hacía a menudo solitarios. Los sábados en la tarde Mamá Lila, Tita Sara, Luis y algún amigo, jugaban siempre canasta. No apostaban mucho dinero, pero por la intensidad que ponían en cada partida, parecería que estuvieran en riesgo millones. En cuanto aprendimos el juego, a menudo las sobrinas nos turnábamos en la mesa.

Tita Sara era periodista. Con frecuencia me llevaba con ella a entrevistar a personalidades de la farándula. Sentí especial emoción cuando me presentó a la gran actriz Raquel Revuelta, así como a Violeta Jiménez, Maritza Rosales y Josefina Rovira, protagonistas de la novela de televisión *Historia de tres hermanas*, que en 1956 Lucía y yo seguíamos domingo a domingo con fervor.

Debió ser a principios de la década del 50 que la actriz María Fernanda Ladrón de Guevara y su hijo Carlos Larrañaga fueron a Cuba con su compañía de teatro. Ella había sido amiga de mi abuelo Don Alfonso, y en especial de mi tío abuelo, Alberto Insúa, en la época en que ambos escribieron y estrenaron varias obras de teatro en Madrid y que María Fernanda desarrollaba su carrera como actriz, desde 1913 hasta la Guerra Civil española. Tita a menudo nos llevaba a ver a madre e hijo en las tablas y luego los saludábamos en sus camerinos, donde nos recibían con gran afecto. Carlitos Larrañaga era muy bien parecido, y aunque yo era una niña, pienso hoy que el joven galán fue uno de mis primeros amores platónicos.

La única vez que fui a la famosa Bodeguita del Medio fue con Tita Sara y tío Luis. También me llevó a la redacción de *Carteles,* a conocer al escritor español exiliado Antonio Ortega, a quien yo mucho admiraba. Fueron experiencias inolvidables.

A lo largo de estas memorias, aparecerá de nuevo y a menudo Tita Sara, esa especie de hada extravagante que coloreó mi infancia con su alegría de vivir y su inagotable capacidad de dar.

Los Titos

De acuerdo con los usos en Cuba y España, llamábamos tía o tío a los hermanos de Papi; y tita o tito a los de Mami. Los titos vivieron por largas temporadas fuera de Cuba. El mayor, Tito Alfonso, se mudó a Ginebra en 1947, para ocupar un importante cargo en la Junta Internacional de Registro de Frecuencias (IFRB). Solía venir a La Habana cada dos años con su esposa Tita Ángela, una criolla sensual y alegre, y sus hijos Alfonsito, ocho años mayor que yo, y Ernestico, de la misma edad que Lucía.

Físicamente Alfonso era una mezcla de mis abuelos. Tenía la misma frente amplia de su padre; los labios finos, la piel blanca y los ojos claros de su madre. Le encantaba la fotografía –las hacía muy buenas– y las motocicletas. Tenía fama de ser una especie de científico genial y excéntrico. De niño desarmaba y armaba aparatos de radio. Era majadero para comer, aún más que mi madre, que es ya mucho decir. No podía probar nada que tuviera cebolla, lo cual era un reto para cualquier cocinera cubana. Hacía cosas raras, como llevarse al oído un vaso con whisky y hielo y comentar serio que olía bien. Creíamos que estaba algo chiflado, pero ahora pienso más bien que no entendía cuando niña su sentido del humor. Lamentablemente no lo traté mucho durante mi infancia, excepto por la temporada que pasamos en su casa en Ginebra.

Tito Alberto también vivió varios años en el extranjero, especialmente en México, Argentina y Brasil. Era experto en publicidad y comunicaciones, y en sus últimos años se dedicó al desarrollo de canales de televisión. Se mudó a La Habana a mediados de los 50 y trabajaba con Goar Mestre y sus hermanos, zares de la televisión cubana. Era alto, guapo y mujeriego. Se había divorciado de Delia Larrea, una argentina simpática y moderna que se quedó en la familia para siempre, aunque luego se casara tres veces más. Hay cuentos que lindan en lo real maravilloso sobre ella y sus despistes, como la vez que en La Habana le pidió a un dependiente una almohada de mariguana en lugar de miraguano. En otra ocasión, todavía siendo esposa de mi tío, en una recepción en México, se le quejó:

–Este señor no me cree que yo soy nuera de Hernán Cortés –había cambiado Hernández-Catá por el nombre del conquistador español.

Alberto y Delia tuvieron una sola hija, Elenita, varios años mayor que yo, la cual también vivió mucho tiempo fuera de Cuba a excepción de los finales de los 50. Aunque mi prima siempre estuvo con su madre, y pese a residir a menudo en diferentes ciudades, mi tío mantuvo una excelente relación con su ex mujer y su hija. De niña le hablaba a Elenita de la princesa que no podía dormir porque le habían colocado un guisante –nosotras lo decíamos en francés, *petit pois*– debajo del colchón. Demoré muchos años en saber que no se trataba de una historia inventada por Tito Alberto, sino un cuento de hadas del escritor danés Hans Christian Andersen. A Elena, hija única, su padre le inventaba hermanos imaginarios, curiosamente con nombres de medicinas como Vysineral. Al igual que muchos Hernández-Catá era un gran fabulador.

Durante sus años en Cuba los Mestre encargaron a mi tío, desde sus inicios, el Canal 7, el cual desarrolló con gran éxito. Alberto era un triunfador. Tampoco durante mi infancia lo veía con frecuencia. Logré, sin embargo, conocerlo mejor cuando coincidimos en Nueva York, de 1961 a 1963. Ocupaba un puesto entonces en *Time & Life,* situado en un moderno edificio en la 6ta. Avenida y la calle 48, y me invitaba a almorzar cada cierto tiempo. Caminaba a paso acelerado por las avenidas de la Gran

De izquierda a derecha: Alfonso, Pepe y Sara Hernández-Catá.
Al centro, Mamá Lila y a su lado, Uva y Alberto Hernández-Catá. La Habana, circa 1957

Manzana para encontrarme con él en el restaurante convenido, a medio camino entre su lugar de trabajo y el mío, en 100 Park Avenue. Yo era una adolescente y él un hombre en su plenitud. Ejecutivo responsable y *playboy*. Cosmopolita y criollo. Serio, con gran sentido del humor. Enamorado de la vida y de las mujeres. Elegante, bien parecido. Un tío que sin embargo me hacía sentir una mujer bonita. Siempre pensaba la envidia que provocaría a otras mujeres viéndome a su lado. Ahora me imagino que tal vez creerían que era su hija. En esos años me uní mucho a él y mi madre más aún. Su muerte repentina, en 1968, fue un duro golpe.

Al que más quise fue al menor, Tito Pepe. Era homosexual y borrachín, aunque no me di cuenta hasta muchos años después de su muerte. También vivió fuera, específicamente en Venezuela, donde trabajó varios años en la amazonía. Se vio obligado a marcharse por razones políticas. Se instaló en casa de mi abuela en los años 50. A veces amigos suyos se pasaban temporadas viviendo allí. Le fue difícil abrirse paso en La Habana. Los hermanos se quejaban de que Mamá Lila lo consentía. Era cierto, pues las madres siempre protegen al más débil. Físicamente era más trigueño que sus hermanos y en ocasiones más hermético, por lo que lo apodaron el turco. Al ver fotos de mi bisabuelo Don Ubaldo he encontrado que Pepe se le parecía mucho. Tenía pasión con Lucía y conmigo, y nos sacaba a pasear frecuentemente. Ya menos niñas nos encantaba ir al teatro con él en una época en que surgieron varias salitas en La Habana donde ponían muy buenas obras. A menudo, durante el intermedio, hablaba con nosotras en jerigonza:

–¿Chiquiechiren chilas chinichiñas chimechirenchidar? –Nos preguntaba muy serio, y con la misma seriedad le respondíamos para el asombro de todos a nuestro alrededor.

Era legendario el arte que tenía para disfrazarse. En una ocasión se hizo pasar por la secretaria de un amigo de mi tía Sara, y llamó a la puerta cuando estaban mis padres de visita. Comenzó a flirtear con Papi, y Mami, que era muy celosa, cada vez se enojaba más. Pepe creyó que se habían dado cuenta que era una broma, y empezó a abanicarse entre las piernas, que había abierto groseramente, y a exclamar:

–¡Qué calor tengo en la fornalla!– con lo que mi madre, ofendida, se levantó y cogió a mi padre del brazo para marcharse.

En otra ocasión en que Mamá Lila estaba sentada en su portal, se hizo pasar por un pordiosero cojo y maltrecho, una especie de Jorobado de Notre-Dame criollo. Salió por el fondo y fue caminando por la acera desde la esquina. Mi abuela lo observaba con aprehensión, lo que aumentó a medida que se acercaba. Rogaba a Dios que siguiera su paso pero cuando lo vio abrir la verja del jardincito se levantó para entrar pero el miedo la dejó paralizada. Él vio tal horror en su expresión que de inmediato trató de calmarla:

–Mamá, soy yo, Pepe, tu hijo.

De todos sus disfraces el más impresionante debió ser cuando se hizo pasar por un cubano de visita por Río de Janeiro que traía unos recados para el Embajador e insistía en verlo. Mi abuelo lo recibió y estuvieron hablando por más de media hora sin que jamás Don Alfonso sospechara que se trataba de su hijo menor, maquillado para cambiar sus facciones y cabellera, pero solo vestido de traje, ¡y con una corbata de su padre!

Tito Pepe tuvo un trabajo importante en 1958. Mostró entonces que cuando confiaban en él podía ser tan responsable como sus hermanos. Murió en el exilio, en Caracas, en 1970, pocos meses después que su madre, y de visitarnos con Tita Sara, en Maryland. Disfrutó vernos de nuevo y conocer a los sobrinos nietos, en especial a mi hija menor, entonces de brazos, en la cual reaparecían los ojos claros de Mamá Lila.

Mis tres tíos maternos eran distintos en muchas cosas pero los unía, además de su don de gente, su porte elegante, su buen decir, el amor inmenso por su madre. Fueron, cada uno a su manera, muy buenos hijos. Con los años esa virtud me los enaltece.

■

Otra Mamá

A mi abuela paterna, Lucía del Pozo Kohly, le decían Tota u Otra Mamá. La recuerdo en un sillón, cieguecita, sentada junto a la ventana de la saleta contigua al comedor. Aunque nunca la vi caminar más que en una vieja película tomada cuando yo era una recién nacida, no estaba inválida, como creía de niña. Su falta de visión, debida al glaucoma, limitaba su movilidad.

Me recomendaban siempre que al acercarme a ella le dijera mi nombre, para no atemorizarla y para que supiera quién era. Como era tímida de pequeña, le hablaba tan bajito, que a la pobre le daba tremendos sustos, e inevitablemente las dos pasábamos un mal rato. Sin embargo, nada alteraba su expresión serena.

Mi madre me decía que era una mujer buena e inteligente. Debió ser cierto porque todos en la familia la querían mucho. Mi padre, en especial, pasaba a diario a verla, cuando terminaba de operar, en camino a su consulta. Ella se aseguraba de que le tuvieran preparado un jugo de tomate con una rodaja de limón, que al hijo le gustaba tomar a media mañana. También el 10 de febrero, día que Papi cumplía años, él solía mandarle flores a su madre

Lucía del Pozo, Kohly, *Otra Mamá*, 1943

Lucía del Pozo Kohly de Aragón, Ernesto de Aragón Muñoz y nietos. De izquierda a derecha: Delia (cargada), hija de Adolfo; Silvia, hija de Ernesto; y Armando, Esperancita y César, hijos de Esperanza. Circa 1920

para agradecerle que le hubiera dado vida. Me lo contó Mami muchos años después de morir mi padre, y siempre me ha parecido un gesto conmovedor.

Cuando era niña solíamos ir todas las tardes de domingo a la casa de Otra Mamá, en la Calle C, en El Vedado. Con ella vivía su hija menor, mi tía Margot, y su nieta, Margosita. Mientras los mayores conversaban, los primos jugábamos en el jardín del frente y en el zaguán a los escondidos, los agarrados, los pasos americanos. ¡Qué felices y despreocupados correteábamos incansables! Cuando evoco a aquellos chiquillos sudados y alegres quisiera poder viajar en el tiempo, y revivir de nuevo esos momentos. En mis sueños, sin embargo, siempre estamos estáticos, como cuando imitábamos a las estatuas y quedábamos por unos segundos inmóviles, aguantando el aliento y la risa.

Mi abuela falleció el 31 de julio de 1956, a los ochenta y seis años. No creo que la haya llorado. Dejó un dinerito a cada uno de los hijos. Lo que le hubiera tocado a mi padre lo dividieron entre sus descendientes. Con la herencia, que no creo que fuera mucha, mi madre compró los primeros aires acondicionados que tuvimos, aquellos equipos empotrados en la pared y que hoy se le denominan, con frecuencia, "aires de cajón".

Muchos años después mi prima Margosita me regaló el misal de Otra Mamá. Dentro encontré un gran número de recordatorios de bautizos, comuniones, muertes. Cobré conciencia en ese momento de que tuvo siete hijos en catorce años, vivió en el exilio durante la Guerra del 95, se quedó viuda bastante joven –cuando la menor de sus hijas tenía quince–, perdió a su hija Aurora, a mi padre y a su nieto Adolfito. Aunque estas dos últimas muertes se las ocultaron, estoy segura de que las sabía o presentía. ¿Qué pensaba en las largas horas a solas en la oscuridad de su ceguera? Me entristece que en verdad no la haya conocido mejor, aunque en mi infancia la viera invariablemente aquellas tardes de domingo en que correteaba dichosa con mis primos.

Uva y Lucía de Aragón con sus primos Jorge y César Eduardo Carvallo, a la entrada de la casa de Calle C, El Vedado, 1947

Las tías

Mi padre era el mayor de siete hermanos. Después de él venían, en orden de nacimiento, Esperanza, Adolfo, Esther, Aurora, Lucía y Margot.

Tía Aurora murió cuando tenía yo cuatro años. Solo guardo una vaga imagen de una mujer muy pálida en una cama de hospital. Al hablarse de ella se le calificaba como la más bonita de las hermanas. Años después supe su nombre completo, Aurora de los Ángeles, y que era la favorita de mi padre.

A las otras tías las veía de domingo a domingo en casa de Otra Mamá. Tenían mucho en común. Por lo general iban vestidas de negro, o blanco y negro. Ahora pienso que con una familia tan grande siempre guardaban luto por alguien. También usaban zapatos de cordones y eran muy correctas.

Tía Esperanza, casada con César Carvallo, llevaba el pelo recogido en una redecilla y era muy habladora. Solía usar varias pulseras de azabache. Cuando movía las manos, sonaban como si fueran un instrumento musical. Se casó joven y se dedicaba a las labores de su hogar. Bueno, es un decir, porque al menos durante mi infancia vivían en una Casa de Huéspedes en la Calle Línea, algo que mí me pa-

Esther, Lucía, Esperanza, Margot y Aurora (s/f)

recía sacado de una novela de detectives. Tío César era calvo, hablaba francés y manejaba un Chrysler del año 40 color crema. Era un hombre muy culto, y se desempeñaba como director de Correos de La Habana.

Tía Esther era la más callada. Estaba casada con José Manuel Pitaluga, dentista, a quien llamábamos Tío Nel. Vivían en un apartamento en El Vedado y tenían un perro blanco, inmenso y feroz, que había que encerrar cuando llegaba visita. Esther había estudiado en la Escuela Normal de Maestros de La Habana, institución de importante trayectoria en la formación de educadores, pero no creo que haya ejercido nunca la docencia. Siempre parecía triste y yo pensaba que era porque su hija Esther María había tenido poliomielitis y se había quedado coja.

La más alegre era tía Lucía. Se había divorciado de Eduardo Pitaluga (hermano de José Manuel) y siempre que se hablaba del ex marido era en voz baja. Estaban peleados a muerte. Lo mismo sucedía con el ex de Tía Margot, Miguel Sosa. En la familia Aragón había muchos secretos que fui descubriendo poco a poco. Margot era Secretaria del Tribunal Supremo, lo cual nos impresionaba mucho. Cuando íbamos a visitarla de pequeñas, nos sacaba un taburete mínimo y una muñeca de trapo para que nos entretuviéramos, y nos ofrecía galletas de soda de una lata verde.

Sentadas: Otra Mamá al centro, acompañada de Carmen Menéndez (esposa de Adolfo de Aragón) y Esther. De pie, de izquierda a derecha, Adolfo, Lucía, Alicia Llanos de Carvallo, Armando Carvallo (hijo de Esperanza), Delia de Aragón Portela (hija mayor de Adolfo) y Ernesto. Circa 1944

Durante la enfermedad de mi padre cesaron las visitas dominicales a Otra Mamá. Después que él murió, cada cierto tiempo Mami nos mandaba a Lucía y a mí a verla al igual que a las tías. Nos recibían con mucha formalidad y tras las preguntas de rigor –sobre nuestra madre, hermana menor, la escuela– los largos silencios se hacían insoportables. Al regreso protestábamos tanto que mi madre se dio por vencida.

No vi más a Esperanza, Esther y Margot después de irme de Cuba, donde murieron. Ni siquiera recuerdo haberme despedido de ellas. Tía Lucía vino al exilio, vivimos en la misma ciudad, nos veíamos a menudo hasta que murió en septiembre de 1997. La quise mucho.

Hoy rememoro con nostalgia a aquellas tías que en verdad no llegué a conocer y me pregunto qué pensamientos ocupaban sus cabezas canas, cómo eran en verdad aquellas hermanas siempre vestidas de oscuro, como una vieja película en blanco y negro.

Mi padrino

Tío Adolfo era dentista y médico. Ejerció –especialmente como galeno– tanto en Cuba como en Estados Unidos, donde vivió en distintas ocasiones. Se casó tres veces. Adolfito, hijo de su primer matrimonio, se enlistó como voluntario en el ejército americano cuando muchos de sus compañeros comenzaron a marchar a la Segunda Guerra Mundial. Pertenecía al cuerpo de señales y fue uno de los primeros en morir, el 19 de febrero de 1945, cuando el desembarco en Iwo Jima. Tenía veinte años. Su foto con el uniforme militar y su rostro juvenil ocupaba un lugar en todas las salas de mi familia paterna. Le ocultaron su fallecimiento a mi abuela, e incluso escribían cartas apócrifas y se las leían. ¿Qué vida le habrán inventado durante los once años en que mantuvieron esta farsa? ¿Le contarían sobre sus estudios de Medicina, acaso su graduación, alguna novia, incluso una boda? ¿Con qué excusas dilataban su regreso a Cuba? No lo sé, pero sospecho que era un caso similar al cuento del engañador-engañado, y que Otra Mamá sabía bien que su nieto había muerto. Tal vez la fábula sirvió más para consolar a la familia que a la abuela.

Adolfo de Aragón Portela

Mis recuerdos de infancia sobre mi tío Adolfo, también mi padrino, van unidos a los de su tercera esposa, Carmen, y su hija Martica, solo nueve días menor que yo. En una ocasión, mis padres, Lucía y yo los visitamos en Key West donde vivían entonces, toda una aventura para nosotras. Cuando ellos viajaban a La Habana nos traían de regalo barras de *Milky Way,* que en realidad, aunque me encantaba el chocolate, no me agradaban por su consistencia pastosa, lo cual disimulaba para no ofenderlos.

La imagen más entrañable que guardo de mi padrino es de la noche que murió mi padre. En cuanto le avisaron, debió tomar el primer avión disponible de Cayo Hueso a La Habana, porque llegó a nuestro hogar cerca de las 12, cuando todos estaban en la funeraria. Lucía y yo sentimos el ruido de un auto y nos asomamos por la ventana. Al verlo bajar, era la viva imagen de Papi. Nos dio un vuelco el corazón y volamos escaleras abajo a abrazarlo, como si hubiéramos recuperado en él algo del padre recién fallecido. No se quedó apenas, pues venía a averiguar dónde estaba tendido su hermano.

Me pregunto ahora por qué tantos miembros de la familia que vivían en el extranjero regresaron a Cuba a mediados de los 50. Debió ser el despegue económico que

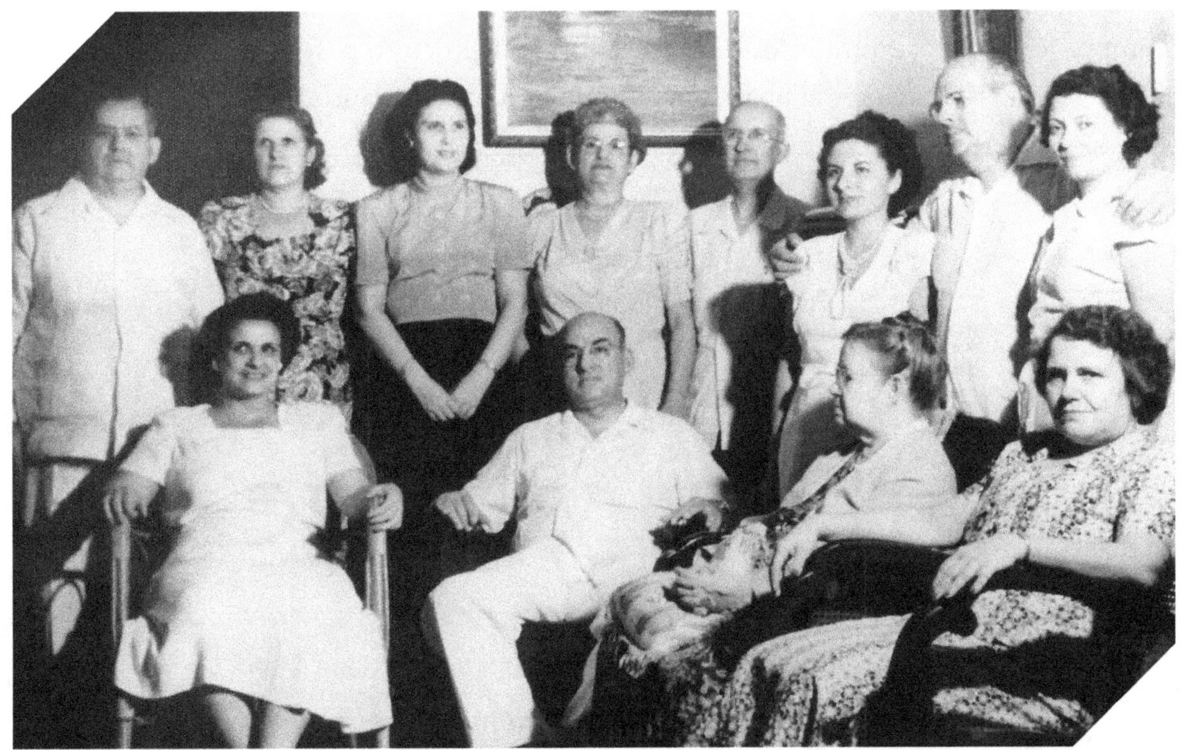

Sentados, de izquierda a derecha: Margot, Ernesto, Otra Mamá y Lucía. De pie: José Manuel Pitaluga (tío Nel), su esposa Esther, Uva Hernández-Catá, Esperanza, su esposo César Carvallo, Delia de Aragón Portela (hija mayor de Adolfo), Adolfo y su esposa Carmen Menéndez. Circa 1944

disfrutaba el país, pese al golpe de estado de Fulgencio Batista. En el caso de mi tío Adolfo, quizás se debiera también a que era bastante nómada y se mudaba tanto de casa como de país con gran facilidad. O, tal vez, tuviera que ver con lo que haya heredado a la muerte de su madre. En todo caso, a finales de 1956 se instaló con su familia en el recién construido edificio Focsa, el más alto de La Habana. Y como era bastante bohemio, lejos de ejercer sus profesiones, se dedicó al teatro. Hizo papeles pequeños en las tablas, y anunciaba por televisión una marca de lápices.

Por lo cuentos que he oído, si mi padre era responsable, puntual y dedicado a su carrera, Adolfo no se le parecía, y varias veces Papi tuvo que viajar "al norte" a sacar de algún apuro a mi padrino. Sin embargo, se adoraban. Adolfo admiraba a su hermano y mi padre, el mayor, se sentía que debía protegerlo. Cuando se reunían, ya cincuentones, reían juntos de cualquier bobería. Poco sabía yo sobre tío Adolfo en mi niñez, y ni siquiera cuando lo vi en Miami en dos o tres ocasiones antes de que muriera en 1966. Para mí fue siempre el padre de mis primos Martica, Delia, Armando, Albertico, y del siempre joven soldado muerto. Era, sobre todo, el tío cuyo parecido con su hermano me devolvía por instantes al padre, cuya temprana muerte tanto marcó mi infancia.

Silvia y Jorge

Mi hermana Silvia, hija del matrimonio de mi padre con Mercedes Godoy, se había casado en 1940 con Jorge Smith Dechapelles. Como su madre, Silvia era bajita; Jorge, alto. Ella iba siempre arreglada como una modelo; él, desafiando las convenciones habaneras, a veces usaba pantalones bermudas con medias largas. Ella era seria, circunspecta; él, alegre, bromista. Será verdad que los polos opuestos se atraen, pues se quisieron mucho.

Los domingos, mis padres, Lucía y yo solíamos ir a misa de 11 a.m. en la iglesia de San Antonio, en la 5ta. Avenida y la Calle 60, a pocas cuadras de distancia de la casa. Silvia y Jorge, que vivían en 1ra. Avenida, entre 0 y 2, también en Miramar, asistían a su parroquia de Santa Rita, en 5ta. Avenida y la 26. Después venían siempre a tomarse una copita de oporto con mis padres y a escuchar al trío Los Panchos, en discos de 78 que se ponían en el tocadiscos de la sala. Rememoro especialmente algunas canciones como "Mi pueblito", "Rayito de luna" y "Sin ti".

Silvia y Jorge, 1940

Cuando tendría yo seis o siete años, Silvia aprendió a manejar, y a veces venía conduciendo desde la iglesia con Jorge a su lado. Nosotras, que los esperábamos en el jardín del frente de la casa, corríamos con aspavientos a escondernos, fastidiándola con que temíamos que nos iba a arrollar. Pero, contrario a su esposo, las bromas no le hacían mucha gracia.

Jorge trabajaba en la firma de tabacos La Corona, y posiblemente el carro que tenían era de la compañía pues llevaba al costado un sello de la marca de habanos. Silvia trabajó un largo período como secretaria de mi padre, en cuya consulta la veíamos también a menudo. Creo que con anterioridad lo había hecho en un banco.

Por mucho tiempo la pareja no lograba tener hijos. Me imagino lo que habrá sufrido también mi padre pues una de sus especialidades era la fertilidad de la mujer. Por fin, en los primeros meses de 1952, pudo asegurarle a Silvia que estaba encinta. El nacimiento de Silvia María, el 28 de septiembre de ese año, fue una inmensa alegría para toda la familia. En diciembre de 1954, ya muerto Papi, Silvia tuvo un varón, Jorge Ernesto.

Antes de que nacieran sus hijos, Silvia y Jorge salían a menudo con mis padres a cenar fuera. Solían venir a recogerlos y a nosotras nos gustaba ver lo elegantes que se vestían. Jorge era un gran *gourmet* –o quizás solo muy goloso– y conocía todos los restoranes de La Habana. En esos años sus favoritos eran Monseñor, Montecatini y La Roca.

Sin embargo, a Lucía y a mí no nos gustaba que ellos nos invitaran a comer a su casa, pues comparadas a las generosas fuentes que se servían en nuestra mesa, las de la de Silvia y Jorge eran minúsculas. Siempre nos quedábamos con hambre. No creo que estuvieran mal de posición, pero mi hermana mayor siempre fue muy prudente en materia de gastos. La adornaban otras virtudes, en especial ese sentido de responsabilidad y esa ética del trabajo casi patológica que nos inculcó Papi también a nosotras.

Silvia era apenas cuatro años menor que mi madre. Aunque Mami no fue la causa del divorcio de sus padres, el cual ocurrió más de diez años antes de que los míos se conocieran, a Silvia le costó trabajo aceptar a Mami. Una de las maneras en que ella se la ganó fue decirle a Papi que con lo que él ganaba como médico, la pensión que le enviaba a su primera mujer era una miseria y sugirió aumentársela. No sé si Silvia supo de inmediato que la repentina generosidad de su padre fue por consejo de su nueva esposa, pero debió tranquilizarle el gesto. Claro, todo esto lo he sabido mucho después.

Silvia y mi madre siguieron amigas a lo largo de la vida. Tengo muchos otros recuerdos de ella a través de los años, pero ninguno tan alegre como los de aquellas mañanas de domingo en que las guitarras de Los Panchos resonaban melodiosamente en nuestro hogar.

Mi hermano Bebo

Nunca he olvidado las preciosas batas de fondo color crema, bordadas en tonos azules, que mi madre nos mandó a hacer para la boda de mi hermano Ernesto Urbano, a quienes todos decíamos Bebo. Se casó en la iglesia de Santa Rita con Elena Portela, mujer de impresionante belleza, algo distante siempre. El nacimiento de su hija Elenín, dos meses antes del de mi hermana Gloria –con lo que se dio el caso de que la tía era menor que la sobrina–, fue una gran alegría para la familia.

Pasé muchas tardes en la casa del reparto Country Club de sus suegros, Guillermo Portela y su esposa Naní. Habían perdido un hijo y los rodeaba un aura de quieta tristeza. Portela era elegante y culto, y se inclinaba a la altura de mis pocos años para hablarme de igual a igual, sin esa condescendencia que a menudo utilizan los mayores con los niños. A la hija la criaron muy protegida,

Ernesto Urbano de Aragón (*Bebo*) y su hermana Uva. Graduación del Colegio del Sagrado Corazón, Stone Ridge, Washington, D.C., 1961

y a la nieta la malcriaban mucho, al punto que le regalaron un pony que guardaba en sus jardines, y era el deleite de Elenín y de mi hermana Gloria, pues ambas se criaron muy unidas.

Cuando la enfermedad y muerte de mi padre, Bebo, que era pequeño de estatura, pareció de pronto hacerse mayor. Mi madre se apoyó en él como si fuera en verdad su hijo. No había día que en camino a su hogar del trabajo, Bebo no pasara por casa ver cómo estábamos y conversar.

Recuerdo a Bebo llevándonos a remar al Habana Yacht Club a mi hermana Lucía y a mí –aventura que se nos antojaba tan extraordinaria como la caza de Moby Dick. Bebo acompañándonos al cementerio a ponerle flores a Papi; Bebo en el salón cuando me operaron de apendicitis; Bebo junto a mi cama cuando desperté de la anestesia. Rumbo a Varadero con mi hermano entonando viejas canciones cubanas; bañándome en el mar con él de noche, con un miedo contenido que su presencia protectora mitigaba. Bebo averiguando sobre mis primeros noviecitos. Bebo hermano mayor, padre sustituto.

Mi hermano tenía la habilidad de narrar cuentos como un fabulador medieval. Cautivaba con historias en las que de alguna forma era siempre el protagonista principal. Lo escuchaba extasiada, y todos los personajes de las novelas que entonces comenzaba a leer con fruición encarnaban en él. Fue mi D´Artagnan, mi Ivanhoe, mi Rey Arturo.

A medida que pasaron los años, como nos sucede con todos los ídolos, comprendí que mi hermano no era tan perfecto como yo creía en mi infancia y me dolía cuando descubría sus defectos. A veces le reñía, pero él reaparecía como un mago que se sacaba del sombrero una anécdota de mi padre, un elogio que me desarmaba, un cuento que rehacía a su manera, pero que aún me cautivaba, como cuando hacía sus visitas a la casa de La Copa, y sentada en el suelo a sus pies lo oía arrobada.

Siempre estuvo ahí, a mi lado en los momentos importantes de mi vida: mi boda, los partos, la muerte de mi madre. Mantuvo intacto un fiero cariño por mis hermanas y por mí que nos llegaba en oleadas y nos cobijaba como un manto invisible y protector.

Mi hermana Gilda

Gilda, que cuando niña creía hija de un segundo matrimonio de mi padre, venía a almorzar con nosotros todos los domingos. Después de comer nos repasaba las lecciones y nos leía en inglés, pues era maestra de la lengua de Shakespeare. Aún veo con claridad las ilustraciones de uno de nuestros libros favoritos, el de Peter Rabbit. Como a Silvia y Bebo, mi padre la había mandado a estudiar la secundaria a Estados Unidos. A veces, durante esas tardes de domingo, mi madre nos la robaba para conversar con ella, lo cual no nos gustaba nada. Era trigueña, de estatura mediana, un poquito gruesa para los estándares de entonces –no los de hoy– con el sello indiscutible de los Aragón. Lucía y yo la adorábamos.

Había algo que no entendíamos. Muchos en la familia no la trataban. Mi hermana mayor no la podía ver, al punto que si Gilda llegaba los domingos antes de que Silvia y su esposo se hubieran ido, esperaba en la cocina. Gilda ocupaba con su madre un apartamento en altos, en La Habana Vieja, mientras que el resto de la familia vivíamos en Miramar, El Vedado, La Sierra, barrios mucho mejores.

Gilda de Aragón y Neris, 1937

Además, veía siempre a mi padre regalarle discretamente algún billetico. Estas diferencias nos inquietaban. No sé si en esa época nos atrevimos a hacer preguntas, pero si fue así, no obtuvimos respuestas.

Cuando Lucía contrajo matrimonio en 1959 insistió en que Gilda asistiera a la boda, aunque no le agradara a Silvia, lo cual hizo –pese a que era muy discreta. Estuve sentada a su lado toda la ceremonia.

Ya en el exilio, cuando me fui a casar, mi madre quiso saber si tenía alguna pregunta. No le pedí que me hablara de sexo sino de cuál era el misterio que rodeaba a Gilda. Me contó entonces que mi padre había tenido relaciones con una enfermera, la cual había salido encinta y que él le había pagado a la familia de un paciente, al borde de la muerte en el Calixto García, de apellido Aragón, para que se casara con ella y reconociera a la criatura. Esta historia me pareció tan novelesca que le insistí a mi madre que me dijera la verdad. Ella me juraba que no mentía. Tenía razón.

También años después supe que cuando mi padre falleció, en una época en que se velaba a los difuntos toda la noche, y a la mañana siguiente solo los hombres iban al entierro, mi madre pidió que antes de que cerrara la capilla y el cortejo partiera para el Cementerio de Colón, la dejaran unos minutos a solas con mi padre. Hizo esto porque había mandado a buscar a Gilda, quien no había ido a la funeraria, y así pudiese entrar por el fondo y despedirse de su padre. Fue un gesto que le he agradecido siempre.

No vi más a Gilda después que me fui de Cuba, aunque Mami mantuvo contacto epistolar con ella. Murió de una embolia en 1980, relativamente joven. Ya sabía, por aquel entonces, que había sido una hija natural de mi padre, que posiblemente nació cuando aún estaba casado con su primera mujer. Papi siempre se ocupó de ella, y mi madre y nosotras la quisimos mucho. Ojalá ello haya compensado de alguna forma los desaires que recibió de otros familiares.

Las montañas nevadas de New Hampshire

De pequeña fui enfermiza. Tenía las piernas jorobadas, los pies planos; además, sufría de frecuentes bronquitis asmáticas. A menudo padecía también de anemia. Era delgaducha, de mal comer, y con frecuencia devolvía los alimentos en cuanto me los daban. Nuestro pediatra, el Dr. Emilio Soto Pradera, le aseguraba a mi madre que superaría esos problemas; trataba de tranquilizarla. Otras veces la acusaba cariñosamente de malcriarme demasiado. Incluso en una ocasión sugirió que, inmediatamente de devolver la comida, me trajeran otro plato. Mi madre, claro está, no le hizo caso, pese a su obsesión porque subiera de peso. En esa época los niños gorditos eran sinónimo de buena salud. (Por fin logró su propósito, y fui una niña gordita de los siete a los doce años, cuando di un estirón.)

Quizás para quitársela de encima, o en contubernio con mi padre a quien le encantaba viajar, por fin Soto Pradera le aconsejó que un tiempo en un clima frío posiblemente me abriera el apetito. Los preparativos se hicieron de inmediato, y poco después de cumplir cuatro años, en el verano de 1948, nos embarcamos en el *ferry* que viajaba de La Habana a Cayo Hueso. Íbamos mis padres, la tata o manejadora Mercedes, a quien llamábamos Meme, mi hermana Lucía, yo, y nuestro Buick.

La noche en el *City of Havana*, como se llamaba la embarcación, fue infernal, entre el calor espantoso y los mareos. El plan era al desembarcar manejar por la costa este de Estados Unidos hasta llegar a Sugar Hill, en las montañas de New Hampshire, donde teníamos reservada una pequeña cabaña. No sucedió nada especial el primer día de viaje, pero nunca he olvidado lo que ocurrió cuando, a eso de las 6 de la tarde, Papi decidió parar en un motel para que nos bañáramos, saliéramos a cenar, pasáramos la noche. En esa época, en la US 1, la única carretera, pues aún no se había construido ninguna autopista, abundaban los moteles. No eran de cadenas comerciales, como sucede ahora, ni tampoco grandes edificios. Más bien se trataba de lugares pequeños, con una oficina, y a veces diez o doce cabañitas de una o dos habitaciones cada una. A pesar de que exhibían el letrero *Vacancy,* que anunciaba que tenían espacio, en cuanto nos veían, motel tras motel, se negaban a admitirnos. Al principio no entendíamos la causa, hasta que uno de los dueños o administradores, casi ladrando, le preguntó a mi padre si no sabía que allí no podían entrar negros. Lo decía, naturalmente, por Meme. Nosotras no salíamos del asombro. Entre llantos le preguntábamos a Papi: "¿Por qué?, ¿por qué?", pero él solo movía la cabeza apesadumbrado. Meme se ofreció a dormir en el carro, pero mi padre no aceptó esa solución pese a que ya era de noche y estábamos exhaustos.

No sé quien ideó el plan, pero por fin Meme se escondió en el asiento trasero mientras mi padre alquilaba los cuartos. Una vez que nos dieron la llave, caminó agachada, tapada por nosotros y las maletas, para que no la vieran entrar. Cuando salimos a comer le trajimos los alimentos a la habitación. Así fue durante los dos o tres días que demoramos en cruzar los estados del sur, donde la segregación racial era inmensamente cruel. Fue una experiencia que me marcó para el resto de mi vida, y por lo cual, cuando Martin Luther King encabezó el movimiento a favor de los derechos civiles, sentí grandes simpatías por él, pese a que muchos de mis vecinos cubanos aseguraban que era comunista.

No he olvidado el momento cuando pasamos el túnel y nos tropezamos de golpe con los inmensos rascacielos neoyorkinos. Ya en esa urbe cosmopolita de agitado ritmo no confrontamos problemas. No sé si fue a la ida o al regreso, pero visitamos el Empire

State Building y disfrutamos de una impresionante vista panorámica de la ciudad junto al Hudson.

El hotel en Sugar Hill tenía un edificio central donde, además de las habitaciones, se encontraban los comedores y otros salones diseñados para que los adultos conversaran, jugaran a las cartas, leyeran en una elegante biblioteca o disfrutaran de una copa en el bar. Nosotros no nos hospedamos allí sino en una cabaña con dos habitaciones a corta distancia. Había actividades al aire libre para adultos y niños, como juegos de croquet y creo recordar que muy cerca, un campo de golf. Aunque en la actualidad acuden a la zona los turistas todo el año, entonces se trataba de un lugar de veraneo. No creo que fuera excesivamente caro pero los huéspedes, como era la costumbre en esos años, iban siempre elegantes. Nosotras congeniamos con otros pequeños y correteábamos por los amplios jardines hasta quedar exhaustas cada noche. En ocasiones hacíamos cortas excursiones a pueblos cercanos donde Papi nos iba explicando algunas costumbres americanas distintas a las nuestras. Por las carreteras, entre montañas, a menudo cruzábamos puentes cubiertos que nos llenaban de asombro.

Hubo una experiencia en particular que hizo memorable nuestro viaje. Una noche, ya acostadas, Papi nos despertó. A mí, que era la menor, me tomó en brazos y a Lucía de la mano. Nos llevó a los jardines del hotel, rodeados de montañas, cuyas cúspides, incluso en verano, se veían nevadas. Mi madre protestaba que nos íbamos a enfriar y nos tapó con frazadas y toallas. Cuando nos espabilamos, vimos en el firmamento una luna llena, naranja, brillante, inmensa. Estuvimos en silencio unos minutos –incluso mi madre, siempre tan parlanchina– compartiendo esa emoción indiscutible que produce la contemplación de la belleza, ya sea en el arte o la naturaleza.

Con los años he comprendido que mi padre nos entregó esa madrugada una doble lección: que hay que despertarse para lo bueno, o puede pasarnos desapercibido; y que todo placer se multiplica cuando lo compartimos con seres queridos. Quiso mostrarnos el hermoso astro porque también a él le hacía feliz que disfrutáramos juntos ese momento.

Creo que al regresar a La Habana no había subido ni una onza de peso, pero sin duda dejé atrás las majaderías para comer. Más que el clima frío, me había hecho bien conocer otros lugares, probar otros sabores, escuchar otra lengua, experimentar de cerca las injusticias que se comenten en el mundo, y vivir fuera de la rutina y los horarios que observábamos regularmente.

De más está decir que todavía, al observar una luna llena y hermosa, revivo aquella fresca noche de verano en las montañas de New Hampshire. Me parece entonces que estoy de nuevo reguardada por el cálido abrazo de mi padre y la manta protectora de mi madre.

Píntame angelitos negros

Era una pequeña muñeca china. Estaba sobre la cama de Tita Sara mientras ella hacía el equipaje para viajar a Caracas. Yo observaba cada uno de sus movimientos, porque siempre me fascinó esta mujer tan distinta a todas las otras que conocía, y porque estaba esperando que en cualquier momento me regalara la muñeca. ¿Para quién podía ser sino para mí? Por fin se la pedí con timidez y me contestó sin mirarme siquiera que era un regalo para otra niña, pero que cuando regresara me compraría una igual, y la metió en la maleta.

El viaje de Tita Sara no duró nada. El mismo día que se fue, o al siguiente, regresó. Cuando deshizo el equipaje, que ni siquiera había abierto, me obsequió la muñeca china. No pude disfrutarla mucho porque ella se veía disgustada, alterada. Hizo muchas llamadas por teléfono. Yo no entendía lo que sucedía. Por fin escuché:

–Le han dado un Golpe de Estado a Rómulo Gallegos.

Corría el mes de noviembre de 1948 y yo sospechaba que la noticia no era buena, aunque no sabía ni quién era ese "Gallego" ni mucho menos qué era un Golpe de Estado. No sé si fue ese mismo día pero pronto Don Rómulo llegó a La Habana con su esposa Teotiste y sus hijos Alexis y Sonia. Los recibió –lo supe mucho después– el mismo Presidente de la República, Carlos Prío, y Raúl Roa, entonces director de Cultura. La amistad de mi tía con Don Rómulo debió ser estrecha, pues los hospedó en su hogar hasta que encontraron dónde vivir. Se mudaron por fin a un apartamento en la calle 36, en Miramar, a pocas cuadras de nosotros.

Además de Rómulo Gallegos y su familia, vivieron exilados en La Habana el poeta Andrés Eloy Blanco y Rómulo Betancourt, aunque este último, que había sido Presidente provisional de Venezuela, fundó en esos años Acción Demócratica, el primer partido político del país, y viajaba con frecuencia. Los venezolanos se reunían todos los domingos a almorzar en Río Cristal, un extenso parque en la Avenida Rancho Boyeros, en el cual había un restorán campestre cobijado por un inmenso bohío. Asistían también intelectuales cubanos, pues Gallegos, el primer presidente electo democráticamente en Venezuela, era un reconocido novelista. Mi tía Sara siempre nos llevaba a Lucía y a mí para que jugáramos con Alexis y Sonia, a quien rememoro peinada con dos trenzas oscuras que le caían al nivel de los hombros. En efecto, los cuatro muchachos hicimos buenas migas aunque también nos gustaba atender a la conversación de los mayores.

Otras veces se reunían en casa de mi tía y hasta en la nuestra. Yo adoraba a Andrés Eloy y no me cansaba de escucharle recitar. Le halaba los pantalones de dril blanco y le rogaba:

–Recítame ese de los angelitos negros…; recítame "La hilandera"…, dime el poema a la madre… –y él me complacía. Luego he pensado que debió creerme una niña impertinente, pero Sonia, con quien años después logré renovar nuestra amistad de la infancia, me ha tranquilizado al asegurarme que le encantaban los niños y que le pidieran que declamara sus poesías.

Había sobre estas reuniones un aura especial, distinta a las muchas tertulias que organizaba Tita Sara. Aquellos hombres y mujeres vivían pendientes de las noticias de su país, añorando el regreso. Pese al cariño con que se les acogió en Cuba, les dolía Venezuela. Eran exiliados, un vocablo cuyo peso no alcanzaba a entender por mi poca edad. Si alguien nos hubiera dicho entonces que apenas un década después casi toda la familia saldríamos de Cuba y viviríamos el resto de nuestros días desterrados, naturalmente no lo hubiéramos creído.

La amistad de mi tía con Don Rómulo y con Andrés Eloy fue entrañable, al punto que el primero le dedicó su novela *La brizna de paja en el viento* a Raúl Roa y a "Sara Hernández-Catá, amiga cordial, quien junto a su fervorosa cubanidad, le ha brindado acogida a mi mortificación venezolana". El poeta, por su parte, le escribió estos versos que tan bien la retratan:

Palabreo de Sara Catá

Y esto lo sabe cualquiera;
cuando el pan se pone amargo
o ha llorado el panadero
o el que come está llorando.
Por el ancho de tu mano,
que nos va midiendo sola,
con la medida española
de tu corazón cubano,
por el sol venezolano
que sembraste en su solera
para que tu vino fuera
de los tristes la alegría,
cualquiera te cantaría,
y esto lo sabe cualquiera.
Cuando nos ponen tan lejos,
con traiciones y enredijos
del más acá de los hijos

y el más allá de los viejos,
vamos a beber reflejos
en el mar de trago largo,
y, al despertar del letargo,
nos da la tierra mambisa
el azúcar de tu risa,
cuando el pan se pone amargo.
La verdad es la verdad,
los ricos le dan al pobre,
por la Caridad del Cobre,
su cobre de caridad;
pero lo tuyo es bondad
de lo grande y lo sincero,
lo tuyo no es el ventero
que no piensa, al dar su vino,
si se ha muerto el campesino
o ha llorado el panadero.
Sara Catá, hermosa y buena,
ojos de amar lo mirado,
pelo de ciclón pasmado
sobre la frente serena,
varadero de la pena
de los que penan luchando
si a los que luchan penando
tu pan no quita los males,
o no hay trigo en los trigales
o el que come está llorando.

En 1960 coincidimos con Don Rómulo en México. Lo fuimos a ver y le llevé el manuscrito de lo que luego sería parte de mi primer libro. Me lo devolvió con anotaciones al margen y un ejemplar de *Doña Bárbara* con la generosa dedicación "A mi querida amiga Uva Aragón, con todo mi afecto". Tenía yo dieciséis años.

Colección Literaria Cervantes

ROMULO GALLEGOS

Doña Bárbara

Prólogo y Notas
de
MARIANO PICON SALAS

SEGUNDA EDICION

EDITORIAL ORION
MEXICO, 1959

ROMULO GALLEGOS

DOÑA BARBARA

A mi querida amiga Uva Aragón, con todo mi afecto. Rómulo Gallegos. México, 1960

Tita Sara vivió su exilio en Caracas, donde los venezolanos le pagaron con creces como los acogió en La Habana, al punto que cuando murió mi abuela, en agosto de 1968, Sonia Gallegos le ofreció a mi tía que la enterrara en el panteón de su familia, donde todavía descansan sus restos.

Pude agradecerle este gesto cuando por fin nos encontramos a almorzar en Miami, en 2014. Un año antes había muerto su hermano Alexis, a quien no volví a ver. Rememoramos con nostalgia nuestros juegos infantiles, a nuestros mayores, ya todos fallecidos. Me contó que había encontrado un cuaderno de su padre en vísperas de un viaje a España en los años 30 donde decía: "Buscar a Hernández-Catá". Ambas asumimos que el escritor cubano y el venezolano se conocieron entonces y que de ahí provenían los nexos de familia que aún nos unen.

Aunque Cuba los acogió calurosamente, y pudieron regresar a su país una década más tarde, tuvo que ser triste el exilio para los venezolanos. Con el paso del tiempo y las lecturas, he podido valorar las contribuciones de Gallegos y Andrés Eloy a la literatura latinoamericana, y la importancia de los dos Rómulos en la historia de su país, que me enseñaron a amar. Desde que los conocí, sin embargo, los quise entrañablemente pues aún desde mi niñez pude intuir sus cualidades. Eran hombres buenos. Fue un privilegio tratarlos.

Helados Uvita

Cuando tenía unos cuatro o cinco años me dio por decir que quería ser heladero. Esas Navidades le pedí a Santa Claus que me trajera un carrito de helados. Y en efecto, el 25 de diciembre, junto al árbol que mi madre decoraba bellamente, allí estaba. Era igual que los que empujaban por las calles de la ciudad los vendedores ambulantes: un cajón pintado de amarillo claro, montado sobre dos varillas y una rueda al frente en el centro, que lo hacía rodar al empujarlo. Tenía una gran tapa para guardar dentro las golosinas. Estaba hecho a la medida de mi estatura y en ambos costados, en grandes letras azules y rojas, decía: "Helados Uvita". Venía, además, con unas sonoras campanas, iguales, pero más pequeñas que los que usaban los heladeros de Guarina, Hatuey, San Bernardo, que recorrían las calles de La Habana de aquel entonces.

Apenas pude esperar a que me vistieran para salir a la calle y pregonar a toda voz "¡Fresa, vainilla, chocolate! ¡Piña, coco, mamey!" A los vecinos, que naturalmente me conocían, les hacía gracia y paraban a "comprarme". Muy seria les preguntaba si querían vasito, barquillo, o bocadito, y les entregaba los helados imaginarios que a veces me pagaban con dinero igualmente invisible, y otras regalándome alguna moneda.

A la hora de acostarme no hubo forma de que me separaran del carrito de helados, hasta que no quedó otro remedio que me lo subieran al cuarto y me lo pusieran al lado de mi cama. Nunca he recibido un mejor regalo de Navidad.

Me imagino que como a todos los pequeños, el embullo se me habrá pasado pronto y el carrito de "Helados Uvita" habrá quedado olvidado en algún closet y finalmente pararía en la basura. Ya adulta, le pregunté a mi madre dónde lo habían conseguido, y me contestó con toda naturalidad:

–Ernesto en persona se lo mandó a hacer a un carpintero.

Pensé en Papi, aquel médico, cirujano, profesor universitario, conocido y querido por pacientes, colegas, alumnos, familiares, y lo imaginé entre consultas, operaciones y clases, explicándole a un carpintero cómo debía construir aquel carrito para su pequeña hija soñadora que quería ser heladero. Todavía hoy, al escribir estos párrafos, me embarga la emoción ante su gesto de amor de padre.

El colegio de Margot Párraga

Recién cumplidos los tres años, comencé a estudiar en "Artes e Idiomas", como se llamaba oficialmente, aunque todos le decían por el nombre de su dueña y directora "El colegio de Margot Párraga". La escuela estaba situada en una gran casona en la Calle 4, entre Calzada y 5ta., en El Vedado, que conectaba por un costado con otra más moderna, con salida a la calle 5ta. La mansión principal estaba pintada de blanco, con una discreta cerca o muro al frente, un gran portón de entrada y una puerta menor por la que se subía a la residencia de Margot, donde estuve en una sola ocasión, aunque no me acuerdo por qué. Al entrar a ese primer edificio había un pequeño vestíbulo en el cual las manejadoras, y en pocas ocasiones las madres, solían esperar a las niñas menores que solo asistían media sesión. Con excepción del Kindergarten, era un colegio exclusivamente para hembras. Las aulas de pre kínder, kínder y los primeros grados se albergaban en ese antiguo edificio, también un amplio salón de música, y otro mayor, de tabloncillo, para la enseñanza del ballet

Uva de Aragón, cuarta de la primera fila. Clase de Kindergarten en el colegio de Margot Párraga, circa 1947

con un escenario dedicado a las representaciones de danza o teatro, y las entregas de premios a fin de curso.

Margot era delgada y nerviosa. Vestía siempre de blanco, como el uniforme de las niñas. Llevaba puesto un fino cinturón de cuero y una redecilla recogiéndole el pelo gris. No creo que usara maquillaje. Confieso que a mí me inspiraba más temor que otra cosa. La acompañaba en las labores de la escuela su hermana Rosita, mucho más joven que ella, siempre vestida de amarillo claro. Rosita era la maestra de Kindergarten y estaba, entre otras cosas, encargada de tocar la campana. No era una campana convencional sino una especie de plato grande de metal dorado que ella golpeaba dos o tres veces en el momento preciso con algún tipo de vara. No encuentro cómo describirlo mejor pero veo y escucho con precisión aquel original batintín que marcaba el tiempo en el colegio. Contrario a Margot, Rosita me inspiraba gran confianza y cariño. Siempre estaba dispuesta a curar una rodilla arañada, enjugar una lágrima, apaciguar inquietudes infantiles.

Mis recuerdos se tornan más precisos cuando pasé a los tres últimos grados (estudié allí hasta el 6to.) en el edificio contiguo, más moderno. Tuve maestros muy buenos. En las mañanas, Bertha de la Portilla nos machacaba las tablas de multiplicar; Miss Helen y Miss Lydia nos adentraban en los misterios de la gramática inglesa; Gloria Álvarez Santullano nos inculcaba el amor por la lengua cervantina. Por las tardes, Monsieur Chateau y Madame Pulelac estaban encargados de que aprendiéramos francés. Las clases de Dibujo y Pintura las impartía la Señorita Pili, y a Mercedes de León le tocaba Historia, Geografía y Cívica. En el llamado curso de Ingreso al Bachillerato, que ya no estudié allí, enseñaban el gran pedagogo y escritor Herminio Almendros y su esposa, padres del famoso cineasta Néstor, ya fallecido. Como la Seño Gloria, eran exiliados españoles. Los veía de continuo pero no tuve el privilegio de ser alumna de ellos.

En cada curso había dos grupos, el A y el B. En las mañanas nos separábamos entre seis y ocho niñas en cada aula. Nos uníamos por las tardes cuando el número de alumnas oscilaba entre doce y catorce. Se ofrecía atención a cada niña y se impartía un currículo humanista, con énfasis en las artes y los idiomas, como anunciaba el nombre del colegio.

Mi maestra favorita, además de Rosita Párraga, era Gloria Álvarez Santullano quien me inculcó el amor a mi lengua materna que aún me acompaña. Fue la primera en estimular mi inclinación por la escritura. Los miércoles eran mis días preferidos, pues estaba dedicado a las composiciones. Por lo general elogiaba mucho las mías. Creo que también influyó en mi ejercicio como profesora, pues ella salpicaba las explicaciones de las reglas gramaticales con anécdotas e historias fascinantes que hacían del aprendizaje un deleite. Fue un método que utilicé tantos años después en mi carrera docente.

La Seño, como la llamábamos, creó un grupo de teatro en la escuela, en el cual la actividad más destacada era el ballet. Por mis pies planos no podía participar en la danza, y tal vez por ello, o porque mi simpatía por ella fuera recíproca, solía darme los papeles más destacados. Curiosamente, pese a ser tímida de pequeña, siempre me sentí cómoda en el escenario. Durante las fiestas de Navidad una vez protagonicé a la virgen María y otra al rey Baltasar. Para hacer de uno de los Reyes Magos me vistieron con un magnífico traje color morado con su respectiva corona. También hicimos la representación en la Beneficencia, donde repartimos juguetes a los niños huérfanos, lo que me dejó una impresión que aún perdura. Actué otro año en *El secreto bien guardado*, de Alejandro Casona. Lucía lo hizo en la puesta en escena de la zarzuela *La Gran Vía*. Su papel, además de cantar en los coros, se limitaba a caminar hasta el centro del escenario durante la Polka de las Calles y decir: “Soy la Calle de la Rosa”.

Vestía, naturalmente, con un disfraz que la asemejaba a la bella flor, aunque ahora pienso, que como no había perdido la redondez de la infancia, no le sentaba muy bien. Sin embargo, mi admiración por mi hermana mayor me hizo elogiar desde la audiencia lo bien que lo había hecho con sincero entusiasmo. Hasta el día de hoy, ambas sabemos casi completas las canciones de la zarzuela, especialmente el "Caballero de Gracia", "Las ratas", "Los marineritos", y el famoso chotis madrileño: "Yo soy un baile de criadas y de horteras/ a mí me gustan las cocineras..."

Luego supe que Gloria Álvarez Santullano salió de España con la derrota de la República, y tras un breve paso por Francia y luego Santo Domingo, llegó a Cuba en 1940. En su país se había destacado ya como actriz y directora de teatro. En La Habana, además de enseñar en mi escuela, continuó muy involucrada en el mundo de las artes dramáticas.

Del colegio nunca olvidaré a las dos conserjes, Eulogia, en los primeros cursos, y Alicia, en los más avanzados. La primera era negra; la segunda, española. Ambas repartían meriendas y ternura con alegría. Eran de carnes generosas y puedo recordar físicamente el consuelo de sus abrazos cuando –sobre todo en mi infancia– me daba alguno de esos llantos acongojados que me causaba cualquier regaño o contratiempo. Como mi hermana y yo nos sabíamos muchas canciones españolas, Alicia, que ahora pienso tal vez fuera exiliada o, sin duda, inmigrante, nos pedía a menudo que le cantáramos. Y yo, que nunca he logrado entonar bien, la complacía encantada ofreciéndole completo el pasodoble "El relicario":

Un día de San Eugenio
Yendo hacia El Pardo le conocí
Era el torero de más tronío
Y el más castizo de to Madrid [...]

Aquella buena mujer se emocionaba escuchándome y me compensaba dándome una porción mayor de merienda.

Había una maestra, sin embargo, que me causaba pavor: Mercedes de León, quien en sexto grado nos daba clases en las tardes, dos veces a la semana, de Historia y Geografía de Cuba, así como de Cívica. Las trece niñas sentadas tras nuestros pupitres debíamos memorizar el libro de texto. Ella decía un nombre al azar y nos pedía que comenzáramos a recitarlo. En cualquier momento nos ordenaba a parar y la alumna que ella indicara debía continuar.

Yo era incapaz de aprender así. Tanto miedo y rabia me daban aquellas clases que cuando iba a mi casa no podía almorzar, o devolvía en el ómnibus escolar. Por fin mi madre ideó que no comiera a la hora prevista esos días y me preparaba unas galletas cubanas con jamón que devoraba una vez terminada la clase de Miss León, en el primer horario de la tarde.

Recientemente he leído un artículo sobre Margot Párraga, sus viajes y estudios en Estados Unidos para aplicar en su escuela los métodos más modernos de la pedagogía. También la citan apuntando que más que conocimientos, el niño en sus primeros años necesita amor para aprender. Sin embargo, no logro compaginar esta información con algunas de mis experiencias en el colegio, donde nunca saqué buenas notas ni gané premios ni medallas. Con el transcurso del tiempo he comprendido la causa. La enseñanza era estricta y daba poco espacio para pensar libremente, para que floreciera una niña "distinta", que se negaba a memorizar un libro de texto que no entendía. Los métodos, al menos el de Mercedes de León, no eran, a mi modo de ver, nada modernos, ni siquiera para los años 50. Tampoco observé en Margot gestos de amor o ternura con sus alumnos. No sé cuántas verdaderamente la queríamos o nos sentíamos queridas por ella pero sí creo que todas la respetábamos.

Comprendo que hubo otros factores que nublaron mis años durante la primaria. El ballet, que había sido parte importante de la vida de Margot, era, como he apuntado antes, una de las actividades principales de la escuela. Todas las tardes acudían las niñas a las clases impartidas por Cuca Martínez, hermana de Alicia Alonso. Las representaciones de fin de curso eran elaboradas, e incluso se llevaban a cabo en el Teatro Auditórium, sede de la Sociedad de Pro-Arte Musical, hoy Teatro Auditórium Amadeo Roldán. Sin embargo, por mis problemas ortopédicos, yo no participaba. Ahora me pregunto si quizás fuera esa circunstancia la que me llevara a convertirme en una ávida lectora a temprana edad, pues mientras tenía que esperar porque mi hermana terminara sus clases de ballet, además de hacer la tarea, me refugiaba en los libros.

Otra circunstancia que empañó mi estancia en el colegio fue el dolor de la muerte de mi padre, en enero de 1954, y dos años después, de leucemia, la de una de mis compañeras de aula, Corita Montalvo, a quien también, como a mí, le gustaba escribir. No era una de mis amigas íntimas, pero cuando de niña uno se da de bruces con que no solo pueden fallecer los mayores sino también los contemporáneos, se apodera de uno esa tristeza que el poeta Paul Valéry señalaba como el signo de las almas escogidas.

No todos mis recuerdos del Colegio de Margot Párraga son sombríos. Quise a muchas de mis compañeras. Jugábamos y estudiábamos juntas. Visitaba sus hogares. Sentía el cariño de sus padres y hermanos. Algunas son aún mis mejores amigas.

Disfrutaba los recreos. Saltábamos la suiza. Hacíamos bailar los yo-yos. Jugábamos el tieso-tieso y alzábamos los brazos en forma de arco para que otras niñas pasaran por debajo mientras entonábamos:

–Al ánimo, al ánimo,
La fuente se rompió [...]

Nos dividíamos en dos filas para jugar "A mambró cható, matarile rile rile". Era yo también, en muchos momentos, una niña común y corriente divirtiéndose alegremente con sus compañeras.

Hasta que mi padre se enfermó y murió, nuestro chofer Raúl nos llevaba y recogía en el colegio. Luego fuimos en el ómnibus escolar. Como vivíamos en Miramar éramos de las primeras que recogían y de las últimas que dejaban. El viaje desde La Copa hasta cruzar el puente de Pote se me hacía grato, pero el tráfico, y creo que la emisión de gases de los carros y ómnibus en El Vedado, solía marearme. Muchas veces, como todas la demás, iba conversando con las amiguitas. Otras, prefería sentarme sola. Miraba por la ventana y trataba de imaginarme quiénes eran, qué hacían, a dónde iban los peatones que veía por las calles. Otras veces soñaba. ¿Cuáles eran mis sueños de niña? Desde temprana edad visualizaba el día que publicara mi primer libro.

También de esos años evoco gratamente las meriendas a la salida de la escuela. A la puerta, en la Calle 5ta., por donde partíamos las niñas mayorcitas, acudían el heladero, el granizadero y el dulcero. El primero era de la marca Guarina y se acercaba caminando con su carrito. Yo prefería los bocaditos de chocolate, formados por dos panetelitas rectangulares muy finas que sujetaban el helado. Si tenía sed un granizado de naranja o de limón la saciaba. No me gustaban mucho los pirulís, pero me fascinaba ver a otras niñas comerlos y cómo se alargaba el hilo de azúcar en que terminaba el cono del caramelo.

Venían sobre una especie de palillo, envueltos en papelillos de distintos colores, y el vendedor los exhibía en un entablado. Pero sin duda, era el negro dulcero el verdadero mago. Su tablero se abría y mostraba varios niveles con una variedad increíble de golosinas: coquitos, yemitas sencillas o cubiertas de chocolate, merenguitos, torticas de morón y un largo etcétera. Había que decidirse pronto para que no se acabara nuestro dulce favorito o para que el ómnibus escolar no diera el último aviso de que era hora de partir antes de que pudiéramos comprar la merienda.

Margot y Rosita Párraga provenían de una acaudalada y prestigiosa familia. Mucho tiempo después he sabido que eran bisnietas del gran intelectual cubano Antonio Bachiller y Morales, y por vía materna nietas de Néstor Ponce de León, no solo descendiente del explorador, sino amigo de José Martí en su etapa de exilio en Nueva York.

Fachada del colegio de Margot Párraga, sito en Calle 4, entre Calzada y 5ta., en El Vedado, actualmente sede del Conjunto Folklórico Nacional. Foto tomada en 2021

No es de extrañar que fueran dueñas de una gran finca, en la que organizaban anualmente *picnics* para las alumnas. Supongo que íbamos únicamente las más grandecitas. Sobresale en mi memoria la larga entrada de palmeras y las deliciosas meriendas que nos hacía preparar mi madre, con tortilla de patatas, croquetas suaves, por la salsa bechamel, y otras delicias que eran la envidia de las demás niñas.

Tengo sentimientos encontrados sobre mis años en el Colegio de Margot Párraga. No logro conciliar que por una parte el colegio diera acogida a exiliados españoles, inmensamente talentosos y de pensamiento avanzado, con otros esquemas que me parecen más anticuados. Me acompañan, sin embargo, dulces reminiscencias de Rosita, con quien hablé varias veces, ya ambas exiliadas en Miami, e incluso me regaló una foto de mi clase de Kindergarten. Agradezco el haber recibido una sólida educación básica que me ha ayudado para el resto de mi vida, y si no aprendí bien ni el francés ni el dibujo, puedo apreciar tanto la lengua como la cultura francesa y las artes visuales. Se trataba, sin duda, de un buen colegio, aunque tal vez no el mejor para una niña un tanto rara como era yo.

Cuando preparaba mi primer viaje de regreso a Cuba, en 1999, Rosita estaba ya muy enferma y la señora que la cuidaba me dijo que ya había muerto Gloria Álvarez Santullano. Llegué tarde para agradecerle a mi antigua profesora de Español sus muchas enseñanzas.

En ese primer viaje de regreso visité el colegio con mi hermana Lucía. Algo se sacudió en mí cuando vimos, igual que cuando lo habíamos dejado muchos años atrás, el gran salón de baile, en el cual por el día se colocaban las sillas y mesas de las niñas menores y se impartían las clases. Lloramos emocionadas al pasear por nuestro viejo colegio, y yo repetía entre sollozos: "Aquí me enseñaron a leer, aquí me enseñaron a leer".

Es curioso cómo funciona el subconsciente porque no era un pensamiento que hubiera tenido antes. Sin duda la memoria del corazón guardaba intacta mi gratitud por uno de los regalos mayores que puede hacérsele a cualquier niño: el aprendizaje y el amor a la lectura que aún me acompaña.

Amiguitas y fiestas de cumpleaños

En el colegio de Margot Párraga tuve muy buenas compañeras, algunas todavía hoy grandes amigas. Hay dos que sobresalen en mis recuerdos de infancia, Marigloria Asper y María Cristina Halley.

La familia Asper era desde los años 30 dueños del hotel Ambos Mundos y mi compañerita de clase vivía con sus padres en el *penthouse*. En las Navidades siempre nos invitaban con otras niñas a merendar y a ver el espléndido nacimiento que construían.

Los miércoles no teníamos clases por las tardes para que las madres aprovecharan y nos llevaran a médicos, dentistas y cuanto hiciera falta, y así no pidiéramos permiso para faltar a clase, a no ser por enfermedad o causas mayores. Muchas de esas tardes la madre de Marigloria –una mujer trigueña, menudita y afable– nos acogía con cariño. Ya el hecho de que viviesen en un hotel, nada menos que en la esquina de Obispo y Mercaderes, hacía ese hogar muy atractivo. Además, Ambos Mundos estaba lleno de leyendas sobre sus famosos huéspedes, como el escritor

A los extremos izquierdo y derecho, Uva y Lucía, respectivamente, vestidas con marineras. *Penthouse* del hotel Ambos Mundos, 29 de diciembre de 1948

americano Ernest Hemingway. La señora Asper nos dedicaba tiempo. En una ocasión nos quiso enseñar a hacer *crepes suzettes*. Como Mami apenas nos dejaba acercarnos al fogón, disfruté inmensamente aquella aventura culinaria. A Marigloria no la he visto más después de irme de Cuba, pero a su madre la saludaba a menudo en los años 80 pues cantaba en el coro de la iglesia de Saint Brendan, en Miami, a donde yo acudía a misa algunos domingos. Reencontrarla fue como recuperar aquellas tardes de miércoles, que se me hicieron aún más vívidas cuando en uno de mis viajes a Cuba, casi cincuenta años después de mis visitas a casa de los Asper, me llevaron a un restorán en el *penthouse* del hotel y me di cuenta de inmediato que las losas del piso eran las mismas.

Otras de mis amigas, cuyo hogar visitaba a menudo durante mi infancia y adolescencia, era María Cristina Halley. Sus padres, Bebita Whitehouse y Gustavo Halley se habían divorciado y ambos se habían casado de nuevo; ella con Gustavo Godoy, y él con "La China" Godoy, prima de este. María Cristina era mi única amiga de padres divorciados pero todos se llevaban tan bien que daban un gran ejemplo de convivencia. María Cristina y su hermano mayor, Gustavito, con vocación para el canto operático

De izquierda a derecha, de pie, Uva de Aragón, María Cristina Halley, Rita Villoch, Olga Cano, Mariíta García Kohly y Caridad Bravo. Sentadas: Elena Ochoa, María Eugenia Galván, Carlotica Fernández Morell, Marigloria Asper y Vivian Gómez. Día de Premiación de Sexto Grado. Junio de 1956

–profesión a la que luego se dedicó–, vivían con su madre, el segundo esposo de esta, y la *tata*, una mulata clara, gruesa y cariñosa que todos queríamos. De merienda nos preparaba bocaditos de queso crema y jalea de fresa, sin duda una costumbre estadounidense. A mí no me atraían en lo absoluto, pero no sé si por timidez o buena educación, los comía de todos modos. Allí me sentí siempre a gusto y ya mayorcita, cuando vivían en la Calle 36, entre 3ra. y 1era., apenas a unas cuadras de nosotros, a menudo me invitaban a almorzar o comer. En la mesa, como en la nuestra, se hablaba de todo lo humano y lo divino. Los jóvenes opinábamos y nos escuchaban con respeto. María Cristina y yo hemos sido muy buenas amigas a través de toda la vida, y guardo un sentimiento de gratitud y amor por su familia.

Tenía también otras amigas fuera del colegio, como Miriam Soto Pradera, la hija segunda de los Soto Pradera, de mi misma edad, y Alina, la mayor, quien coincidía en años

Quinto cumpleaños de Uva de Aragón el jardín de la casa de La Copa. Detrás de Uva, su hermana Lucía y Alina Soto Pradera. Julio de 1949

con Lucía. Era frecuente que nos visitáramos. Tenían una residencia muy moderna en 5ta. Avenida y la Calle 70, más o menos. Era la única familia conocida que celebraban el Día de Dar Gracias, quizás porque el Dr. Soto Pradera cursó estudios de postgrado en Filadelfia después de graduarse de Medicina en la Universidad de La Habana.

A Lucía y a mí nos invitaban a muchas fiestas de cumpleaños, no todas de amiguitas íntimas sino también de niñas cuyas familias tenían relaciones con la nuestra. Estas fiestas podían ser en ocasiones muy sofisticadas, al punto de pedirnos que todas asistiéramos vestidas con alguna pieza de *gingham*, por ejemplo. Siempre solía haber una piñata. En algunos casos, traían a un mago y hasta a unos perritos amaestrados que tocaban el piano y hacían otras maravillas. En ocasiones alquilaban un *pony* y los pequeños formaban cola para que los llevaran a dar una vuelta en el pequeño caballo.

Las meriendas solían incluir croqueticas, bocaditos, ensalada de pollo, cake, vasitos de helados y Coca Cola. Las bebidas gaseosas no me agradaban y buscaba cómo deshacerme de la que me dieran, muchas veces derramándola con disimulo en la hierba del jardín. A veces, para facilitar servir a mucha gente menuda, la merienda venía en unas cajitas blancas. Sin duda yo era una niña rara porque no solía divertirme mucho en estas celebraciones. Prefería jugar a solas con mis muñecas o adentrarme por horas en mis libros.

Debo añadir que sí disfrutaba las fiestas de nuestros cumpleaños. En ocasiones Mami organizaba una para Lucía y para mí juntas, puesto que cumplíamos el 22 y 11 de julio, respectivamente, pero siempre en cada aniversario nos hacían sentir como si fuéramos el centro del universo. Las celebraciones se llevaban a cabo en el jardín de la casa, con excepción de una para Gloria, en octubre de 1958, que tuvo lugar en el Havana Yacht Club. (Pienso hoy que Mami decidió que, por la situación política del país, era un lugar más seguro que nuestra casa.) Las de mi infancia fueron festividades sencillas, con las amiguitas más íntimas, piñata, merienda y juegos como el rabo al burro o simplemente los escondidos, los agarrados, saltar la suiza; diversiones que tenían los pequeños en esos años. No salían en la crónica social, como otras que he descrito anteriormente. Quizás porque había vivido fuera de Cuba hasta finales de 1940, a mi madre nunca le interesó ni fue una "dama de sociedad".

La casa de la Calle 23

Cuando Mami y Papi se casaron, y luego nacimos mi hermana Lucía y yo, vivíamos en la Calle 23, en El Vedado. La casa era de dos plantas y nosotros ocupábamos los bajos. Tenía un jardincinto al frente, protegido por una verja de hierro negra, y había que subir tres o cuatro escalones para llegar al portal, enmarcado por unos grandes canteros de cemento donde crecían plantas de hojas finas, tal vez helechos. Sobre la puerta doble de entrada había un medio punto de cristales verdes.

El frente no era muy ancho pero dentro era alargada y espaciosa. En esa época, un amplio vestíbulo dividía la casa en dos alas: una izquierda en la cual vivíamos, y una derecha donde estaba la consulta de Papi. Al final había un gran comedor y un pasillo que daba a la cocina y a las habitaciones de servicio. Nos mudamos de la Calle 23 para Miramar en 1946, cuando yo tenía dos años. No recordaría tan bien la casa de El Vedado si no fuera porque Papi siguió teniendo su consultorio médico. Luego mi primo César Carvallo (*Cesita*, para la familia), quien había estudiado Medicina en

Casa de la Calle 23, no. 453, entre H e I, El Vedado. Foto tomada en 2021

La Sorbona, vivió en ella con su esposa Haydée y mis primos César Eduardo y Jorge, e instaló allí su consultorio, de modo que seguimos visitando el lugar.

Cuando pequeña y todavía en aquella primera vivienda, en una ocasión un mono, escapado de los laboratorios de la Facultad de Medicina de la Universidad, que no se hallaba lejos, entró por una ventana y se encaramó en la lámpara que colgaba del techo del gran comedor. Teníamos a la sazón un gran perro que lo persiguió despiadadamente hasta que lo mató. Nada de esto lo recuerdo, pero Mami nos hizo el cuento tantas veces que me parece haberlo vivido.

Mis memorias más precisas datan de los años en que estudiábamos en el Colegio de Margot Párraga. Cuando terminaban las clases de la mañana, a las 11:50 a.m., nos esperaba Raúl, el chofer, un mulato alto y fiel que nos enseñó a jugar a la pelota. De la escuela íbamos a la panadería, donde Raúl se bajaba, y sin quitarnos un ojo de arriba recogía unos inmensos cartuchos de rosquillas o palitroques recién horneados. No se suponía que comiéramos a esa hora, para que no se nos quitara el apetito, pero de alguna manera persuadíamos a Raúl para que nos dejara al menos probar una de aquellas delicias, aún calentitas. Llegábamos a la consulta poco después de las 12:00. A la entrada estaba la sala de espera, casi siempre ya vacía, pues por lo general mi padre estaba atendiendo al último turno de la mañana. A otras horas, sin embargo, estaba repleto de mujeres, casi siempre elegantes y parlanchinas, pues Papi, como ya he dicho, era ginecólogo, o como se decía entonces, "médico de señoras".

En el amplio hall, junto a la puerta de la consulta, estaba el gran buró de la secretaria, que por muchos años fue nuestra hermana Silvia, hasta que salió embarazada de su primera hija, y nuestra madre ocupó su puesto. Lo que más me impresionaba era verlas contar el dinero, pues Papi cobraba $20 por consulta, que para esa época era un dineral, y a mis ojos infantiles una verdadera fortuna.

La puerta de entrada a la oficina de Papi era de cristal, con una tela blanca en la parte interior, cruzada por barrillas de madera. O sea, que no se podía ver desde el pasillo lo que sucedía dentro. Con frecuencia mirábamos fijamente esta puerta en espera de que se abriera, saliera la última señora y pudiéramos irnos a almorzar. A veces cuando llegábamos, ya se habían terminado las consultas y Papi estaba en su escritorio haciendo anotaciones en las hojas clínicas. La mesa era grande, con los papeles siempre ordenados, y un juego de dos plumas en una base inscrita con su nombre. En una mesa lateral tenía un portarretrato con dos fotos 8 x 10. Una era de Lucía parada en un columpio de madera, de esos que tienen un asiento de cada lado. En la otra, Mami estaba sentada en la hierba conmigo a su lado, ambas con las sayas anchas esparcidas sobre el verde. A mí me gustaba pensar secretamente que en algunos momentos del día Papi levantaba la vista de su escritorio y miraba a su mujer y a sus dos niñas.

En la consulta siempre estaba Caridad, la enfermera que por años trabajó con Papi. Era delgada, eficiente y cariñosa. Cada vez que tenía ocasión nos pasaba al salón de examinar a las pacientes, contiguo a la oficina, y nos limpiaba los oídos con un hisopo mojado en alcohol.

Muchos años después, en 1999, Lucía y yo visitamos la casa de la Calle 23, donde ahora se encuentra un centro científico universitario. Por esas casualidades de la vida, me encargaron que entregara una carta a un señor que trabajaba allí. Abrimos la verja baja, vimos los canteros del portal, traspasamos la entrada con su medio punto de tonos verdes, y nos topamos con la puerta a la antigua oficina de nuestro padre. Cuando entramos vimos que las raíces de los grandes árboles de El Vedado habían roto el suelo y estaban asomando por las losas. ¿Se confundían acaso con las raíces de aquellas dos niñas que habían dado allí sus primeros pasos? Entregamos la carta y nos fuimos pronto, para que el hombre que nos recibió atento no nos viera llorar.

Nuestro viaje a Europa

No sabíamos la causa de aquella súbita decisión, pero aquel día, a finales de abril de 1950, cuando Papi llegó con cuatro pasajes para el vapor *Argentina* rumbo a Europa, no hicimos más que brincar de entusiasmo. Además de la maravillosa perspectiva de un largo viaje, la idea de que por arte de birlibirloque nuestro padre nos sacara de la escuela antes de terminar el curso, pese a ciertas reservas de Mami, nos hacía gran ilusión. Todo fue revuelo de maletas, compras, preparativos, y casi de un día para otro nos embarcábamos en el puerto de La Habana hacia Lisboa.

La travesía en sí fue una experiencia inolvidable. Por mi naturaleza enfermiza, Mami se extremaba en cuidarme, al punto que apenas me dejaba mover, pero justo aquel viaje fue mi liberación. Correteaba por cubierta; subía y bajaba las escaleras con tal agilidad y rapidez que los primeros días mi madre no hacía más que llevarse las manos a la cabeza, temerosa de que inevitablemente su hija menor se cayera al mar.

En esa época, los pasajeros de los trasatlánticos iban siempre bien vestidos, leían echados lánguidamente en los *chaise lounges* de cubierta, conversaban entre sí y entablaban amistad. A nosotras nos parecía todo como una película de Hollywood. Una de las actividades más importante era la cena. A veces, nuestros padres se sentaban con otras parejas y nosotras con niños de nuestra edad. Otras, lo hacíamos los cuatro juntos. Papi aprovechaba cada ocasión para irnos preparando para lo que íbamos a ver. De todos los países de Europa nos enseñó la capital, los principales ríos y montañas, la moneda, el idioma que utilizaban, y algo de su historia. Son conocimientos que nos han acompañado toda la vida.

El 16 de mayo era el santo de Mami y mío. A Papi le encantaba hacer regalos y dar sorpresas. Entre las que preparó para nuestra madre ese día fue tomarse una foto con cada una de nosotras en cubierta. Cierro los ojos y puedo verme con el largo pelo negro despeinado por la brisa, y mi pequeño brazo tratando de rodear a mi padre, vestido de claro y con expresión de pícaro. ¡Cuánto no diera hoy por haber podido conservar la constancia en papel de aquella travesía! Algunos de los momentos inolvidables del viaje fueron cuando gané $17 jugando bingo y la cena de gala en la que el capitán sacó a bailar a Lucía.

Llegamos por fin a Lisboa. La encontramos llena de flores, en plena primavera. Nos recordaba una canción de Los Panchos, "Lisboa antigua… Lisboa de mis amores…", y la entonábamos con alegría. Nos asombró descubrir que nuestra madre hablaba portugués por haber vivido algún tiempo en Brasil.

De Lisboa tomamos un tren rumbo a Madrid a donde llegamos el 20 de mayo. La fecha no la olvidaremos nunca pues ambas esperábamos que sería, como en Cuba, un día de fiesta. Nuestro asombro se tornó decepción y hasta patriótica ira. Cuando desde un taxi Lucía gritó "¡Viva Cuba Libre!", y más tarde yo salí al balcón del hotel Emperador, en plena Gran Vía, a improvisar un discurso festejando la independencia cubana, Papi nos llamó a capítulo. Nos explicó cómo las victorias de unos eran siempre las derrotas de otros, y lo que en Cuba era causa de celebración, allí, en España, se consideraba un desastre. La seriedad con que nos habló y el cariño tan grande que le profesábamos, nos hizo obedecerlo. Fue, sin embargo, días después, cuando paseando por el bello parque de El Retiro descubrimos un gran monumento a Arsenio Martínez Campos, aquel capitán general de Cuba que empezamos a entender, entonces, las perspectivas tan distintas de la historia que pueden tener los pueblos. En El Retiro también paseamos en un botecito de remos con Papi –Mami no era muy dada a estas aventuras. Muchos años después Lucía y yo visitamos juntas el famoso estanque, tan idéntico a nuestro recuerdo, que por un breve momento nos pareció que pronto veríamos aparecer a nuestros padres, entonces ya fallecidos.

Alberto Insúa, circa 1935

En Madrid fuimos muy felices. Aprendimos a comer merluza y ternera. Visitamos a nuestro tío abuelo, el escritor Alberto Insúa, que nos regaló a cada una un duro. Su esposa Gaby era francesa y nos cocinó unas albóndigas en salsa oscura, que hizo que la apodáramos "Gaby albóndigas negras". Lo decíamos aspirando las g, imitando su acento francés, lo cual nos daba mucha risa. Conocimos a varias primas de nuestra madre, quien nos llevó también a ver su antigua casa, su escuela, su barrio, la iglesia de San

Ginés, donde la bautizaron e hizo la Primera Comunión. Como he dicho antes, Mami nació y vivió hasta pasados los veinte años en Madrid. Nos parecía que había pasado mucho tiempo, pero ahora me doy cuenta que era su primer viaje a España desde que se había marchado en plena Guerra Civil, sólo catorce años antes.

Uno de las experiencias inolvidables en la capital española fue que en plena primavera, cuando ya los rosales lucían su esplendor, cayó la nieve sobre la ciudad. Aunque los copos se diluían al llegar a las aceras, hijas del trópico al fin, nunca habíamos visto nevar, y el espectáculo nos llenó de un asombro solo comparable al de los habitantes de Macondo cuando contemplaron por vez primera el hielo.

Otro tren. Esta vez rumbo a Barcelona. Recorrimos las Ramblas con paso ligero y despreocupado, interrumpido a menudo para observar las flores y la diversidad de personajes en la ciudad portuaria. Al final de la avenida, nos saludó una inmensa estatua de Cristóbal Colón y un mar más pálido que el de nuestra Habana, pero que contemplamos risueñas, como si los días cruzando el Atlántico no hubieran sido suficientes para llenarnos de azul las pupilas.

Atravesamos Francia en tren, con los verdes luminosos de su campiña colándose por la ventanilla y provocando nuestros alegres comentarios: "Mira, mira, Mami, qué lindo". Hacíamos todas las comidas en el comedor, y pasar de un coche a otro nos causaba gran sobresalto. Otras familias llevaban sus meriendas en cestas y las ingerían sentadas en sus asientos. A nosotras aquellas barras de pan con queso y otras golosinas caseras nos provocaban gran envidia, seguras de que eran más sabrosas que cualquier plato del menú.

En Ginebra vivía Alfonso, el hermano mayor de Mami, con su esposa Ángela y nuestros primos Alfonsito, seis años mayor que Lucía, y Ernestico, de la misma edad que ella. Nos hospedaron en la casa de ellos en Chemin de Pinschat. Tito Alfonso se desempeñaba como uno de los once miembros de la Junta Internacional de Registro de Frecuencias (IFRB) y todo el mundo decía que era extremadamente inteligente. Tenía la frente amplia y la tez muy blanca, y andaba siempre distraído, como todo científico genial. Le apasionaban los chocolates, que sin duda eran allí mejor que en ninguna parte, y repartía uno a cada niño después de la cena, entre ceremonioso y divertido. Tita Ángela era una criolla rellolla que nunca logró hablar el francés sin acento cubano, a quien nosotras adorábamos. Mami, que era majadera para comer, nos había expuesto a un menú reducido, que reflejaba sus propios gustos. En aquel verano inolvidable

Alfonso Hernández-Catá hijo, circa 1954

aprendimos a comer de todo, gracias a Tita Ángela que nos obligaba amorosamente a terminar la ensalada antes de pasar al plato principal, y la fruta, antes del ansiado chocolate. Siempre se lo hemos agradecido.

Debo de confesar que no me gustaban las peras y cuando las servían tiraba los trozos al suelo hacia atrás, para que cayeran debajo de un sofá que tenía un forro con unos vuelos que no dejaban ver el piso. Si se quedaba a mitad de camino el pedazo de fruta, me levantaba con algún pretexto y lo empujaba hasta ocultarlo. A los pocos días comenzó a percibirse un cierto mal olor en el comedor.

Aún me parece ver a mi querida Tita Ángela paseándose por el salón, entre curiosa y contrariada, husmeando aquí y allá, como un perro sabueso, intentando averiguar de dónde salía aquella peste. Yo, naturalmente, aterrada. Finalmente dio con las peras podridas. No debió enojarse mucho conmigo, pues no me acuerdo que me regañara ni que me obligara a comer la única fruta que no me agradaba. Tenía un corazón de oro.

Nuestro viaje coincidió con la estancia de Mamá Lila y Tita Sara en Ginebra, a donde iban cada dos años, y también con una visita de nuestra prima Elena, de la misma edad que Alfonsito. Así, pues, nos reunimos los cinco primos (Gloria, mi hermana menor, no había nacido aún). De catorce años los dos mayores, de ocho los otros dos, y yo, la más pequeña, cumplí seis en Ginebra. Creo que fue la única vez que coincidimos los cinco en una misma ciudad.

A Alfonsito –quien luego fue bailarín y director de ballet, entre otros, del prestigioso Ballet du Nor de París– le gustaban las tablas desde niño. Con la ayuda de Tita Sara aprendimos las canciones de la zarzuela La Verbena de la Paloma y montábamos unos inolvidables shows para la familia y los amigos íntimos. Creábamos el telón con una sábana vieja, robábamos de los armarios chales y abanicos, y aparecíamos en escena

Mercedes Galt Escobar, *Mamá Lila*, con sus nietos Ernesto Hernández-Catá y Uva de Aragón. Ginebra, 1950

convencidos de que algún día seríamos famosos. En una ocasión hasta cobramos la entrada, y como los mayores pagaron gustosos la módica cuota, aumentó nuestra convicción de que alcanzaríamos un exitoso futuro teatral.

Aunque Lucía y Ernesto eran de la misma edad, él y yo éramos inseparables. Jugábamos a los vaqueros y construíamos tiendas de campañas con una frazada tapando la distancia entre las dos camas de la habitación. A esta improvisada guarida nos llevábamos todo cuanto podíamos sustraer sigilosamente del refrigerador, y lo devorábamos a altas horas de la noche, con la inquietante alegría que causa lo prohibido. Tita Ángela pronto se percató de las mermas que sufría la comida, y sospechó de la chica que atendía la limpieza. Al principio mi primo y yo estábamos contentos de haber burlado la vigilancia de la dueña de la casa, pero cuando los comentarios aislados pasaron a ser amenazas de botar a la muchacha, confesamos cabizbajos nuestra fechoría, convencidos de que la honestidad y el arrepentimiento nos ganarían el perdón. A Tita Ángela, que por lo general ladraba más de lo que mordía, esta vez se le subió el moño, nos mandó a la cama sin cenar y no nos levantó el castigo por mucho que rogamos.

Otra de las aventuras con mi primo pudo haber tenido consecuencias más trágicas. A menudo íbamos de *picnic* a un bosque cercano, sobre todo con Mamá Lila y Tita Sara. En una ocasión nos alejamos del grupo y de pronto nos encontramos en medio de un campo donde miembros del ejército hacían prácticas de tiro. Se oyeron los disparos y pensé de inmediato que iba a morir, y eso que no sabía entonces que utilizaban balas de verdad. Ernestico, mayor, advertido muchas veces del peligro, y más familiarizado con el terreno, nos gritó que nos tiráramos al suelo. Arrastrándonos por la hierba logramos escapar ilesos y desde entonces Ernesto se convirtió en mi guardián y héroe.

Mi primo, que ha desarrollado una brillante carrera como economista y profesor universitario, ha seguido protegiéndome a través de la vida. No siempre, sin embargo, se portaba con igual caballerosidad. El día de mi cumpleaños me regalaron, entre otras cosas, un juego de bloques de madera para construir edificios, castillos, puentes. Una tarde que salimos a pasear me empeñé en llevar conmigo una de las piezas, un palito rojo. Ernesto, en un descuido mío, me lo arrebató y lo tiró con todas sus fuerzas a uno de los lagos. Para calmar mi llanto, Tita Sara inventó una canción con la música de un corrido mexicano que llevó aquella pelea de niños a grabarse por siempre en el imaginario familiar.

Además de los paseos por Ginebra, en una ocasión nos llevaron a Berna en tren, donde vimos unos osos muy grandes. Nuestros padres y Tita Sara a veces viajaban por unos días y nos dejaban con Mamá Lila y los tíos anfitriones. En una ocasión vinieron contando sobre un encuentro desagradable con un guardia en Austria, entonces ocupada por los Aliados y la Unión Soviética.

Cuando Mami y Papi fueron a Italia llevaron con ellos a Lucía porque era la mayor. Vieron al Papa Pío XII en el Palacio de Castel Gandolfo; escucharon la ópera *Sansón y Dalila* en las termas de Caracalia, y tiraron monedas en la Fontana de Trevi. En Venecia

Ernesto de Aragón, Uva Hernández-Catá y Lucía, hija mayor de ambos. Venecia, 1950

se retrataron con las palomas en la Plaza de San Marcos. Al bajarse en el muelle después de pasear en góndola, Papi por poco se cae al Gran Canal y el gondolero le gritó "berraco", lo cual él contaba muy divertido. Por muchos años le decía a Lucía, medio en broma medio en serio, que no le había perdonado a nuestros padres que no me llevaran en ese viaje. Afortunadamente, en 2015, conocí por fin Italia y la dejé en paz.

La travesía de regreso fue tanta o más memorable que la ida. Lucía cree que embarcamos en Génova. Yo no recuerdo. Lo que ambas no olvidamos nunca es que viajaban en el mismo vapor el gran compositor y pianista Ernesto Lecuona y un amigo suyo llamado Pepito. También regresaron a La Habana con nosotros Mamá Lila y Tita Sara.

Lecuona era extremadamente cariñoso con nosotras, al punto que en el puerto mandó a comprar un gran tambucho de helado de chocolate, nuestro postre preferido, para que pudieran servírnoslo a diario. Muchas veces a lo largo de la vida me preguntaba si en mi imaginación había exagerado el afecto que nos mostraba, hasta que recientemente me regalaron una página de un autógrafo del famoso músico dedicada a él por mi abuelo, en 1917. Es decir, había vínculos afectivos que lo unían a la familia desde mucho antes de nuestro nacimiento. Naturalmente, era amigo de nuestra tía Sara, quien organizó infinidad de saraos a bordo. Me parece ver al grupo de pasajeros bailando alegremente. Contoneaban el cuerpo y se movían en círculos agitando los brazos en el aire, al ritmo de una canción entonces de moda "Sun sun sun ba ba é, pájaro lindo de la madrugá… sun sun sun ba ba é…"

Vivimos dos acontecimientos memorables durante el viaje. Mi madre, que aún intentaba que mantuviéramos una rutina, nos mandaba a acostar a cierta hora y venía poco después a darnos la bendición, como era entonces la costumbre. Una noche, cosa extraña porque Lucía y yo éramos bastante obedientes, nos acostamos vestidas, nos tapamos y nos hicimos las dormidas cuando Mami nos dio las buenas noches con un beso. En cuanto sentimos sus tacones que se alejaban, nos escapamos del camarote y nos escondimos tras unas cortinas a escuchar a Lecuona tocar el piano, en unas elegantes tertulias musicales que había organizado mi tía Sara, y en las cuales, naturalmente, el cubano era el centro. A nosotros nos admiraba que este amigo de la familia fuera tan famoso, y que le pidieran tal y más cual pieza con gran respeto y, sobre todo, que le dijeran Maestro.

Cierro los ojos y veo su rostro, con el cabello hacia un lado de la frente, su traje de etiqueta y sus grandes manos, ora rápidas, ora lentas, recorrer las teclas de aquel inmenso piano de cola.

Al terminar una de las piezas y romper en aplausos la audiencia, Lecuona se paró y se inclinó a saludar. Luego caminó despacio para atrás hasta llegar a unas pulgadas de las cortinas que nos tapaban. Estábamos inmóviles, sin respirar, temerosas de que nos iba a delatar y pronto ardería Troya. No fue así. El Maestro se inclinó ligeramente y nos preguntó en un susurro:

–¿Qué desearían las señoritas escuchar?

No sé por qué, contesté de inmediato.

–"Siboney".

Y en medio de la madrugada y el inmenso Atlántico, aquel gran genio cubano interpretó ese lamento criollo para aquellas dos niñas que sin comprender aún el alcance de su talento, tanto lo admiraban y querían.

Muchos años después, cuando por primera vez escribí esta anécdota, que no sabía de qué recodo de mi memoria había surgido, se la envié a Lucía por correo electrónico para comprobar si era verídica o producto de mi imaginación. Me contestó al instante: "Las cortinas eran rojas y daban mucho calor. Así mimo fue. Me has hecho llorar".

El otro acontecimiento fue menos agradable. Nos tropezamos con un huracán en medio del océano. Una noche la pasamos en vela con los salvavidas puestos. Las mujeres rezaban el rosario. Un sacerdote escuchaba confesiones. En los comedores, platos y alimentos volaban por el aire. En cuanto las olas y los vientos se calmaron un poco, mi tía Sara, siempre trasgresora, buscó la complicidad de algunos pasajeros para amarrar las sillas de mimbre unas con otras en hileras y sentarse en ellas. Según el barco se mecía, todas las sillas se movían juntas de un lado del salón al otro, siguiendo el vaivén de las olas. Lo que sin duda era un peligro, ella lo convirtió en un juego.

Pasado el ciclón, el capitán le confesó a mi abuela que tres veces el vapor había sido suspendido en el aire por las olas, y habíamos sido muy afortunados de no haber caído de lado o hubiéramos podido naufragar. Menos mal que a esa edad yo no sabía mucho del desastre del *Titanic* y aquella tormenta no fue causa de trauma sino una aventura más de nuestro maravilloso viaje.

Por fin, en octubre, ya comenzadas las clases, llegamos a Cuba. Nunca he olvidado la imagen de La Habana desde el mar y mi orgullo al ocupar nuestro lugar en la fila para desembarcar bajo el rótulo "Ciudadanos del país". Tal vez porque habíamos conocido pueblos y lenguas distintas, cobré por vez primera conciencia de ser cubana.

Cuando regresamos al colegio, llevaba puesto con orgullo mi nuevo reloj –comprado en Suiza con las ganancias del bingo– y Lucía no podía contener su emoción al narrar su encuentro con Pío XII. Nos parecía que maestros y compañeras nos miraban de otra forma, con un cierto respeto, como si esos cinco meses en Europa nos hubieran hecho de pronto mayores y más sabias.

Más tarde he pensado que Papi quiso dar ese viaje porque sabía que estaba enfermo del corazón y ansiaba dejarnos memorias imborrables y sabias lecciones, aunque tal vez éramos muy niñas para aquilatarlas del todo. Con el paso del tiempo, sin embargo, los recuerdos de aquel viaje se tornan cada vez más valiosos y un punto de referencia obligado al rememorar nuestra infancia.

■

Tenemos una hermanita

El día más feliz de mi infancia fue sin dudas el 22 de octubre de 1951. Mi madre estaba encinta. Todos esperábamos a la criatura con gran ilusión. (Años más tarde supe que después de nacidas mi hermana Lucía y yo, mi madre había perdido un embarazo.)

Cuando aquel lunes inolvidable Raúl nos fue a buscar a la hora del almuerzo a Lucía y a mí al colegio de Margot Párraga, en vez de seguir a recoger a mis padres a la consulta de Papi, fuimos directo para casa. Nos explicaron que Mami se había puesto de parto y él, naturalmente, estaba con ella. Almorzábamos solitas en el comedor, cuando sonó el teléfono instalado en el pasillo entre ese salón y la cocina. Corrimos las dos a atenderlo. No sé si fue Papi o Tita Sara quien nos dio la noticia: Teníamos una hermanita.

No tuvimos que hacer mucho esfuerzo para no ir a la escuela esa tarde, sino a la Clínica Miramar. Mi madre estaba preciosa –o así me pareció a mí. Llevaba un ropón y una mañanita color rosa claro. Entraron a la bebé en

Primer cumpleaños de Gloria de Aragón Hernández-Catá. Junto a ella sus hermanas Uva y Lucía. 22 de octubre de 1952

una cunita de cristal y me quedé mirándola asombrada. Era la primera vez que visitaba a un recién nacido en un hospital y no lo supe poner en palabras entonces pero intuí que cada nacimiento repite el milagro de la creación. Lucía se atrevió a acariciarla. No sé cuál de las dos dijo:

–Tiene manitas de león.

Nunca he entendido qué fantasía infantil produjo la comparación pero la frase se quedó en la familia para siempre.

En los próximos meses todo giró en torno a Gloria Aurora, como mi padre escogió ponerle: el primer nombre porque aseguraba que sería la gloria de todos, y el segundo en memoria de su hermana preferida que había muerto de cáncer hacía unos tres años.

Cuando Gloria tenía ya ocho o nueve meses comencé a disfrutarla más. Confieso que había mediodías que esperaba ansiosa que se despertara de la siesta, y con lo grande que era ya, me metía en la cuna a jugar con ella. Los primeros pasos los dio en el verano en Playa Veneciana. Sentí tanta emoción como cuando años más tarde los dieron mis hijas.

Todos mimábamos a Gloria. Panchita, su tata, una mujer afrocubana, de cara redonda y amplia sonrisa, le había enseñado múltiples canciones que ella interpretaba con gracia. Había que verla cuando tenía unos cinco años con una saya verde estrecha que no sé por qué le compraron o le mandaron a hacer, imitando a Sarita Montiel:

Fumando espero
Al hombre que yo quiero
Tras los cristales
De alegres ventanales [...]

No todas las canciones eran tan adultas. También se sabía el *Ratoncito Miguel* y muchas que cantaban Olga y Tony como *La marcha de las letras, Sonríete, Niña*, y el *Chuchú del tren*. Había en esa época un programa de televisión que a ella le encantaba y comenzaba: "El ciiircooooo con... ¡Valencia!" Nos hacía mucha gracia cuando Gloria repetía la frase imitando al locutor. Creo que fue el novio de Lucía quien encontró un juego inspirado en el programa, con una pequeña carpa amarilla y El Circo de Valencia escrito en letras rojas. Ella se pasaba horas jugando con él. Y aunque ya adolescente yo tenía otros intereses en mi vida, siempre encontraba un rato para sentarme en el suelo con Gloria, su diminuto circo o sus muñecas.

Quizás la malcriábamos demasiado. Por ejemplo, cuando empezó el primer grado en el Ruston, a la hora de almuerzo Mami le mandaba con el chofer el bistecito de filete picadito y otras cosas que le gustaban para que las comiera calientes. Sin embargo, nunca fue una niña antojadiza, exigente ni llorona, sino en verdad "la gloria" de aquella casa.

Un 13 de mayo

Aunque el Colegio de Margot Párraga era laico, en segundo grado el Padre Pedro Llaguno venía todos los miércoles a darnos clases de catecismo y prepararnos para la Primera Comunión, que hice una gloriosa mañana de mayo de 1952, en la capilla de la escuela de las dominicas francesas. Después mi madre organizó un lindo desayuno en nuestro hogar para todas mis compañeras.

Los viernes primeros de mes nos llevaban en la guagua del colegio a la misa en la Parroquia de El Vedado, una iglesia de estilo gótico en la Calle Línea, entre C y D. Tenía una gran nave central y dos laterales, separados por columnas. Sus arcos, preciosos vitrales y bancos de madera oscura eran de impresionante belleza. Los jueves anteriores a la misa nos llevaban en la tarde a confesar. ¿Qué pecados tenía de niña? Siempre pensaba que mentía demasiado. No era del todo cierto. Más bien, imaginaba la realidad de formas distintas a los demás.

Un mes de mayo –tendría yo nueve o diez años– escogieron mi composición sobre la virgen María como la mejor de toda la escuela. La selección conllevaba el honor de leer mi trabajo en voz alta el 13 de mayo, Día de la Virgen, en que se celebraría una misa y procesión.

Parroquia El Sagrado Corazón de Jesús (Parroquia de El Vedado). Calle Línea entre C y D. Foto tomada en 2021

Como me suele pasar en momentos importantes, me sentía serena mientras escuchaba al sacerdote ofrecer la misa en latín, como era entonces la costumbre. Por fin llegó el momento en que debía leer el texto premiado. El párroco bajó del gran púlpito de madera labrada, que era bastante alto. Me dio la mano para que yo subiera aquellas escaleras angostas y semicirculares. La tarde anterior lo habíamos ensayado y me concentré en contar los escalones e ir despacio para no caerme. Por fin me vi ante el micrófono y un mar de niñas vestidas de blanco. Divisé los rostros de mis maestros, mi familia, los padres y abuelos de mis compañeras. Había un gran silencio. Todos esperaban por mis palabras. De pronto, aquella niña tímida que era entonces sintió que poseía un gran poder, capaz de hacer callar a una multitud y de que atendieran.

No sé cómo, pues siempre he hablado demasiado bajito, encontré una nueva voz, profunda, fuerte. Comencé a leer despacio, deteniéndome en las comas, un poco más al final de cada oración y más, incluso, antes de comenzar cada nuevo párrafo. En algunas de las pausas levantaba la vista y miraba a todas aquellas personas atentas a cada una de mis palabras. Observé que algunas tenían los ojos húmedos. Había logrado emocionar a la audiencia.

Cuando terminé y bajé las escaleras, el párroco me dedicó una amplia sonrisa. Desde entonces nunca he temido hablar en público.

El Golpe de Estado

Era un lunes por la mañana. Estaba sentada a la mesa de la cocina organizando mis libros y tareas para la escuela donde cursaba el tercer grado. Llegó de la calle muy agitado Raúl, por lo general jovial y jaranero. Sin siquiera dar los buenos días, me pidió:

–Corre y dile a tu padre que Batista le ha dado un Golpe de Estado a Prío y pregúntale si las llevo al colegio.

La urgencia en su voz me hizo salir corriendo. Yo no sabía con claridad lo que era un Golpe de Estado, pero asociaba la frase con Rómulo Gallegos y los venezolanos. Sin duda no era nada bueno. Conocía a las hijas de Carlos Prío. Incluso había ido a alguna de sus fiestas de cumpleaños antes de que el padre fuera Presidente. Me preguntaba si tendrían que marcharse de Cuba y a dónde irían. Pese a estas inquietudes, iba repitiendo mentalmente las frases de Raúl para que no se me olvidaran.

Encontré a mi padre terminando de arreglarse. Podía oler el aroma de la colonia Guerlain que usaba. Estaba contento y me recibió con una amplia sonrisa. Dudé un momento porque presentí que su estado de ánimo cambiaría de inmediato. Efectivamente, cuando le di el recado se llevó las manos a la cabeza y dijo: "¡Pobre Cuba!"

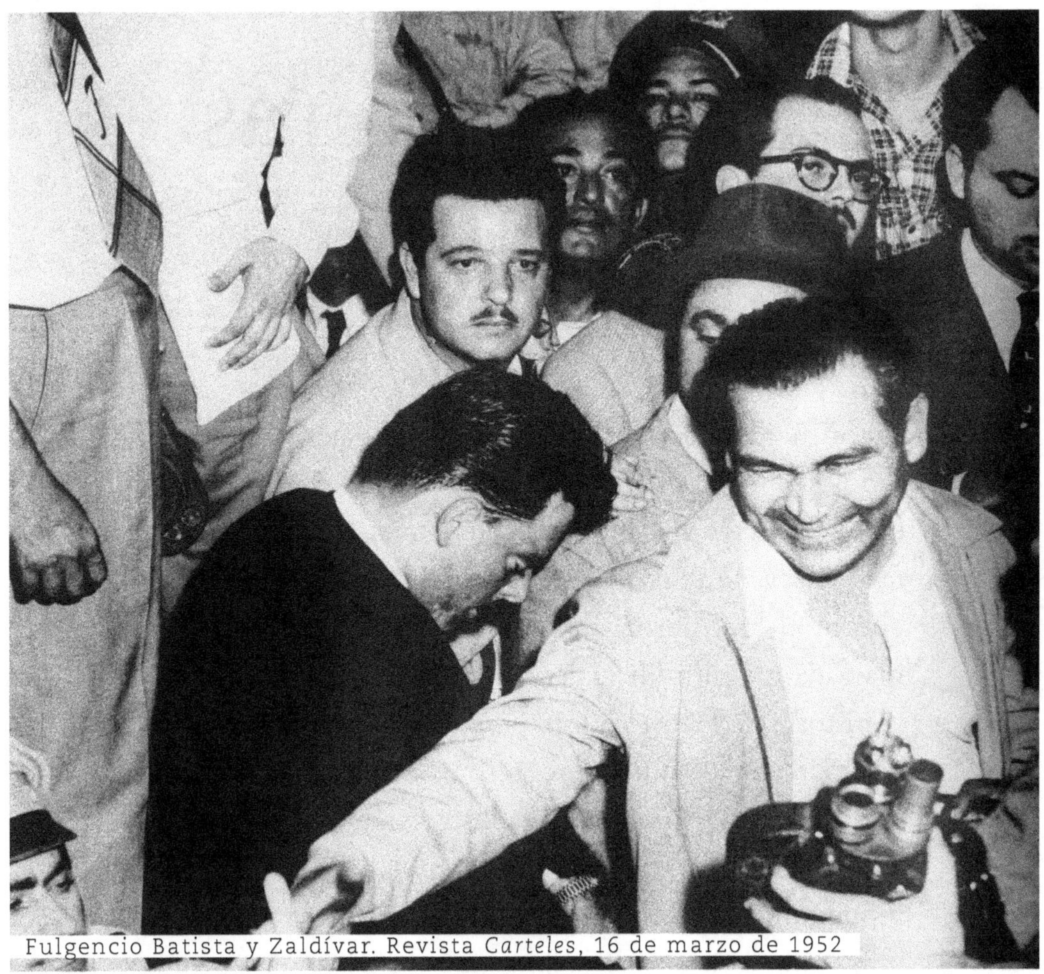
Fulgencio Batista y Zaldívar. Revista *Carteles*, 16 de marzo de 1952

Era el 10 de marzo de 1952. No me acuerdo si fuimos por fin al colegio, pero se me ha quedado grabado para siempre el gesto adolorido de mi padre médico, que se preocupaba tanto por la salud del país como la de sus pacientes. No lo sabíamos entonces, aunque algunos tuvieran un mal presagio. Los destinos de la patria habían cambiado para siempre, y para mal. Aún perduran las consecuencias de haber roto el ritmo constitucional del país. ¡Pobre Cuba!

Mis primeras lecturas

Mi primer contacto con la literatura fue, como el de casi todos los niños, mediante la oralidad y comenzando por los cuentos de hadas: *Caperucita Roja, Blanca Nieves y los siete enanitos, Cenicienta*, y muchos otros. No sé por qué ni el lobo feroz, ni la reina celosa, ni la madrasta malvada me infundían demasiado miedo. Sin embargo, la historia de Hansel y Gretel, con sus inútiles esfuerzos por marcar el camino de regreso con migajas de pan que los pajarillos se comían, y el acoso de aquella bruja caníbal que los enjauló, me llenaba de pavor. Me angustiaba inmensamente el relato de Barba Azul y su joven esposa limpiando la sangre de la llave que abría la puerta prohibida, antes de que llegase el iracundo marido. De aquella etapa de la infancia adquirí la manía, que aún conservo, de no poder dormir con la puerta del closet abierta, pues en las ropas colgadas veía irremediablemente algunos de los malditos personajes con que los hermanos Grimm y otros autores, han entretenido y atemorizado a millones de niños desde hace varios siglos.

Encontré gran placer en mi infancia pasando las páginas de un libro de *Historia sagrada* y observando con detenimiento sus bellísimas láminas. Todavía cierro los ojos y veo la de Jesucristo en las aguas del Jordán, junto a San Juan, y recuerdo la curiosidad que me producía el bautismo de un hombre adulto y semidesnudo.

Como ya he contado, padecía en mis primeros años de bronquitis asmática y cuando tenía que guardar cama y someterme a aburridos tratamientos de aerosol, mi abuela materna solía venir a acompañarme después de su siesta. Mamá Lila me leía principalmente de *Las cien mejores poesías de la lengua castellana* y del *Romancero español.*

Anita Arroyo y Uva de Aragón. San Juan, Puerto Rico, 1990

Ya cuando podía leer, mi libro de cabecera fue *La Edad de Oro,* de José Martí. El viajero que sin sacudirse el polvo del camino ni preguntar dónde se dormía ni se comía, visita la estatua de Bolívar y llora conmovido bajo la fronda de altos y olorosos arboles; la pastora que pregunta adolorida por qué tiene luz el sol mientras el pastor entierra a su hijo; la muñeca negra de Piedad, y el camarón encantado eran para mí tan reales como los seres de carne y hueso que me rodeaban. Pronto memoricé mi poema favorito, "Los zapaticos de rosa". Podía ver claramente la playa de arena fina; a Alberto el militar con tricornio y bastón, al aya de la francesa y su gesto preciso de quitarse los espejuelos, a las señoras como flores bajo las sombrillas, y, sobre todo, a la madre con la niña enferma que había soñado con el cielo y oído un canto divino. Yo lloraba tanto como la rusa y la inglesa cuando llegaba a esta estrofa: "No sé bien, señora hermosa/Lo que sucedió después:/¡Le vi a mi hijita en los pies/Los zapaticos de rosa!". Para mí, Pilar correteaba a mi lado con su balde, su aro y su paleta por Varadero, Veneciana, Guanabo, el Yacht Club. No fue hasta mucho después que me di cuenta que Martí describía las playas de Long Island.

Otro de mis libros favoritos era *El pájaro de lata*, de Anita Arroyo. Sus páginas, tan llenas de bellas imágenes, cubanía y lecciones de justicia social, tuvieron un duradero impacto en mi vida. Además, la autora era paciente de mi padre y amiga de mi familia. Con excepción de mi tía Sara que era periodista, Anita Arroyo fue la única mujer escritora que conocí en mi infancia. Siempre, desde temprana edad, la quise y admiré.

A los nueve años devoré *Mujercitas, Hombrecitos, Heidi, Azabache, Corazón, Los tres mosqueteros, David Copperfield, Jane Eyre, Cumbres borrascosas* y otras obras publicadas en unas ediciones con cubiertas de pasta, verdes o amarillas. Me refugiaba en cualquier rincón de aquella casona a leer, y tan abstraída pasaba las horas que en más de una ocasión tenían que buscarme por todas partes a la hora de sentarnos a la mesa, lo cual me hizo merecer el sobrenombre de "la niña escondida".

Los santos

Los adultos no solían celebrar sus cumpleaños, sino el día del santo cuyo nombre llevaban. Claro que no hay santa Uva. Mi madre y yo celebrábamos el 16 de mayo, día de San Ubaldo, como se llamaba mi bisabuelo, a quien debemos tan peculiar nombre de pila. Era una ocasión que mucho disfrutaba. El fotógrafo Salvador solía retratarme con Mami, y aparecíamos en la crónica social con un pie de grabado que ahora imagino cursi pero que entonces me llenaba de orgullo. El teléfono no paraba de sonar con personas llamando a felicitarnos. No recuerdo que me hicieran regalos, pero para mí el mayor era compartir con Mami una ocasión que era solamente de las dos.

A mi padre le encantaban las fiestas, los parientes, los amigos, las fechas especiales. Él mismo se organizaba la celebración del día de su santo, el 7 de noviembre. Invitaba a todo el familión –aunque no me parece que acudieran sus hermanas–, a muchos colegas y a cuanto amigo o conocido se encontrara por la calle en esos días. Nunca se sabía cuántos acudirían. Todo era un ir y venir de preparativos, aunque creo que la comida se

encargaba fuera. Estoy segura que como en otras ocasiones se servían como postre dulcecitos finos de la Casa Suárez.

Para animar la reunión contrataba anualmente al trío Servando Díaz, los que con sus magníficas voces, guitarras y maracas, igual interpretaban un romántico bolero que piezas más movidas. Algunos invitados se limitaban a escucharlos pero muchos otros bailaban. Mi padre se veía contento, mientras Mami iba de un lado a otro para cerciorarse de que todo marchara bien, creo que no solo para ser una buena anfitriona, sino porque en realidad no era muy fiestera. Su hermana Sara, sin embargo, estaba siempre entre las primeras que ocupaba la pista de baile y lograba asimismo animar a los demás a contonearse y cantar los estribillos con los famosos músicos.

Nosotras nos portábamos bien y nos dejaban participar hasta que diéramos señales de cansancio. Hoy lo agradezco porque eran ocasiones en que mi padre se transformaba del médico y profesor responsable en un criollo gozador.

Me imagino que la celebración tendría lugar durante el fin de semana más cercano al día de San Ernesto, pero de todas formas me era difícil entender que el 7 de noviembre fuera tan alegre y el 8 un día luctuoso en la familia.

Los 8 de noviembre

Cada vez que se acercaba el mes de noviembre, Mamá Lila se ponía mal. Quiero decir, se tornaba callada, no deseaba hacerme cuentos ni leerme poesías, y a menudo se humedecían sus bellos ojos. El 8 de noviembre de 1940 mi abuelo había muerto en un accidente de aviación sobre la Bahía de Botafogo, en Río de Janeiro, y los aniversarios de su desaparición la afectaban mucho.

Desde 1941, Antonio Barreras, amigo de mi abuelo, magistrado, quien se ocupó de difundir la obra del escritor tempranamente desaparecido, había comenzado la tradición de organizar anualmente una peregrinación a su tumba en el Cementerio de Colón. El grupo, que además de familiares, incluía a escritores, personajes de la cultura, y hasta políticos –en una ocasión, siendo presidente, asistió Carlos Prío Socarrás– se reunía en la capilla y caminaba por la calle principal hasta el final del campo santo, y al doblar a la derecha, se agrupaban alrededor del panteón hecho con piedra de Jaimanitas, con un arquero apuntando hacia lo más alto, y la leyenda: "Apasionadamente hacia la muerte", réplica del *ex libris* que utilizaba Alfonso Hernández-Catá.

Alfonso Hernández-Catá

Además del propio Barreras que siempre hablaba brevemente, dos o tres intelectuales importantes hacían uso de la palabra y exaltaban las cualidades humanas y literarias del escritor. Discursaron allí, entre muchos otros, Juan Marinello, Salvador Bueno, Octavio R. Costa y Guillermo Cabrera Infante, entonces muy joven. También mi propio padre, médico amante de la literatura, y amigo de Alfonso mucho antes de conocer y casarse con mi madre.

Guillermo Cabrera Infante, escritor cubano

Antonio Barreras, haciendo uso de la palabra. En la primera fila del público, al centro, la viuda, y a la izquierda de esta Lucía de Aragón, José (*Pepe*) Hernández-Catá y Uva de Aragón: nietas e hijo menor de Hernández-Catá, respectivamente. Revista *Carteles*, noviembre de 1957

Empezaron a llevarme a este rito anual desde bastante niña. Pronto nació en mí el deseo de hablar algún día junto al panteón del abuelo escritor que no había llegado a conocer pero que era parte importante de mi imaginario. ¿Qué hubiera dicho? Quizás las cosas que me contaba Mamá Lila sobre su personalidad, ora alegre y apasionada, ora melancólica. Tal vez mencionaría los muchos escritores que trató y con quien forjó amistad durante los años que representó a Cuba como diplomático en España, Chile, Brasil. Cuando regresábamos a casa, presa de una especie de fiebre, me subía sobre los muros del jardín y ensayaba el discurso que soñaba pronunciar algún 8 de noviembre.

Han pasado muchos años desde entonces. Escribí y publiqué mi tesis doctoral sobre Alfonso Hernández-Catá, y he ofrecido conferencias sobre su vida y su obra en múltiples ciudades –Madrid, Salamanca, Miami, La Habana. Después de décadas de ausencia de mi país natal, en 1999 pude visitar su tumba con mi hermana Lucía y llevarle flores.

El 8 de noviembre de 2013 el sueño de aquella niña se hizo realidad. Gracias a las Fundaciones Juan Marinello y Alejo Carpentier, se colocaron dos bellas coronas de flores sobre la tumba del escritor. Hizo uso de la palabra la investigadora literaria Cira Romero, quien recopiló parte del epistolario de Hernández-Catá en un volumen titulado *Compañeros de viaje*. Luego, visiblemente emocionada, hablé yo. Me rodeaba un grupo de amigos, familiares y una buena representación de los escritores cubanos, incluyendo varios ganadores del Premio Nacional de Literatura, así como Enrique Pineda Barnet, merecedor cuando muy joven del Premio de Cuentos Alfonso Hernández-Catá. Creo que Mamá Lila y el abuelo escritor estarían sonriéndonos desde lo más alto.

Uva de Aragón ante la tumba de Alfonso Hernández-Catá, 8 de noviembre de 2013

Familiares y amigos que asistieron a la peregrinación. De izquierda a derecha en la fila delantera, Ana Vera Estrada, Paula Duporte Speck, Martha Rosa Morales, Elena Socarrás, Dagmarys Álvarez Frade, María Elena Frade Fariñas, Mario Darias, Uva de Aragón, Vitalina Alfonso, Tomás Fernández Robaina, Nuria Gregory, Emilio Jorge Rodríguez, Sergio Chaple, Antón Arrufat, Nancy Morejón, Enrique Pineda Barnet, Ciro Bianchi y Silvia Mayra Gómez Fariñas. De izquierda a derecha, en la fila trasera, Oscar Zanetti, Cira Romero (al centro), Nancy Alonso y Eloisa Le Riverend

Los amigos de Tita Sara

Tita Sara supo cultivar las amistades de su padre con intelectuales en todos los países donde sirvió a Cuba como diplomático, y también en la Isla. Se trataba con la flor y nata del mundo cultural cubano. Su poder de convocatoria era extraordinario. A menudo organizaba tertulias en su casa a las que no solían faltar Raúl Roa y Ada Kourí; Fernando Ortiz y María; Gustavo Torroella y Beba Kourí; Salvador Bueno y su esposa Ada (a quien Sara apodó Ada mejor); Piro Pendás y Silvia Kourí; el caricaturista Juan David y Luis Carbonell, quien nos deleitaba recitando. Una noche podían estar Enrique Labrador Ruiz y Cheché. Alguna vez Alejo Carpentier –quien vivía casi siempre en el extranjero–, y que a la gente menuda nos hacía mucha gracia cuando decía "Sarrita, consígueme otro whisky", –con su acento afrancesado y las erres arrastradas.

Hay una anécdota deliciosa con Bola de Nieve que contó con detalles el arquitecto Nicolás Quintana en una conferencia en la Universidad Internacional de la Florida.

Sara Hernández-Catá, con copa en mano, en la celebración del Premio Nobel de Ernest Hemingway. A la izquierda de este la escritora Anita Arroyo. La Habana, 1954

Una tarde lo llamó Sara para pedirle que recogiera un piano y lo llevara a la reunión de esa noche. Como Quintana, uno de los más jóvenes de las tertulias, tenía acceso a los camiones de la compañía constructora de su padre, y como según sus palabras "A Sarita no se le podía decir que no", se disponía a cumplir la encomienda cuando ella lo llamó de nuevo para instruirle que debería también recoger al pianista que lo esperaría a tal hora en tal esquina. Y ese pianista no era otro que el Bola.

Cuando se acercaban a la calle donde vivían mi tía y mi abuela, Bola le pidió de pronto que pararan. Se bajó del carro, se subió al camión y entraron a la cuadra con Bola tecleando con deleite sobre el piano. Así lo vimos los niños que estábamos en la acera esperando a los invitados. Por muchos años tenía un vaga imagen de esa escena tan surrealista que pensaba era producto de mi fantasía. Quintana, entonces joven, alto, apuesto, de ojos claros, me pareció una especie de mago aquella noche, y de nuevo, cuando ya envejecido, me hizo recuperar esta bella historia.

Otro lugar donde Sara acudía a menudo y a la que algunas veces íbamos acompañándola, era la casona de Fernando Ortiz y María, en 27 y L, en El Vedado. Mi hermana

Fernando Ortiz y Sara Hernández-Catá. La Habana, 1955

y yo, cuando niñas, jugábamos con María Fernanda, la hija de ambos. Correteábamos por el largo portal que rodeaba la casa, pero a medida que fuimos creciendo compartíamos más con los mayores. El grupo era el mismo de las tertulias de Tita Sara, y algunos otros más. En él se hablaba de todo lo humano y lo divino: de política internacional, la situación del país, literatura, una próxima exhibición de pintura, un libro recién publicado, un filme europeo, o un juego entre el Habana y el Almendares, los dos equipos de pelota más populares. Incluso improvisaban disfraces con lo que encontraban a mano: una lámpara, una toalla que hacía de turbante. Eran gente muy divertida, que pasaba de las discusiones más serias a cantar, mientras una bota pasaba de mano en mano: "Tómese esa copa de vino, tómese esa copa de vino/ya se la tomó, ya se la tomó/y ahora le toca al vecino..."

Sara tenía amigos periodistas –Francisco Ichaso, Antonio Ortega, Gaspar Pumarejo, José Pardo Llada–, pintores –Carlos Enríquez, Mario Carreño, que estuvo casado con

María Luisa Gómez Mena–, y políticos de diverso signo, muchos del Partido Socialista, Juan Marinello, el propio Wangüemert, pero también ortodoxos como José Pardo Llada y Carlos Márquez Sterling; auténticos como Aureliano Sánchez Arango, Felipe Pazos, Carlos y Antonio Prío. Su vieja amistad con Guillermo de Zéndegui y Beatriz Lugris no se afectó porque Guillermo aceptara el Ministerio de Cultura durante la segunda era de Batista. Ella era de una generosidad proverbial y en la turbulencia política de Cuba escondió a muchos en su casa, fueran tirios o troyanos.

Entre sus amigas más íntimas, además de todas las Kourí, una de las más allegadas fue María Luisa Gómez Mena. Se conocían desde los años en que María Luisa vivió en España, de 1926 a 1936. La condesa de Revilla de Camargo era una mujer bajita, trigueña, de un pelo muy negro, habladora, simpática y sin ninguno de esos remilgos que a veces tiene la gente de dinero y posición. Por el contrario, ayudó mucho a los refugiados españoles, y fue gran mecenas del teatro, la literatura y las artes plásticas. ¡Era tan desenfadada en su forma de hablar como mi tía Sara! De ella puedo contar una anécdota un tanto subida de tono. Estaba María Luisa en Río de Janeiro, visitando a los Hernández-Catá, y en la víspera de su regreso a Cuba se formó gran alboroto porque una de las chicas que trabajaba en la embajada había sido "desflorada" por su novio, de apellido Fagundes. Tanto fue el daño del fogoso enamorado, que hubo que llamar al médico y darle puntos a la joven. En medio de los llantos, suspiros y la preocupación de mi abuela, María Luisa se puso las manos en jarra y dijo:

–¡Ay, no, yo no regreso a La Habana sin verle "la cosa" a Fagundes!

El nombre de Fagundes se quedó siempre en la familia como código secreto para referirse a cualquier hombre generosamente dotado.

Mi madre y las modistas

A mí madre no le gustaba comprarse la ropa hecha. Me imagino que en su infancia y juventud no era lo usual. Por tanto, siempre tuvo modistas. De niña adoraba acompañarla a sus casas. Sentía especial cariño por Emilia, que siempre me guardaba una bolsa con retazos con los que yo solía confeccionar ropita para mis muñecas. Me agradaba, además, ver a mi madre mostrarle las telas que había comprado, el modelo que había escogido en alguna revista. Cuando se probaba, se paraba sobre una especie de plataforma redonda frente un espejo. Emilia ajustaba una pinza debajo del busto, redondeaba el dobladillo, recogía la sisa, agrandaba el escote. Aún guardo el gesto coqueto con que Mami se miraba en el espejo durante estas sesiones.

Otra cosa era cuando mi hermana y yo teníamos que probarnos las batas. No me gustaba nada estarme quieta y a veces me quejaba que alguna tela me picaba. Claro, a medida que fui creciendo y adquiriendo un interés mayor en lucir bien, estas majaderías de niña terminaron.

También, cuando adolescentes, ya era más fácil comprar ropa hecha, mucha de ella importada de Estados Unidos.

Durante mi infancia venía a nuestro hogar Manuela, una española más bien baja, trabadita, de pelo rizado y expresión dulce. Creo recordar que lo hacía una vez a la semana, los miércoles. Se instalaba en la habitación de huéspedes donde había una máquina de coser. Su labor era zurcir medias, pasarle una costura a un bolsillo que se zafaba, coger un dobladillo. En fin, hacer los arreglos que necesitáramos. Creo que algunas veces nos hacía a Lucía y a mí alguna pieza sencilla. ¡Y me ayudaba con mis intentos siempre frustrados de vestir a mis muñecas con las telas que me regalaba Emilia!

Por mucho tiempo pensé que era un verdadero lujo para mi madre tener una persona fija para esas labores de costura. Con los años he comprendido que era seguramente una forma de ayudar a Manuela a ganarse la vida. ¿Sería exiliada española? ¿O habría inmigrado a Cuba en busca de una mejor vida? ¿Tenía familia? ¿Extrañaba su tierra? No sé. Dejó de venir cuando mi padre enfermó. No creo haberla visto de nuevo y ahora lo lamento. ¿Qué habrá sido de esta mujer que llegaba a mi hogar en guagua semanalmente, siempre con una sonrisa en los labios y una aguja en las manos?

La Copa

En la 5ta. Avenida y la Calle 42, en Miramar hay aún una escultura en forma de Copa, por lo cual esa calle, en el tramo de esa intersección hasta el mar se conocía con ese nombre, y siempre nos hemos referido a nuestra vivienda como la casa de La Copa.

No tenía mucho frente, pero era profunda, pues por el jardín de atrás se salía a la calle del fondo, la 40 A. O sea, de largo tenía una cuadra, aunque era más corta que las habituales. Solo un solar yermo nos separaba de la Avenida 3ra. Contaba con un garaje doble.

Era una casa llena de luz y brisas, con claros suelos de granito y muchas persianas. Tenía un jardín pequeño al frente, un portal, también chico, y una puerta principal de cristal y de hierro pintado de blanco. El cristal podía abrirse desde dentro si se quería ver quién llamaba y no se deseaba franquear la entrada. Una vez, durante un ciclón, el cristal se rompió. Papi y otros que lo ayudaron lograron contener el agua y el viento con unas maderas que no sé de dónde sacaron. Luego mi padre mandó a hacer una contrapuerta de madera para cuando anunciaban ciclón. Bastaba que la instalaran para que el fenómeno atmosférico se disolviera

Escultura debida al pintor y escultor Cirilo José Oliva Michelena, situada en 5ta. Avenida y Calle 42, Miramar, La Habana. Foto tomada en 2021

sin llegar a La Habana y, niñas cubanas al fin, Lucía y yo, como éramos "cicloneras" rogábamos que no la colocaran. No hubo ningún ciclón más mientras vivimos ahí.

En la planta baja había una habitación para planchar, una amplia cocina de lozas azules y blancas con un gran *pantry* donde había una mesa de formica en la que nos gustaba sentarnos a merendar y a escuchar los cuentos y chismes de aquel espacio que parecía tener vida propia debido a la cantidad de personas que por allí transitaban. Daba esta parte de la casa a un patio lateral de cemento, con un gran fregadero doble, uno de ellos con batea. Aunque la ropa de cama se mandaba a la lavandería de los chinos, y mucha de la de mi padre a la tintorería, otra se lavaba allí y se tendía al sol. Siempre olía a limpio. Por ese patio, que tenía salida a la calle, igual venía a traer sus mercancías el vendedor de café que andaba en motoneta, como aparecía el bolitero a ver quién deseaba probar suerte, cosa que yo hacía de vez en cuando.

Casa de La Copa, Calle 42 no. 115 entre las Avenidas 1ra. y 3ra. A, Miramar, La Habana. Actualmente es la sede de la Embajada de Gambia. Foto tomada en 2021

La planta baja contaba también con un medio baño, un vestíbulo, la biblioteca, la sala, el comedor y al final una amplia terraza con muebles de hierro también pintados de blanco, y el jardín de atrás enmarcado en una cerca de marpacíficos rojos, donde mucho corrí y jugué durante mi infancia. También allí celebramos cumpleaños y otras ocasiones especiales, como el compromiso de mi hermana Lucía.

La biblioteca era uno de mis lugares favoritos. Estaba toda forrada con libreros de rica madera, con un bellísimo retrato al óleo de mi madre, casi de cuerpo entero. Vestía un traje blanco con una cinturilla roja. Se veía alta, delgada, etérea, como en un cuadro de El Greco. Se lo había hecho el pintor madrileño Hipólito Hidalgo de Caviedes, exiliado en Cuba. Cuando evoco ese salón aún me parece ver a Papi sentado en su escritorio con un lápiz rojo y azul calificando los trabajos de sus estudiantes de Medicina, y recibiendo a importantes personalidades que nos visitaban.

Rememoro con igual nostalgia el comedor, amueblado con un juego de estilo provenzal de madera blanca, con dos hermosos faisanes de plata como centro. Platos de

Foto tomada desde la sala en 2016

porcelana sobre una vitrina empotrada adornaban una de las paredes. El resto eran grandes ventanales que permitían que se formara una placentera corriente de aire. Allí nos reuníamos a diario a desayunar, almorzar y cenar. En las muchas ocasiones en que teníamos visitas, las prolongadas sobremesas eran tan iluminadoras o más que los estudios escolares.

El amplio vestíbulo de entrada tenía una pared de espejo que lo hacía parecer mayor. No sé por qué a mi hermana Gloria la bautizó el Monseñor Alfredo Llaguno en casa –sus padrinos fueron Tito Alfonso y Tita Ángela– y fue allí, aprovechando una especie de meseta adosada al espejo, que se preparó el altar.

De una de las paredes de la sala colgaba otro óleo de mi madre, más pequeño que el de la biblioteca, solo del rostro, que a mí me gustaba mucho, porque se me parecía más a ella. Se lo había hecho el pintor cubano-español Francisco Cossío. También allí estaba el tocadiscos, un mueble de madera clara con un estante para guardar los discos.

Los domingos, después de misa, escuchábamos las guitarras del trío Los Panchos, y ya de jovencitas los boleros, el cha-cha-chá, el merengue y otros ritmos.

En el piso alto, al que se subía por una amplia escalera de mármol al lado de la puerta de entrada o una pequeña de servicio cerca de la cocina, había cinco habitaciones, tres baños y una pequeña cocina que daban a un gran hall, además de una especie de azotea que casi nunca se usaba porque mi madre temía que nos fuéramos a caer y matar.

En 1956 esa terraza sirvió para añadir otro baño y un estudio, y se cambió el uso de las habitaciones. En una de ellas, la del fondo, a la derecha, murió mi padre. Así se la fui describiendo, incluyendo el color de las losas de cada baño, a la señora que abrió el cristal, pero no la reja de hierro, cuando Lucía y yo regresamos a Cuba en 1999, y quisimos visitar lo que había sido el reino de nuestra infancia y era entonces la Embajada de Serbia.

Lucía y la mujer –que se llamaba Ada– lloraban. No así yo, quizás porque estaba muy empeñada en revivir cada detalle de nuestro antiguo hogar. No nos dejaron entrar, pero antes de marcharnos paseamos por los alrededores. Al frente, los mismos almendros cuyas hojas daban sombra a nuestro cuarto de niñas. Por el costado pudimos contemplar con alegría que las tres matas de anón que había sembrado nuestro padre –una por cada una de sus niñas– habían crecido mucho, y se veían fuertes y frondosas. A pesar del tiempo, permanecían a salvo las raíces.

En 2014 y luego en 2015, cuando la casa la ocupaba la Embajada de Gambia, pude visitar primero los bajos y luego toda la residencia. Me entristeció mucho no tanto lo que estaba igual, que era bastante, sino lo que había cambiado. Los anones habían sido cortados para construir plazas de parqueo. En los libreros de la biblioteca no había ni un solo volumen. Tampoco estaba ya el espejo de la sala, pero algunos fantasmas recorrían tercamente nuestro antiguo hogar.

■

Nuestro barrio

Mi madre recordaba que cuando en 1946 nos mudamos a la casa de La Copa, nos sentábamos en los escalones del portal para contar los carros pasar, pues era entonces una zona apartada y poco construida. Cuando ya tuve edad de ir conociendo el barrio, sin embargo, era muy animado. Frente por frente a nosotros había edificios de apartamentos y en los bajos una farmacia, donde comprábamos pomitos de acetona por 10 centavos, y cajas de jabones finos para algún regalo imprevisto. (A mi abuela le encantaban los de Roger Gallet.) La botica tenía un mensajero que llevaba los encargos a domicilio en bicicleta. Claro, no a nosotros, que para llegar solo había que cruzar la calle. Cuando ya éramos muchachitas, el mensajero nos parecía "muy mono" y a una amiga nuestra se le ocurrió llamar y dar órdenes falsas para ver salir al chico, lo cual a mí me ponía bastante nerviosa, más que por verlo, por temor a que nos descubrieran. Además, desde chica he tenido una especie de alergia a la mentira y al engaño, y me daba muy mala conciencia ser cómplice de aquella broma.

Al lado de la botica había una bodega de chinos. Me encantaba ir a comprar galleticas María. Las guardaban en un gran pomo de cristal y valían a dos por un centavo. Solía pedir cinco centavos, un medio, como se le decía. Los chinos me daban un cartuchito, metía la mano en el pomo e iba sacando las diez que me correspondían. Si el chino estaba de buenas, me permitía llevarme una más, "de contra". Nunca he comido galletas María más sabrosas.

Del lado que estaba nuestra casa, la acera continuaba hasta la 1ra. Avenida, pero la de enfrente estaba interrumpida por la Avenida 1ra. A. Al doblar, por esa pequeña calle, se encontraba la Quincalla de Fuentes, un hombre afable con grandes espejuelos de pasta. Era un lugar maravilloso, en donde se podían encontrar, entre muchas otras cosas, agujas e hilos, fulminante para las pistolas de juguete, sellos, novelitas de Corín Tellado. Fue allí donde por primera vez compré libros con mi propio dinero: Dos pequeños volúmenes de la Colección Pulgarcito, *La ilustre fregona*, una de las *Novelas ejemplares* de Miguel de Cervantes, y una biografía de Eugenia de Montijo.

Alrededor del año 50 construyeron el Centro Comercial La Copa, en Calle 42, entre 1ra. y 1ra. A. Era muy moderno, de tres pisos, a los que se subían por distintas escaleras o por una amplia rampa. Creo que hasta había un elevador. Tenía un mercado en el primer piso, una zapatería en el segundo, y un restaurante, donde principalmente íbamos a comer sándwiches, helados o batidos. También había al frente una fuente de ladrillos de varios niveles.

Me parece que en sus inicios al menos las tiendas no tuvieron mucho éxito y varios de los espacios permanecían vacíos. Al lado del centro comercial, en la misma esquina con 1ra., abrió el Restaurante Lisboa, que se hizo famoso por sus helados.

A la derecha de nuestra casa había cuatro o cinco residencias más, seguidas de dos edificios de apartamentos. En los bajos de uno de ellos estaba la bodega de Luis, a quien le fue tan bien que pudo agrandarla y convertirla en un mercado. Cuando llegaba del colegio me encantaba ir a comprar africanas para la merienda. Costaban dos centavos cada una. Otra de mis golosinas favoritas eran las galleticas Gacusa, de chocolate o vainilla, muy pequeñitas, que se vendían en paquetes de cinco centavos.

En esa zona, por los años 50, abrió una *boutique* una colombiana, Mireya, que llegó a La Habana con su hija Mireyita. Mi madre enseguida se hizo buena clienta, pues le encantaba la ropa, y ayudó a Mireya, aconsejándola para adaptarse a Cuba y recomendándole la tienda a sus amigas. En el barrio también se inauguró la discoteca de Sammy, uno de los lugares favoritos de mi hermana, y el American Meat Market, donde vendían *hamburgers* y *cheeseburgers* pero al estilo cubano, con papitas finitas dentro.

La calle terminaba en el Balneario Universitario, de modo que a menudo se veía a jóvenes que llegaban a la zona en ómnibus, y caminaban toda la cuadra con sus trusas enrolladas en una toalla para ir a bañarse al mar.

En La Copa hice amistad con los niños del barrio, aprendí a coger pelotas de *fly,* salté la suiza, monté bicicleta por horas, esperé ansiosa a los primeros noviecitos. En esa calle jugué bajo las sombra de sus almendros, cuyas vainas me servían de sables en los duelos entre españoles y mambises, y cuyos troncos, con sus inesperadas hendiduras, me permitían esconder soldaditos, trompos, muñecas, mensajes secretos, como hoy los pliegues del corazón guardan amorosamente tantos recuerdos de los trece años que allí viví.

El caballero, la marquesa y los mendigos

Era un vagabundo aristocrático que caminaba por las calles de La Habana, siempre vestido de negro, y hasta con una larga capa, incluso en verano. Tenía barba y el pelo gris, rizado y largo. Llevaba consigo una bolsa y no pedía dinero. Había muchas leyendas sobre él: que si había venido de Francia niño y había enloquecido, que si era un pobre hombre con alucinaciones de grandeza. El Caballero de París, como todo el mundo lo llamaba, era gentil. Nunca le tuve miedo. Solo una vez, estando de compras con Mami por La Habana Vieja, logré acercármele y saludarlo. Me sonrió, metió la mano en su bolsa y me regaló un lápiz. Yo quería pagárselo con el menudito que llevaba en mi cartera de niña, pero mi madre me empujó suavemente y me dijo: "No, que se ofende..." Conociendo a mi madre quizás lo que quería era terminar el encuentro entre el vagabundo y su hija, aunque posiblemente tuviera razón.

También por las calles de mi infancia rondaba La Marquesa, una mujer negra, bajita, vestida siempre con ropas pintorescas, como un sombrero morado y zapatos color

El caballero de París

oro. Carecía de la elegancia de El Caballero de París y no solo pedía dinero, sino que insistía que fueran pesos, pues por su condición de realeza no podía aceptar monedas. Tampoco le temía, pero no me parecía limpia. Una vez pasó cerca de La Copa y pidió comida. La recuerdo en la cocina almorzando con gran apetito. Creo que Mami no la vio pues le hubiera dado un patatús. Contrario a su padre y a mi tía Sara, que según los cuentos de mi abuela, recogían personajes estrafalarios de las calles de Madrid y los sentaban a la mesa, mi madre era desconfiada y escrupulosa, no tanto por falta de caridad –era mucho más religiosa que su progenitor o su hermana– sino por su afán de protegernos de no sé cuántos microbios y peligros que veía en todas partes.

En La Habana de mi infancia había mendigos. No eran como los he visto después en otros países del Caribe y América Latina, niños pobres rodeando a la gente para pedirle dinero. Los mendigos de cierta edad rondaban las iglesias y los pequeños los parqueos. Estos últimos ofrecían cuidar el carro por algunas monedas. Mi padre era siempre generoso con estos chicos. A la salida de nuestra parroquia de San Antonio, se veían algunos pordioseros, entre ellos una señora gruesa, siempre sentada en la acera, con una lata a sus pies para las limosnas. Yo ponía en el cesto de la iglesia el billete que Papi nos daba, uno a mi hermana y otro a mí, pero del poco dinerito que tenía, siempre colocaba algo en la alcancía de esta mujer, que producía en mí una honda lástima. Una vez me regaló una estampita. Todavía la guardo en mi misal.

La playa Veneciana

Durante mis primeras edades solíamos pasar uno o dos meses del verano en Varadero. Tal vez mi amor a la playa provenga de esos tempranos contactos con ese mar de azules inagotables y esa arena tan fina como la de Pilar en los versos martianos, a la cual yo presentía siempre a mi lado, con su muñeca sin brazos y sus zapatos rosa. El chofer nos paseaba por una zona que tenía muchas lomas. Cuando no había tráfico, Lucía y yo, quienes nos turnábamos sentándonos en las piernas de Papi, le rogábamos a Raúl que fuera a mayor velocidad. ¡Cuán delicioso vuelco sentíamos en el estómago con cada subida y bajada por las pequeñas colinas! Rememoro, asimismo, que a menudo nos señalaban una mansión grandísima, adornada con

De izquierda a derecha Uva de Aragón y su padre Ernesto. Los acompañan Lucía de Aragón (extremo derecho y detrás), dos amigas de la infancia y los primos Jorge y César Eduardo Carvallo. Playa Veneciana, 11 de julio de 1953, noveno cumpleaños de Uva

maderas oscuras, rodeada de misterio, propiedad de la familia Dupont, apellido que nombraba ese reparto en Varadero.

En 1952, sin embargo, comenzamos a alquilar la casa del Dr. Ángel Vieta, en Veneciana, una de las playas del este de La Habana, muy próxima a Guanabo. Tenía la gran ventaja de estar mucho más cerca de la capital, y le permitía a mi padre trabajar de lunes a jueves y regresar cada noche a la playa, pues desde que se construyó la Vía Blanca, el camino se hacía en poco tiempo. Mami lo acompañaba, pues en los últimos años se convirtió en su secretaria. Pienso hoy que era tan celosa que prefería tenerlo vigilado de cerca. Nosotras nos quedábamos durante sus ausencias con el servicio doméstico y muchas veces con Tita Sara y Mamá Lila, que se pasaba temporadas con nosotros.

Veneciana tenía una entrada privada con una garita y una calle principal, a cuya vera, durante el primer tramo, había terrenos baldíos. Después de pasar dos puentes se encontraba la iglesia, e inmediatamente, a los lados de la vía, las residencias. Las que estaban a mano derecha daban al mar. Los niños formábamos una pandilla inseparable. Evoco especialmente a Elena, Silvia y Pedrito, hijos del Dr. Pedro Iglesias Betancourt; a la familia Méndez, con sus cuatro hijos con no solo una hermosa residencia, sino una especie de club del otro lado de la calle, donde auspiciaban un sinfín de actividades para la gente menuda. El Dr. Soto Pradera se había hecho construir una casa, moderna y funcional. Al igual que la de la 5ta. Avenida, la habían diseñado Nicolás (*Lin*) Arroyo y Gabriela Menéndez, quienes también edificaron la suya en la playa, muy cerca de la que ocupábamos nosotros. Lincito, como apodábamos al hijo de los famosos arquitectos, era uno de mis inseparables compañeros de juegos. En la residencia contigua veraneaba una familia americana "aplatanada", los McKenzie, que tenían una niña y un hijo, Corky, otro de mis grandes amigos, y uno de mis primeros amores infantiles. Fue un verano de mar, arena, sol. Muchas bicicletas, caza de jaibas en el embarcadero, montada de caballo en Guanabo, mataperreo. Dormir la siesta con el run-run de la novela de turno, que congregaba a las muchachas a escucharla por la radio; jugar afuera por las noches hasta que nos venciera el cansancio; cazar cocuyos; ver películas en el club de los Méndez, y maravillarnos cuando Gloria dio sus primeros pasos en la glorieta.

La residencia que alquilábamos al Dr. Vieta –ahora me doy cuenta que muchos médicos se hicieron construir casas en Veneciana– tenía un patio central al que daban las habitaciones y los baños con salida afuera para que cuando se regresara de la playa se pudiera entrar a ellos sin pasar por la casa. Al fondo estaba la cocina, un gran salón y una amplia terraza, apenas a unos pasos del mar.

En una ocasión mi padre, a quien le encantaba hacer bromas, llegó diciéndonos a todos que nos iba a llevar a ver un carnero con dos cabezas que tenía el guardia de la garita. Insistió mucho que nos acompañara Mamá Lila. Antes de llegar a la entrada de la playa, a los dos lados de la calle principal, los terrenos estaban cundidos de inmensos cangrejos, a los cuales mi abuela tenía pavor. A ella no le gustó nada el chiste –aunque adoraba a mi padre– y yo, ingenuamente, me quedé decepcionada porque nunca vimos al carnero bicéfalo.

Los cangrejos, al parecer, le cobraron la burla a Papi. Una noche en que habían dejado en un cubo tapado un buen número de los crustáceos para cocinarlos al día siguiente, comenzamos a sentir unos ruidos raros. ¡Los cangrejos se habían escapado y caminaban por toda la casa! Menos mal que ese día Mamá Lila no estaba con nosotros.

A mi padre le gustaba la pesquería y lo hacía en un yate no muy grande con algunos de sus amigos médicos. Mi madre y otras de las esposas los acompañaban a veces y a Lucía le encantaba cuando la llevaban. No creo que hicieran lo mismo conmigo, no sé si porque era más pequeña, o porque cuando fuimos de La Habana a Cayo Hueso en el *ferry* me mareé. La verdad es que aunque siempre me ha encantado el mar, no me importaba mucho ir de pesca.

El verano se alargó ese año porque llegó a La Habana una epidemia de poliomielitis. Nosotras, los hijos de los Soto Pradera, y tal vez otros chicos en nuestro lugar de veraneo, fuimos entre los primeros en ser vacunados, porque nuestro pediatra fue en persona a buscar las vacunas a Estados Unidos.

Las clases demoraron en comenzar. Al regresar por fin a La Habana y al colegio, supe que una de mis compañeritas de clase, Mariíta García Kohly, la había contraído. Estuvo todo un curso fuera, pero afortunadamente se recuperó totalmente e incluso regresó a sus clases de ballet. Era hija única y sus padres y una tía que vivía con ellos debieron sufrir inmensamente. Nosotras hemos seguido amigas hasta el día de hoy.

Aquel feliz verano, de tanta libertad, terminó, pues, con una nota triste, quizás como un augurio de lo que sucedería el próximo.

Mi padre se enferma

Una mañana de domingo, durante la misa de las 11, a la que siempre asistíamos en la iglesia de San Antonio, noté que mi padre estaba con la cabeza baja. Pensé que se le había caído algo al suelo –tal vez una moneda, un billete– y que lo buscaba con la mirada. Le pregunté bajito si quería que lo ayudara, y aunque no me contestó, me agaché y miré por el suelo. Nada. Cuando me viré hacia él, tenía los ojos cerrados. Tal vez se quedó dormido, pensé. Muy suavemente, para que no se asustase, le sacudí el brazo para despertarlo, porque no era de buena educación dormir durante la misa, pero Papi no se movía. Aún siento en la yema de los dedos la tela de su saco gris. Una angustia súbita e inmensa me paralizó por unos segundos. Por fin acudí a mi madre y le dije que Papi no estaba bien.

En el acto se formó un gran revuelo y se lo llevaron cargado. Mami encontró a un matrimonio amigo y le pidió que se ocupara de mi hermana y de mí. Luego supe que en el automóvil, camino a la clínica, mi padre recuperó el conocimiento e insistió en que lo llevaran a casa. Fue el primer aviso de su corazón enfermo. Pero continuó trabajando como de costumbre, disfrutó el largo viaje a Europa que hicimos, el nacimiento de Gloria y de sus nietas.

Nuestra vida no cambió mucho entonces, con excepción de que en 1952 y 1953, en vez de en Varadero, veraneamos en la playa Veneciana, solo a menos de una hora de la ciudad por la recién construida Vía Blanca, como ya antes he mencionado.

El verano de 1953 transcurría alegremente como el anterior, aunque había indicios de que la salud de Papi no era buena. El 11 de julio, cuando cumplí nueve años, vino su médico y sobrino César Carvallo con su familia a celebrar la ocasión. Estoy segura que también debería estar preocupado por su paciente. Cuando posamos para una foto, tomé la mano de mi padre y pensé que iba a ser el último cumpleaños que estaría conmigo. De inmediato, como siempre hago cuando me vienen esas ideas, repetí lo que a menudo me han reprochado mis mayores: "Tienes mucha imaginación… Eres muy dramática". Pero no eran temores falsos. Diez días después los Méndez invitaron a todas las familias a una noche de cine. Estábamos viendo *Bambi* cuando mi padre se desmayó.

Al día siguiente vino Cesita con una enfermera y se lo llevaron para La Habana. Mi madre se fue con él. No estoy segura pero creo que Mamá Lila y Tita Sara se quedaron con nosotras. Era el 22 de julio de 1953 y Lucía cumplía once años. Ella y yo salimos a la calle y seguimos con la mirada el automóvil mientras se alejaba. Nos quedamos mucho rato paradas allí, hasta que alguien nos llevó suavemente al interior. Fue como si presintiéramos que con aquel automóvil se marchaba la vida como la habíamos conocido hasta entonces.

■

El olor de la tristeza

Por alguna razón, aunque enfermo, mi padre dispuso que no lo atendieran en el hospital, sino en nuestro hogar. Los primeros meses estuvo en una cámara de oxígeno. No era como ahora, un simple tubito por la nariz. Lo cubría una lona de plástico transparente, con aperturas para que las enfermeras pudieran administrarle los medicamentos, o un ser querido tomarle las manos. Al lado de su cama, que era de hospital, unos inmensos balones verdes guardaban el preciado gas. Cada tres o cuatro días se los llevaban y traían unos nuevos. Los subían entre dos hombres por las escaleras. Tenía enfermeras a su disposición veinticuatro horas al día. Lo atendía su sobrino el Dr. Carvallo, pero lo visitaba también el Dr. Enrique Echevarría, su asistente; no sé si algún otro médico fue consultado. La familia más íntima nos visitaba continuamente.

La casa adquirió esa atmósfera lánguida de cuando hay un enfermo crónico. Largos silencios, pasos sigilosos, conversaciones a media voz. Disimulados sobresaltos cuando el enfermo mostraba síntomas alarmantes. Una mesa con frascos de medicinas, jeringuillas. Un cierto olor indescriptible, no sé si a alcohol o a tristeza.

Para alegrarnos a mis hermanas y a mí alguien nos regaló un Doberman Pinscher miniatura al que nombramos Brownie. El pobre, como no debía molestar, vivía encerrado en el baño del cuarto de huéspedes donde desenredó no sé cuántos rollos de papel higiénico. Pronto mi madre decidió que no podíamos quedarnos con él. No habíamos tenido tiempo ni para encariñarnos con el cachorro.

Mami se mantuvo al lado de Papi por horas, días. Yo trataba de entretener a Gloria, que tenía dos años y medio, y jugaba mucho con ella. Pero a veces me faltaba el ánimo. Todo lo que antes me complacía lo veía ahora con otro prisma. Me torné una niña aún más introvertida.

Con el comienzo de las clases en septiembre la vida comenzó a tomar su rutina de nuevo. Además, el enfermo iba respondiendo. El primer signo fue cuando ya no necesitó la cámara de oxígeno. Luego empezó a sentarse varias horas al día en un butacón en la habitación. Para las Navidades lo hacía en el del hall y caminaba con bastón por toda la planta alta. Ya a mi hermana Gloria y a los nietos de mi padre –Elenín, la hija de Bebo, y Silvia María, la de Silvia– los dejaban corretear a su lado. Parecía como si nuestro hogar recobrara vida. Yo buscaba los ratos que estuviera solo y me sentaba en el suelo a su lado. A veces conversábamos, aunque no recuerdo sobre qué. Me imagino que de mis estudios, del libro que tenía entre las manos, de las gracias de Gloria. Pero principalmente me mantenía calladita, jugando, haciendo mis deberes escolares, o leyendo. Sentirlo cerca me llenaba de paz. Había rezado tanto porque no se muriera pues las conversaciones que había escuchado me habían hecho comprender su gravedad. Parecía que Dios me había escuchado. Mi padre debió presentir mi angustia. A menudo me acariciaba los cabellos.

Papi estaba ansioso de ver a su madre. La escalera de casa era un impedimento para ambos. Él sugirió que podían bajarlo cargado en una silla y que ya estaba lo suficientemente bien para salir a ver a Otra Mamá. Se hacían con entusiasmo los preparativos para después de las Navidades, aunque sus médicos se mantenían cautelosos.

Un ceniciento guajiro

Un domingo lluvioso y triste, durante esos meses de la enfermedad de Papi, Tita Sara llegó con un paquete y nos llamó a Lucía y a mí, que enseguida la rodeamos. A mi hermana le entregó unos enseres para bordar y a mí una libreta azul y un lápiz. No sé qué instrucciones dio a Lucía, pero a mí solo me dijo:

–Escribe.

Me escondía por los rincones a garabatear "mi primera novela". Los personajes principales se llamaban Enrique y Margarita, y la trama se desenvolvía en el campo cubano. Usaba palabras como guardarraya, yarey, montuno, hamacas, cocuyos. Enrique tenía una madrastra mala que se interponía entre los enamorados, y Margarita se le enfrentaba valientemente. En fin, era una especie de versión feminista y guajira de "La Cenicienta".

Cuando la terminé, Lucía, que tenía muy buena letra –la mía siempre ha sido ilegible–, la pasó en limpio a una carpeta negra pequeña, de esas que tienen tres aros que se abren para poner las hojas. La "novela" tenía diecisiete páginas, que a mis nueve años, me parecían muchas. Mi tía Sara la leyó de un tirón y me auguró que sería escritora como mi abuelo. Dijo que tenía mucha gracia para las transiciones. No tenía la menor idea de qué se trataba eso de "transiciones", pero me pareció que debía ser importante. Cuando venía alguna visita, Tita Sara escogía algún pasaje y me pedía que lo leyera en voz alta. A mi padre, que estaba mejor en esos días, me hizo leérsela completa. Yo, que no bailaba ballet como las niñas en la escuela, que era torpe para saltar la suiza o jugar a los yaquis, me sentí feliz de haber descubierto algo para lo que parecía tener talento, y de inmediato me puse a escribir cuentos, poemas, un diario.

–Nunca dejes de escribir –me decía Tita Sara a menudo.

Y como siempre fui una niña obediente, hasta el día de hoy he seguido su consejo.

Uva de Aragón, circa 1955

La muerte de mi padre

El 31 de diciembre de 1953 se reunieron los familiares más allegados a despedir el año. A medida que se acercaban las 12 de la noche, temían que mi padre se emocionara y todos se fueron levantando y saliendo de la habitación. Yo, sin embargo, me quedé sentada. Él ya estaba acostado –todavía usaba la cama Fowler, como la de los hospitales–. De pronto vi una luz que fue desplazándose por las paredes hasta posarse sobre la cabeza de mi padre. Quedé paralizada. En cuanto logré moverme, salí del cuarto. Sollozaba:

–Papi se va a morir. La muerte ha venido a buscarlo. Papi se va a morir...

Tita Sara me apretó fuertemente contra sus grandes pechos, posiblemente tanto para consolarme como para que mis palabras no llegaran a oídos del enfermo. Tardaron en calmarme, pese a que todos me aseguraban que mi padre se estaba recuperando.

El doctor Ernesto R. DE ARAGON, gran cirujano, profesor de Patología Quirúrgica de la Universidad de La Habana, miembro de la Academia de Ciencias y de otras muchas sociedades científicas de Cuba y el extranjero, ex representante a la Cámara, fallecido el domingo 3 en esta capital. (Foto Archivius).

Obituario publicado en la revista *Carteles*

Era la falsa mejoría de la muerte. El domingo 3 de enero mi hermana Silvia vino con su esposo Jorge y la niña a verlo después de la misa. Apenas se acababan de ir cuando mi padre tuvo otro infarto. Cesita debió decirle por teléfono a mi madre lo que había que inyectarle. Seguramente fui la persona que encontró más cerca porque me llevó a acompañarla a una farmacia de turno en el reparto Kohly. Como no había mucho tráfico, y ella iba a gran velocidad, regresamos pronto. Mi madre, tan miedosa para tantas cosas, había aprendido a inyectar en un curso de la Cruz Roja que tomó en Brasil, y en cuanto llegamos le suministró con la jeringuilla el líquido que debía estimular su corazón enfermo. Yo la observé desde el umbral de la habitación, insegura de si debía entrar. Fue la última vez que vi a mi padre.

La casa se fue llenando de gente. Vinieron sus médicos, mis hermanos mayores, Mamá Lila y Tita Sara. Lucía y yo salimos a montar bicicleta solo al frente para no alejarnos y saludábamos a cada uno de los que llegaba. Pese a que hubiera un esfuerzo colectivo por no alarmarnos, era imposible que no sintiéramos el aura de inquietud que rodeaba a todos.

Luego subimos a nuestro cuarto. Yo trataba inútilmente de concentrarme en la lectura. No nos dejaban ir a ver a Papi. Nos aventurábamos por el hall hasta cerca de su habitación y veíamos rostros largos y preocupados.

Por fin, como a las 7 de la noche, Mami vino a vernos. No sé si tuvo que decírnoslo. Mi padre había fallecido.

Con él murió también mi infancia.

El luto

Mi madre no quiso que viéramos a Papi muerto ni que fuéramos a la funeraria. Estoy segura que lo hizo por nuestro bien, y que posiblemente nos evitó una impresión desagradable que pudo habernos acompañado para siempre.

Entonces, sin embargo, lamentaba no haberme despedido de él, no haberle dicho en sus últimos días cuánto lo quería. Todas las noches, al acostarme, le rezaba a Dios que le permitiera venir a verme, aunque fuera unos instantes. En ocasiones me parecía oír sus pasos y me dormía esperándolo. Por unos meses nos vistieron de blanco y negro, pero el luto del alma era mucho mayor. A mí me herían el sol, las risas de mis compañeras cuando regresé a la escuela, incluso comentarios de sus pacientes que nos encontrábamos al azar y aseguraban extrañarlo mucho. ¿Cómo estas desconocidas podían sufrir la pérdida de mi padre? (Años más tarde, durante mis embarazos, comprendí la relación tan especial que pueden llegar a tener las mujeres con sus ginecólogos.)

En esos primeros meses nos visitaban prácticamente a diario mi hermano Bebo, mi tío Máximo Rodríguez, viudo de mi tía Aurora y casado en segunda nupcias con Elisa Godines, y Enrique Echevarría, el ayudante de mi padre, a quien nosotras llamábamos tío. Naturalmente, también veíamos mucho a Mamá Lila y Tita Sara.

Yo no hallaba consuelo, al punto, que comencé a tener frecuentes desmayos (ahora pienso que fue lo mismo que le sucedió a mi madre cuando murió mi abuelo). Mami me llevó al Dr. Julio Schutte, prestigioso endocrinólogo, quien me hizo muchas pruebas, hasta un encefalograma. No tenía ningún padecimiento, solo la gran tristeza por la muerte de mi padre.

A veces me iba en bicicleta hasta el hotel Copacabana, apenas a dos cuadras de casa, pero que a mí me parecía entonces una distancia mayor. El parqueo, casi siempre desierto, tenía un murito que daba a una playa rocosa. Allí me sentaba largo rato, cerraba los ojos y cuando escuchaba la respiración solemne del mar, me parecía que se trataba del ritmo de los pulmones de mi padre. Regresaba más serena al hogar, donde casi nunca notaban mi ausencia pues estaban acostumbrados a que pasara largos ratos callada en algún rincón.

Al igual que durante la enfermedad de Papi, mi mayor consuelo fueron los libros y una libreta en la que garabateaba poemitas, cuentos cortos, pensamientos, impresiones sobre cualquier cosa que me llamara la atención. Desde esas fechas, leer y escribir han sido para mí las mejores maneras de lidiar con las inevitables penas que enfrentamos en la vida. De la mano de Pilar con sus zapatos rosa y del Conde de Montecristi con su capa y su espada, lentamente fui regresando a la vida.

La familia

Aunque he hablado antes de actividades que solíamos hacer con Mami o con Papi, también hubo muchas cosas que hacíamos unidos. Por un largo período, hasta que Gloria nació, fuimos una familia de cuatro. Juntos viajamos no solo a las montañas de New Hamphsire y a Europa, como he contado, sino también un par de veces a Miami. Nos hospedábamos siempre en el Miami Colonial Hotel, en Biscayme Boulevard. Mami disfrutaba ir de compras a Burdines. En la ciudad donde ahora vivo aprendimos a comer sándwiches de lechuga, tomate y bacon, y vimos a unos indios dominar a los cocodrilos y colocar sus cabezas en las grandes fauces de los reptiles. En una ocasión nos acompañó a Miami mi hermana Gilda. ¡Cuánto desearía tener ahora la foto que nos tomamos con ella en el Parque de las Palomas!

En La Habana no solo nos sentábamos juntos a almorzar y comer en el comedor, con excepción de cuando mis padres lo hacían fuera, sino que también los cuatro íbamos a restoranes. Uno de mis favoritos era Kasalta, en la 5ta. Avenida, cerca del puente de Pote. Pedía que me llevaran en mis cumpleaños y ordenaba siempre bistec empanizado con espaguetis. Casi frente a Kasalta, en una

La familia Aragón. La Habana, noviembre de 1951

especie de parque circular, había un carrito llamado El Picolino que nos encantaba, donde vendían pollo frito y helados. Muy a menudo íbamos a El Carmelo, especialmente al de Calzada y D, en El Vedado, casi siempre a merendar o después de alguna salida, para degustar algo ligero, más que una comida caliente. Disfrutábamos de bocaditos, batidos, o helados, que servían con un paquetico con barquillos colocados junto a la copa de metal con el frío y cremoso manjar. A mi madre, que siempre fue majadera para comer, le encantaba el de caramelo de allí. También expresaba sus caprichos:

–Mire, que esté bien tostado el bocadito… y no le ponga mantequilla… solo mostaza. –Siempre la complacían.

El Carmelo tenía también una mostrador donde se compraba para llevar jamón, queso, mortadela en lascas, y unos dulces magníficos, como los Dobos, de origen húngaro, que consistían en unas capas muy finas de panetelas rellenas con una crema de chocolate y mantequilla, y caramelo planchado en la parte superior. Otro postre delicioso eran las tartas Saint-Honoré, elaboradas con profiteroles rellenos de una deliciosa crema Chiboust, con nata por encima.

Hablando de dulces, para las fiestas se encargaban a la Casa Suárez bandejas de yemitas azucaradas, con caramelo o cubiertas de chocolate, a las que llamaban viuditas, y otras delicias. También comprábamos allí los turrones. Nunca he comido otro mejor que el que hacían de yema. En la panadería Ward, en la calle 12, en el camino entre nuestra casa y la de Mamá Lila, comprábamos "capitolios", unas panetelas de chocolate con un cono de crema en forma de cúpula cubierto por un chocolate más duro, como el de las paleticas. Lucerna era la dulcería ideal para los Tatianoff, un delicioso cake de chocolate, que pese a su nombre que parece ruso, fue elaborado en Cuba por un maestro pastelero de origen suizo. Claro, yo no sabía nada de esto entonces, pero sí que era de chuparse los dedos.

Además de comer juntos, mis padres, Lucía y yo visitábamos a menudo a ambas abuelas e íbamos a pasear en automóvil, algo que parece hoy en día absurdo. El recorrido nos llevaba siempre hasta el Malecón, donde especialmente si había "norte" disfrutábamos cuando las grandes olas salpicaban el auto –nadie se preocupaba entonces de que se dañara la pintura– y al final del paseo nos esperaba el letrero lumínico del perro con el tocadiscos de RCA, y la mujer en la trusa Jantzen que repetidamente parecía tirarse de un trampolín a las aguas oscuras de la bahía. ¡Qué diversiones tan sanas y sencillas de aquel matrimonio y sus dos hijas!

Nuestra vida cambió con la llegada de mi hermana menor, quien de pronto se convirtió en el centro del hogar: que si Gloria se había virado en la cuna, que si ya se sentaba sola, que si había comido el primer puré, que si había dicho tal o más palabra. Ahora éramos cinco y la feliz adición a la familia ocupaba un lugar destacado.

■

Ácana

En el verano de 1954, unos meses después de morir Papi, mi primo Fernando Rodríguez de Aragón y Olguita Amaro, su esposa entonces, con sus hijos Olguita y Fernandito, invitaron a Mami y a sus tres hijas a pasarnos unos días en Ácana, la finca de mi tío político Máximo Rodríguez, cerca del pequeño pueblo de Cidra. Lucía y yo nos habíamos quedado allí antes, lo cual influyó en el vocabulario –yarey, guardarraya, zunzún– que salpicaba mi primera "novela".

En algún momento aprendí que ácana es un gran árbol de ocho a diez pies de altura, que da madera recia y compacta, de gran calidad para la construcción. De pequeña me gustaba el vocablo ácana por su musicalidad. Fue allí, en esas tierras matanceras, que descubrí el campo cubano. Despertarme con el canto de los gallos, aspirar el aire de la mañana, ver el rocío sobre las plantas fue una experiencia nueva para una niña habanera. En Ácana dormía la siesta en una hamaca, corría con libertad a campo abierto, escuchaba la magia de los sonidos de la noche. No logré superar el miedo a los sapos y los majás, pero sentí la alegría de ver por primera vez un zunzuncito, esa diminuta ave nuestra. Aprendí a distinguir la llamada distintiva de los sinsontes y sus cantos en la aurora. Como las vocales abiertas y sonoras de su nombre, Ácana me entregó la llave de otro mundo y otra música. Y me ayudó a que fuera sanando la honda herida por la muerte prematura de mi padre

Fernandito y Olguita se convirtieron en inseparables compañeros de juegos de mi hermana Lucía y míos. Gloria, mucho más pequeña, también se asombraba de la nueva realidad que la rodeaba, y nos deleitaba con esos comentarios, entre ingenuos y sabios de los niños, que hoy lamento no haber anotado. Mi madre congeniaba muy bien con Olguita madre, y se pasaban horas chachareando. Era la época en que estaban de moda las canciones de Olga Guillot, especialmente "Miénteme", y "Vivir de los recuerdos", así como otra que comenzaba con "Por alto está el cielo en el mundo…", que me parece recordar interpretaba Daniel Santos. Juntos las cantábamos a coro en las noches siempre frescas, incluso en verano. Otras veces, en la cocina, contaban leyendas del campo cubano, y los pequeños nos escondíamos a oírlas por las rendijas de las puertas, entre fascinados y asustados.

Fue en la finca de mi tío Máximo –que tanto se ocupó de nosotras en esa época difícil– que le cogí el gusto al dominó. También allí aprendí a montar a caballo. Mi tío organizaba los turnos de los niños para subirnos a Jardinera, pero un día me dijo en secreto que me la regalaba, que era mía, pero no lo comentara con los otros niños para evitar celos y peleas. Me sentía dueña del mundo con mi yegua obediente y dócil, el Rocinante de aquella niña soñadora que fui. Muchos años después, en una reunión en casa de su nieta Olguita, al comparar nuestras memorias de infancia, comprendimos que Máximo nos había hecho el mismo cuento de regalarnos la yegua a todos los niños. Nos reímos hasta llorar y fue como si aquel tío bueno, de guayabera blanca y simpatía criolla, volviera a la vida y estuviera allí entre nosotros. Esa tarde, ya sesentones todos, regresamos a Ácana y a nuestra niñez.

La televisión

La televisión en Cuba se inauguró oficialmente en octubre de 1950 con una trasmisión desde la residencia de Gaspar Pumarejo. Las personas pudieron verlo desde las vidrieras de las tiendas que habían adquirido algunos televisores para la ocasión. Pumarejo, ya conocido por su labor como locutor, creó Unión Radio TV o Canal 4. Pronto Goar Mestre abrió CMQ Canal 6. La competencia fue feroz y en unos pocos años nuestro país era uno de los más adelantados en el giro en toda la América Latina.

Nosotros tuvimos un televisor casi cuando acababan de llegar a Cuba, alrededor quizás de 1951 o 1952. Era un aparato negro de RCA que naturalmente trasmitía en blanco y negro. Se colocó al final del vestíbulo, en el piso de arriba. Lucía y yo nos sentábamos en el suelo a verlo.

Nos reíamos con Germán Pinelli y los invitados que intentaban subir el palo encebado. Imposible olvidar a Lillian Lazo y a su personaje Popa, una especie de boba no tan boba, siempre con una cartera colgada del brazo, que se quejaba de tener "muchas cosas en su cabecita"; y a la pintoresca Mamacusa Alambrito, creación de Luis Echegoyen. También se hizo famosa Cachucha, con su

cola de caballo prácticamente vertical y su habla rápida. La interpretaba Manela Bustamante. Otro programa cómico era "La Taberna de Pedro", con Salmodello, personaje con una forma peculiar de caminar, como si estuviera agachado.

Hubo programas humorísticos que se adaptaron de la radio a la pantalla chica, como "El show de Pototo y Filomeno", proveniente de "La tremenda corte", con Aníbal de Mar y Leopoldo Fernández (*Tres patines*), aunque creo que nunca alcanzaron en la televisión el mismo éxito que en la radio. Otra famosísima pareja, que también aparecía en los shows de Radio Centro, fueron Alberto Garrido y Federico Piñeiro, con los personajes de Chicharito, el negrito, y el gallego Sopeira. Ambas parejas satirizaban con sano humor los problemas de nuestra sociedad.

La televisión cubana contó con magníficos actores dramáticos como Carlos Badía, Enrique Santiesteban, Manolo Coego, Otto Sirgo, y entre los más jóvenes Jorge Félix y Rolandito Barral. Como actrices se distinguieron en diversos roles Raquel Revuelta, Minín Bujones, Pepa Barrios, Gina Cabrera, Ada Béjar, Teté Machado y muchas más que protagonizaron infinidad de telenovelas, además de algunos papeles en las salas de teatro y en el cine.

Nunca he seguido una telenovela con el mismo entusiasmo como a "Historia de tres hermanas", de Mercedes Antón, que se trasmitía en 1956 los domingos en la noche. La mayor de las hermanas se llamaba Felicia, y la interpretaba Josefina Rovira; las otras dos las protagonizaban Violeta Jiménez y Maritza Rosales. Tenía lugar durante las guerras de independencia. En una ocasión un primo segundo por vía paterna, que estaba loco, y no es una metáfora, nos avisó de que no dejáramos de ver el episodio ese domingo pues él actuaba. Por muy atentos que estuvimos, nunca lo identificamos. Al día siguiente nos reprochó:

– ¡Cómo no me vieron, si estuve en una escena de diez minutos! ¡Yo era uno de los mambises muertos!

En otra ocasión, cuando perdió la vida en un episodio uno de los personajes Lucía lloraba sin consuelo y repetía:

–¡Mataron a Oñate! ¡Mataron a Oñate! –En eso llegaron mis padres, y como era una época de violencia política en Cuba, se asustaron mucho pensando que se trataba de alguna persona real.

Otros programas que disfrutábamos eran "El cabaret Regalías", "Jueves de Partagás", "El álbum Phillips", "Las cosas tienen alma". Me encantaba un espacio con Ramón Veloz interpretando música guajira, que siempre me ha atraído. En las presentaciones musicales aparecieron figuras que llegaron a alcanzar fama mundial como Olga Guillot, Benny Moré, Celia Cruz, Olga y Tony.

Visitaban Cuba muchos actores extranjeros. Tengo memoria de ver cantar al mexicano Pedro Vargas y repetir su especial "Muy agradecido", y al español Pedrito Rico taconear con extravagantes trajes al ritmo de "Mi perrita pequinesa". Mucho me divirtieron los famosos payasos, procedentes de la Madre Patria, los hermanos Gabi, Fofó y Miliki, quienes además llevaban el mismo apellido mío, Aragón. Tuvo mucho éxito, asimismo, el humorista de Buenos Aires Pepe Biondi, que tenía su propio show.

La televisión cubana también contaba con noticieros y programas deportivos, como la lucha libre, el boxeo y el béisbol. Incluso del año 1955 a 1958 Mestre logró trasmitir todos los juegos de la Serie Mundial.

Cuba ostentaba magníficas firmas de publicidad, de modo que hasta los *jingles* de los anuncios se hicieron pegajosos y los repetíamos con frecuencia.

En esos años Tito Alberto trabajó con Goar Mestre y tenía a su cargo la dirección del CMBF Canal 7, en la que se trasmitía "El Show de Shows", una revista musical que incluía asimismo *sketches* cómicos. Al final salían todos los participantes bailando, tomados del brazo y nosotros le bromeábamos diciéndole que por qué no se unía al grupo. Su labor, sin embargo, era siempre detrás de las cámaras.

Ya a finales de los cincuenta también se podían ver muchos episodios americanos doblados, entre ellos, "Patrulla de Puerto" y "Perry Mason", el favorito de Mamá Lila porque Raymond Burr, según ella, se parecía a su hijo Alberto.

En mi infancia y adolescencia la televisión no fue tan importante como lo ha sido años después para otras generaciones, pues jugábamos más en la calle, los jardines, la playa, y yo, al menos, leía mucho. Pero fue una ventana al mundo de las artes dramáticas, la música, los anuncios, y una muestra del inmenso talento de tantos en esa Cuba de los años 50.

Mi madre viuda

Mami tenía cuarenta años cuando mi padre murió. La había dejado con tres niñas pequeñas y una situación económica relativamente holgada. No contaba con capital, solo la casa de La Copa y alguna modesta cuenta bancaria, pero mi madre y nosotras teníamos una serie de entradas mensuales heredadas de mi padre –las pensiones del Colegio Médico, de la Universidad de La Habana y la de Congresista pues había sido Representante a la Cámara, más un seguro privado– que nos permitía vivir sin grandes cambios en nuestro nivel socioeconómico.

Era natural que mi madre, joven y bonita, deseara casarse de nuevo. Después de un tiempo prudencial, comenzó a salir. Como cuando era soltera, tuvo enamorados pero ninguno era de su agrado y duraban poco.

Nuestra rutina había cambiado. A los pocos meses de fallecer mi padre, Lucía terminó sus estudios de primaria en el Colegio de Margot Párraga y en septiembre de 1954 comenzó el Ingreso al Bachillerato, en Ruston Academy, un magnífico colegio americano. (Luego mi madre me

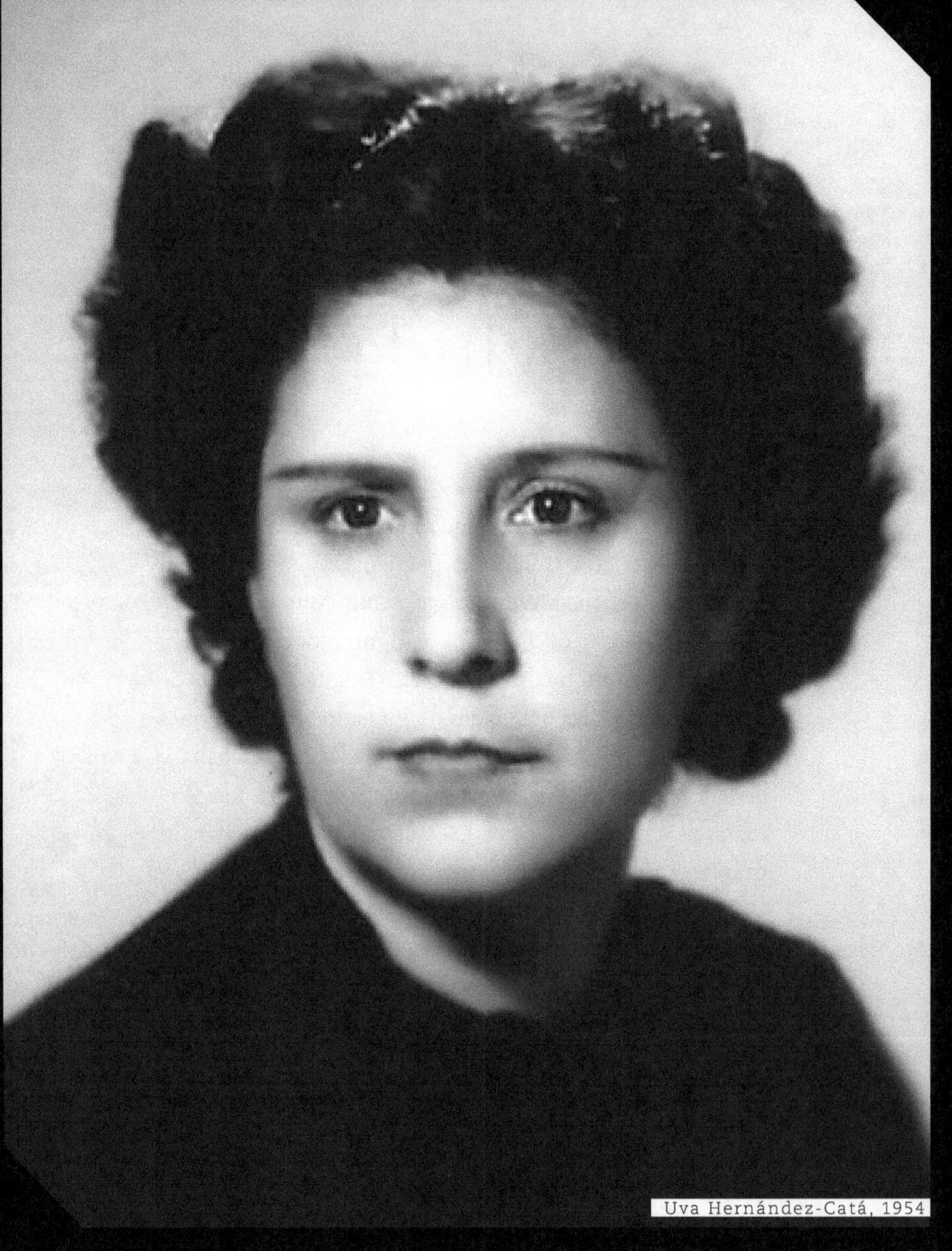
Uva Hernández-Catá, 1954

contó que Papi, poco antes de morir, la había aconsejado que nos enviara a esa escuela, pues deseaba que perfeccionáramos el inglés. Sus hijos mayores habían estudiado en Estados Unidos pero él sabía que Mami nunca se separaría de nosotras.) En el Ruston se almorzaba en el colegio, de modo que yo era la única que venía a la casa a mediodía. Mi madre y yo comíamos solitas en el gran comedor, ya que Gloria era aún pequeña para sentarse a la mesa. Los menús se habían hecho más sencillos y más al gusto de mi madre. A menudo nos servían un filetico con papas fritas y *petit pois*. En otras ocasiones, morcillas, huevo frito y arroz.

Más de una vez Mami me pedía que no regresara a la escuela por la tarde y fuera con ella a las tiendas. Como siempre he sido patológicamente responsable, le explicaba a mi madre lo importante que era mi educación, por lo cual no podía faltar al colegio.

Los miércoles en la tarde, sin embargo, que no había clases, a menudo planeábamos alguna salida juntas. Fue una época en que nos unimos mucho. Creo que esos tête-à-tête con mi madre me ayudaron a superar el gran dolor del fallecimiento de mi padre y tal vez fueran la raíz de nuestra estrecha relación, no ya como madre e hija, sino como amigas, que perduró hasta su muerte.

¡Qué diera hoy por sentarme de nuevo ante aquella mesa de color marfil y disfrutar junto a mi madre de sencillos alimentos! ¡Cuántas cosas que no supe expresar entonces le diría hoy! Todavía me parece escuchar el silencio que a veces nos envolvía, sentir su perfume y su sombra protectora.

El hombre del dril blanco

Tita Sara fue la Celestina. Organizó una de sus fiestas e incluyó entre los invitados a un hombre divorciado que le parecía perfecto para mi madre. Le pidió a Mami que lo llamara personalmente porque la lista era muy larga y así la ayudaría. El caballero en cuestión aceptó encantado y se ofreció a buscar a mi madre para llevarla. Ella, que manejaba con los ojos cerrados a casa de su madre, no aceptó en principios la oferta, solo cuando él insistió.

Lucía y yo estábamos cenando solas en el comedor. Se abrió la puerta que casi nunca se usaba y comunicaba con la sala. Entró mi madre, preciosa, acompañada por un hombre alto, bien parecido, que lucía un elegante traje. Mami nos lo presentó como Carlos Márquez Sterling. En cuanto se marcharon, casi de inmediato, Lucía y yo nos miramos. Si mi madre y Carlos se enamoraron esa misma noche en que se conocieron, también a nosotros nos conquistó aquel criollo vestido de dril blanco.

En los meses siguientes Carlos venía a visitar a mi madre todas las tardes. Se sentaban a conversar en las dos butacas

Caricatura publicada en *El Espectador Habanero*, julio de 1936

de la sala, donde estaba el tocadiscos. Luego, por las noches, hablaban por teléfono hasta la madrugada.

Nos fue ganando poco a poco. No perdía oportunidad para interesarse por nuestros estudios o amistades. Nos asombraba que de cualquier amiga o amigo que mencionáramos él parecía conocer el árbol genealógico. Si Lucía, a quien siempre le interesaron los deportes, comentaba del promedio de algún jugador, él traía a colación los récords de otros peloteros de las grandes ligas. Si yo estaba enfrascada en la lectura de una novela de Charles Dickens, él me contaba sobre la infancia de pobreza que había sufrido el escritor inglés. Era un hombre enciclopedia, pero sin pedanterías ni alardes, y con una verdadera ternura para con mi hermana Gloria, para entonces de unos cuatro años.

No sé cuánto tiempo transcurrió. No debió llegar al año cuando Carlos, que tenía dos hijos adultos y llevaba un tiempo divorciado, le pidió a nuestra madre que se casaran. Ella estaba enamorada pero pensaba que tal vez había transcurrido poco tiempo desde la muerte de papá. Acudió a mi hermano Bebo a pedirle consejo. (Estoy segura que ya Mamá Lila y Tita Sara habían aprobado el matrimonio.)

Mami contaba cómo Bebo le contestó que ponía una sola condición. Ella esperó ansiosa y no se imaginaba que le dijera:

–Deseo ser el primer testigo de la boda.

De ahí en adelante todos fueron preparativos.

Carlos Márquez Sterling

Carlos Guillermo de la Caridad había nacido en Camagüey, cerca del Central Francisco, el 8 de septiembre de 1898. Tanto su padre como su madre habían muerto cuando tenía unos tres años y su tío materno, Don Manuel Márquez Sterling, un prestigioso periodista y diplomático, lo adoptó. Don Manuel, cuya memoria Carlos veneraba, había muerto en 1934, justo después de negociar y firmar, en su posición de Embajador de Cuba en Washington, la abrogación de la Enmienda Platt. Carlos tenía una hermana mayor, Dolores (*Lolita*) Guiralt y Márquez Sterling. Él usaba los apellidos invertidos, primero el de su madre y tío, y después el de su padre. También contaba con una tía viejecita, Belén, que vivía en la Avenida Línea, en El Vedado, y que alguna vez visitamos. Me asombraba que pese a su avanzada edad tocaba muy bien el piano.

Carlos llevaba divorciado algunos años –no preciso cuántos– y no sostenía contacto alguno con su primera mujer. Tenía dos hijos: Carlitos, casado con Olga

Carlos Márquez Sterling y Néstor Carbonell Andricaín junto a miembros del Partido del Pueblo Libre, 1958

Gutiérrez, y Manuel. Cuando mi madre y él contrajeron matrimonio deberían tener aproximadamente treinta, y veinticuatro años, respectivamente. Ambos eran graduados en Derecho por la Universidad de La Habana.

Mi segundo padre –Lucía y yo siempre lo llamamos por su primer nombre; Gloria le decía *Daddy,* pero a ninguna nos ha gustado referirnos a él como padrastro, palabra de connotaciones negativas– era profesor de Ciencias Políticas en la Universidad de La Habana. Además, tenía un prestigioso bufete y notaría en la calle Amargura, en La Habana Vieja, que contaba con varios abogados, entre ellos Roberto Meleros –su esposa Merceditas mantuvo la amistad con mi madre toda la vida–, Rafael Rodríguez Torres y Antonio Álvarez Orozco, el cartulario, que redactaba las escrituras de la notaría. Trabajaban también allí su secretario, Guillermito Martínez, y el procurador Panchito Figueroa, flaco, desgarbado y de una fidelidad a Carlos a toda prueba. De Panchito, que nos visitaba con frecuencia, decíamos que por sus venas en vez de sangre corría café con leche, porque parecía ser el único alimento que ingería. (Mucho tiempo después, por azares del destino, conocí a su nieto y supe que Panchito perdió su pensión y fue marginado en Cuba por su relación con Carlos. También, cuando Carlos llevaba ya una década muerto, tuve oportunidad de revisar en el Archivo Nacional de Cuba el índice de los papeles de su bufete, donde comprobé el gran volumen de casos que atendían.)

Desde muy joven Carlos había figurado en la vida política cubana. Sus mayores logros fueron los doce años que fue electo y reelecto a la Cámara de Representantes, la cual presidió con tal acierto, que cuando la Asamblea Constituyente de 1940 se vio en aprietos, porque Ramón Grau San Martín no imponía las reglas parlamentarias, lo mandaron a llamar. La forma tan brillante en que Carlos condujo la Asamblea ha sido ampliamente reconocida.

También había servido de Ministro varias veces, pero siempre por pocos meses. Renunciaba cuando se tropezaba con la corrupción y no tenía cómo combatirla. En una República en que muchos políticos eran conocidos por la falta de honestidad, él era respetado por la suya.

Naturalmente que yo no conocía muchas de estas cosas aquel día que entró con Mami al comedor a conocernos a Lucía y a mí, con su traje blanco y su aura de caballero noble. Pronto supe, sin embargo, que era miembro del Partido Ortodoxo y que formaba parte de la oposición a Fulgencio Batista, quien había llegado al poder a través del golpe de estado del 10 de marzo de 1952, y había intentado dar legitimidad a su mandato con unas elecciones en 1954, en las que había sido el único candidato.

En algún momento me di cuenta que si alguien me preguntaba sobre sus posiciones políticas era mucho mejor limitarme a ubicarlo entre los oposicionistas pues no a todos les gustaban los ortodoxos, aunque a mis doce años no entendiera muy bien ninguno de los dos vocablos.

Ruston Academy

A principios de septiembre de 1956 comencé a estudiar el Ingreso al Bachillerato en Ruston Academy, que ese curso estrenó un moderno plantel en el Reparto Biltmore. Todo era nuevo en el colegio y también para mí. Venía de una escuela solo de niñas; esta tenía también varones. En Margot Párraga usábamos uniformes, no así en el Ruston, pero, sobre todo, el sistema de enseñanza era diferente. Comprendo hoy que se trataba de un lugar muy exclusivo, no porque hubiera que tener dinero –supe en una oportunidad que había estudiantes becados–, ni un cierto nivel social. Simplemente era necesario pasar un examen de admisión, parecido al *Scholastic Assesment Test* (*SAT*) que se utiliza en Estados Unidos para ser admitido a las universidades, pero en este caso para secundaria. Además, si no mantenías buenas notas, te expulsaban de la escuela. O sea, era un lugar para chicos inteligentes, con interés en aprender.

Fundado en 1920 por Hiram Hall Ruston, un profesor de inglés retirado, graduado de la prestigiosa Universidad de Harvard y amante de la poesía, el propósito original del colegio había sido preparar a los hijos de los estadunidenses residentes en Cuba para entrar a universidades de su país. En los años 40 se convirtió en una escuela bilingüe a la que también asistían cubanos y se amplió para incluir educación primaria. Con la ayuda de su hermana Martha, Mr. Ruston fue director del centro docente hasta su muerte, en 1946. Lo heredaron entonces James D. Baker y su esposa Sibyl, quienes lo convirtieron en una fundación sin fines de lucro.

Ruston Academy seguía el modelo americano en muchos aspectos. Había un *Student Council*, o consejo estudiantil, con representantes de cada curso, además de comités para organizar bailes, ocuparse del anuario, publicar el periódico *The Rustonian*, y varios otros. El colegio ofrecía estudios bilingües desde primaria y luego daba la opción de estudiar Comercio, *High School* o Bachillerato, o, como hacíamos muchos, los dos últimos al mismo tiempo.

Entre el estudiantado continuaba habiendo un gran número de americanos cuyos padres trabajaban en Cuba. El Ruston siempre mantuvo un récord sin paralelo en la admisión de sus estudiantes a las mejores universidades de Estados Unidos pues contaba con magníficos profesores, tanto americanos como cubanos, y probablemente de otras nacionalidades. Había una atmósfera de libre intercambio de ideas y dentro del marco de respeto, los estudiantes podíamos discutir con los maestros, incluso retarlos.

En el Ingreso al Bachillerato recuerdo entre mis profesores, especialmente, al Dr. José Russinyol, que enseñaba español. Era un hombre bajo de estatura, con amplias entradas y un gran sentido didáctico. Aunque yo traía una buena base en el conocimiento del idioma, debido a las enseñanzas de Gloria Álvarez Santullano durante la Primaria, gracias a Russinyol aprendí bien las reglas de acentuación y muchas de ortografía. En primero y segundo año de Bachillerato, la Dra. Beatriz Varela de Cuéllar amplió mis conocimientos del idioma. Nunca podré expresar suficientemente lo agradecida que les estoy a estos tres maestros, pues me inculcaron el amor a mi lengua materna y la curiosidad por adentrarme en sus misterios. La base tan sólida que me dieron me ha permitido llegar a ser la escritora que hoy soy.

La Dra. Alicia González-Recio de Aldaya despertó en mí una devoción inagotable por la historia, que aún me acompaña. Gracias a la Dra. Josefina Esteban incluso hoy en día recuerdo los nombres de los ríos y montañas de mi Isla. Carlos Alfaro me hizo

BACHILLERATO II

First Row (left to right): Olga Cano, Olga Malet, María Cristina Halley, Marta Rosa Morales, Maruta García Kohly, Uva Aragón, Nancy Kress, Silvia Pérez, Caridad Bravo, Ana Luisa Ramos, María Morera, Beatriz Rodríguez. **Second Row:** Gastón Herrera, Ignacio Suárez, Armando Hernández, Gerardo Viera, Otalio Soca, Oscar Klitin, Jorge Llansa, Rafael Valiente, Fernando Capablanca, Diego Roqué, Tony Recarey, Edgardo Marill, José Gutiérrez, Carlos Martín, Eduardo Sagaró.
Missing: George Stark, José Ramón Rivero, Luis Blanco.

Página del Anuario de Ruston Academy. Curso 1958-1959

ver –posiblemente sin darse cuenta– la similitud del álgebra con el pensamiento lógico y de los números con la poesía y la música. Aprendí a escribir cuentos durante aquellos inolvidables viernes en que Margarita Oteiza premiaba nuestra buena conducta con su lectura en voz alta de Edgar Allan Poe. Arnold Midlash me llenó de marcas rojas mis textos en inglés hasta que aprendí el uso de las preposiciones y los tiempos de los verbos. Con todos ellos estoy en deuda.

No solo los maestros fueron importantes para mí durante esos años. Mariada Arensberg, la secretaria, recibía las notas de los padres para excusar las ausencias y resolvía con dulzura un sinfín de problemas. La Dra. Estela Agramonte, directora de Bachillerato, me orientó en muchos aspectos. Yolanda Palmero, la profesora de Educación Física, nunca se burló de mis torpezas ni de mi incapacidad para saltar un cajón sueco. La bibliotecaria, Raquel Romeu, quien nos vigilaba, además, durante las horas que pasábamos en el salón de estudio, siempre atendía con entusiasmo y paciencia mis constantes solicitudes de libros, e incluso me sugería otros. Mr. Baker parecía multiplicarse, pues tan pronto se le veía con su guayabera blanca caminando por los pasillos, que reunido con un grupo de estudiantes para orientarlos o sirviendo de chaperón en uno de los bailecitos. La presencia de Mrs. Baker en las oficinas estaba siempre rodeada de un aura de elegancia y serenidad.

A la hora de la merienda, a media mañana, acudíamos al kiosco de Serapio, donde mis alimentos favoritos eran los *chocomilk* (leche con chocolate) y unos deliciosos bocadillos de jamón, queso y pepinillos en unos panecitos redondos. Todos le gritábamos a la vez nuestras peticiones y no sé cómo no volvíamos loco a aquel hombre que en unos pocos minutos tenía que atender a tantos estudiantes hambrientos.

Rememoro el gran salón de la cafetería y, sobre todo, aquellos pasillos sin paredes por los que transitábamos con la ligereza de nuestros pocos años y que, junto a los amplios ventanales, permitían que la luz y la brisa entraran generosamente a las aulas. En la gran terraza de pisos de mármol gris nos sentábamos a hacer las tareas y a conversar. También tenía otros usos como el de servir de espacio para cursos y evoco ahora uno utilísimo de apreciación de la música que recibí durante un semestre, a la hora del almuerzo. Fue impartido, ayudado por unas grandes bocinas, por el profesor Midlash. En otra ocasión, también fuera de las horas regulares de clase, asistí a una serie de charlas, esta vez en un aula, sobre historia del arte con la Dra. Ana María Banatyine, mediante el cual aprendí sobre el impresionismo, el puntillismo, el cubismo y otras formas de arte moderno. Ahí nació no solo mi amor por las artes visuales sino mi afán por desentrañar los misterios de cada lienzo.

En la terraza se reunía a veces a todo el alumnado para ocasiones especiales o encuentros cívicos. A finales de mayo de 1959 nos ofreció allí una conferencia el intelectual cubano Jorge Mañach, cuya residencia estaba prácticamente frente al colegio. En esas fechas Mañach, quien había estado exiliado durante el batistato, vivía un breve período de entusiasmo revolucionario. Después de su charla, en el período de preguntas, estuve tan impertinente con él que me da vergüenza contar los detalles. Siempre me he arrepentido de la arrogancia de mi juventud ante este gigante de nuestra cultura que dos años después moriría desterrado en Puerto Rico.

Muchas de mis amigas del Margot Párraga estudiaron también en el Ruston, pero comenzaron en Primer Año, de modo que al empezar en Ingreso, no conocía a ninguno de los compañeros de aula. Aunque había sido una niña tímida, en el Ruston fue como si floreciera. No temía preguntar en clase; es más, lo hacía constantemente. Hice amigos con rapidez, entre ellos tres que lo han seguido siendo a través de toda la vida: Nancy Kress, Martha Rosa Morales y Fernando Capablanca.

Nancy fue mi primera amiga judía. Sentía gran curiosidad por su cultura y su religión, y ella contestaba con paciencia mis preguntas. Aunque nunca había estudiado en colegios de monjas, casi todas mis amigas eran católicas. Nancy me abrió una ventana hacia un mundo nuevo. Entre muchas otras cosas creo que le debo a ella no solo mi admiración por el pueblo judío, sino mi capacidad de tolerancia con todo el que sea o piense distinto.

Martha Rosa era parlanchina, y yo, a pesar de los cambios en mi personalidad, seguía siendo más bien callada. Sin embargo, empatamos enseguida, por cuestión de química, esa misteriosa simpatía que hace que los seres humanos se identifiquen unos con otros. En los años venideros, ciertas circunstancias nos unieron aún más.

Con excepción de mis primos y los niños en la playa Veneciana, nunca había compartido mucho con varones. Hacerlo con mis compañeros de clase, sin embargo, no se me hizo difícil, quizás por el espíritu de camaradería que imperaba en todo el colegio. Sin embargo, de nuevo por esa inexplicable corriente de afinidad que une a los seres humanos, entre los chicos, Fernando Capablanca se convirtió en mi mejor amigo. Sentados en uno de los bancos de la terraza me enseñó ajedrez, ese complejo juego del cual su tío, José Raúl Capablanca, fue campeón mundial. No pude tener mejor maestro, pero fui pésima alumna y solo logré aprender a mover las piezas. También era Fernando quien me sacaba más a bailar en las fiestecitas. Muchos años más tarde le he preguntado por qué me distinguía, pues ni entonces ni a través de la vida en que hemos sostenido una estrecha amistad, ha habido en ninguno de los dos una atracción romántica. Supe entonces que era también su primer año en el Ruston, por lo cual le era difícil entrar en las piñitas que tenían otros de los chicos que llevaban más tiempo estudiando juntos, y que en cuanto a las muchachas, le atraía mi seriedad y afán de saber. Esas mismas características, supe también mucho después, ahuyentaban a otros chicos.

En ese curso de 1956 a 1957, en que tantos cambios positivos hubo en mi vida, Ruston Academy fue como una ráfaga de luz y aire fresco.

La boda de mi madre

Septiembre de 1956 fue importante no solo porque comenzara a estudiar en el Ruston. La boda de mi madre y Carlos Márquez Sterling se había fijado para el 28 de ese mes, tal vez porque era el día del cumpleaños de su hijo mayor.

Mami –supe las causas mucho después– decidió que nos quedáramos en nuestra casa y que Carlos y su hijo Manuel vinieran a vivir con nosotros. No deseó someternos a que cambiáramos de barrio ni vender la propiedad que nuestro padre nos había dejado. Aunque Carlos y ella estaban muy enamorados, nadie tiene garantías cuando contrae matrimonio, y si por alguna casualidad aquella unión no funcionaba, prefería actuar con prudencia.

Eso sí, se hicieron algunas modificaciones en la planta alta. Lucía y yo pasamos de ocupar una habitación en el frente, a otra en el extremo opuesto. No sé si se debía a la orientación de las ventanas o a que no se sentía el tráfico de la Calle 42, pero en las noches, con las persianas abiertas, podíamos escuchar los sonidos del mar. (No valoré entonces el gran privilegio de esa nana nocturna con que me arrullaban las olas, hasta que me fui de Cuba y el silencio no me permitía dormir.) Una terraza que nunca se usaba se utilizó para fabricar un nuevo baño para Mami y Carlos, y un salón de estudios para Lucía y para mí. Teníamos allí un amplio closet para nuestras ropas y un mueble empotrado que servía de librero, con dos tapas que se abrían, y fungían como nuestros escritorios. (Tiempo después mi madre mandó a hacer una gran mesa para darse masajes, pero que a nosotras nos era muy útil para estudiar.)

Coloqué con orgullo en el nuevo espacio mis primeros libros: esas ediciones de tapas amarillas y verdes que habían sido mis primeras lecturas; y nuestros gastados ejemplares de *La Edad de Oro* y de *El pájaro de lata*. Las obras de Medicina de mi padre se habían donado a la Universidad de La Habana, y los volúmenes de Carlos vinieron a ocupar nuestra biblioteca en la primera planta, un bello salón con libreros de madera hechos a la medida. Allí había estado la colección completa de los libros de mi abuelo, empastados en azul con las iniciales de mi madre que ahora pasaron a nuestro pequeño estudio, más todos los libros de literatura de mi padre, que incluían muchos de Stefan Zweig, A.J. Cronin, André Maurois, Axel Munthe, y otros que fui devorando. En los próximos años se añadieron nuevos títulos. Fue en verdad mi primera biblioteca, pues aunque la compartía con mi hermana, que también ha sido siempre entusiasta lectora, la sentía como propia

Pocas semanas antes de la boda, a finales de agosto, Manuel, el hijo menor de Carlos, fue unos días a Miami de vacaciones con uno de sus mejores amigos, Jorge Clavijo, y cosa que ahora parece absurda pero era costumbre entonces, fuimos al aeropuerto a despedirlos. Fue allí, en Rancho Boyeros, que conocí a mi nuevo hermano y a mi futuro esposo.

Para el día de la boda, que sería en la biblioteca, Mami nos mandó a hacer a mis hermanas y a mí unos vestidos azul prusia y blanco, que tenían una amplia falda. Mi madre estaba muy linda y un poco nerviosa. Fue una ceremonia íntima, solo con los familiares y amigos más cercanos.

Aquellas tres niñas que fueron vestidas iguales a la boda de su madre tuvieron, a partir de aquel 28 de septiembre, un magnífico segundo padre. Creo que ambos, Mami y Carlos, encontraron el gran amor de sus vidas. Contra viento, marea, exilios, enfermedades, dificultades, se mantuvieron muy unidos hasta la muerte de Carlos, casi treinta y cinco años más tarde.

Los nuevos hermanos

No preciso el momento en que conocí a Carlitos, el hijo mayor de Carlos, y su esposa Olguita, una muchacha bonita, sencilla y que quiso y aún quiere a mi familia con devoción. Creo que tal vez por su carácter o porque, cinco años mayor que Manuel, el divorcio de sus padres lo afectó más, Carlitos no aceptó tan fácilmente a mi madre. Pero ella, como años anteriores había hecho con mi hermana Silvia, se lo fue ganando poco a poco.

Manuel se sintió a gusto en nuestro hogar en cuanto se mudó. Tocaba a todo volumen música clásica y óperas. Pintaba. Aún puedo visualizar un retrato que hizo de Verdi, con su abundante barba y caballera cana. Nosotras siempre adoramos a Bebo, pero nunca habíamos vivido con él. Ahora teníamos un hermano *in situ* y nos desvivíamos por atenderlo, al punto que cuando viajaba una vez a la semana muy temprano a Matanzas –ya graduado de abogado necesitaba cumplir con requisitos prácticos y era el lugar más cercano disponible– Lucía y yo nos peleábamos por prepararle el café con leche y las

Manuel Márquez Sterling, hijo de Carlos, circa 1958

tostadas en la pequeña cocina de la planta alta. Para él, tener hermanas era asimismo una novedad, y tanto disfrutó y agradeció las que llegaron a su vida inesperadamente, que recientemente su esposa me comentó que por eso al casarse repetía que deseaba tener hijas. Y en efecto, fue premiado con tres.

Manuel comenzó a traer a sus amigos. Compró un juego de *croquet* y otro de bádminton, y a menudo pasábamos las tardes entretenidos con los partidos que organizaba. Me imagino que con permiso de mi madre, en uno de los costados del jardín de atrás hizo construir un pequeño estanque y una casita. Trajo varios patos, unos blancos, y otros de la Florida con preciosos plumajes de diversos colores, especialmente los machos. Les daba nombres de personajes operáticos: Sansón y Dalila, Pinkerton y Butterfly, etcétera. Cuando le dábamos pan y los llamábamos acudían de inmediato, y aunque entonces estaba segura de que respondían a sus nombres, ahora comprendo que era el alimento los que los alentaba a rodearnos.

Durante más de una temporada Manuel nos subscribió a los conciertos de la Orquesta Filarmónica Nacional. Eran los domingos, a las 11 de la mañana en el Auditórium. Contábamos con un palco en el bellísimo teatro. En camino a los conciertos, Manuel nos explicaba las características de los compositores en el programa de esa mañana. Confieso que al principio me aburría y pasaba el rato mirando a los asistentes y sus ajuares. (A nosotras nos encantaba escoger un lindo vestido para estas mañanas de domingo, porque además muchas veces en el intermedio los amigos de Manuel se acercaban a saludarnos.) Poco a poco, sin embargo, fue creciendo mi disfrute de aquellas melodías. No sé por qué comencé a visualizarlas. Algunas me llevaban a praderas cundidas de flores amarillas, otras me acercaban a un precipicio. Me despertaban alegrías, excitación, nostalgias, según el tempo.

Hubo un concierto que no olvidaré jamás. Igor Markevitch, el músico ruso, director invitado en la temporada de 1957-1958, dirigía la orquesta por última vez en La Habana. Era un hombre alto, delgado, más bien calvo, con unas manos muy grandes. Con la derecha movía la batuta, ora con rapidez, ora con lentitud, y con la izquierda parecía hablarle a cada instrumento. Esta vez no cerré los ojos, estaba fascinada por el director de la orquesta. No era la única. Al terminar, el público entero se puso de pie y le ofreció una larga y apretada ovación. Desde los palcos y todo el piso superior, los asistentes dejamos caer páginas de los programas que habíamos cortado en pedacitos. Por un instante daba la impresión que en aquella isla tropical, y dentro del teatro, nevaba copiosamente, como si nos hubiéramos trasladado a Kiev, la ciudad natal del gran maestro. Pocas veces, en mi ya larga existencia, he visto una audiencia más emocionada. Markevitch era sin duda muy querido en La Habana, especialmente por los amantes de la música que acudían con fidelidad a los conciertos.

También por esas fechas Manuel nos llevó por primera vez a la ópera. Tuvimos la oportunidad de escuchar *Aída*, en la voz de Renata Tebaldi. Nunca olvidaré "La Gran Marcha Triunfal" que incluyó hasta elefantes en escena. Cuando la Tebaldi cantó "Ah, tu dei vivere!" sentí una emoción inédita. Para el final, cuando Radamés expresó "Morir! Si pura e bella" y cantó a dúo con Aída "O terra addo", y finalmente, al morir la princesa etíope en los brazos de su amado guerrero, ya las lágrimas no me dejaban ver. De todas las funciones de ópera a las que he asistido en mis largos años, ninguna me ha conmovido tanto como aquella puesta de *Aída* en el Auditórium de La Habana.

El Carmelo estaba frente al teatro pero creo que fuimos en contadas ocasiones después de los conciertos. Por lo general, nos esperaba un suculento almuerzo en el hogar, con toda la familia alrededor de la gran mesa.

Nuestra casa, que con la enfermedad y muerte de mi padre se había llenado de sombras y silencios, ahora regresaba a la vida, con música, alegría, vida. Fueron años felices.

Nuestro segundo padre

Carlos –lo he comprendido más y más con los años– era un hombre muy sabio, no solo por su cultura enciclopédica sino por su forma de enfrentar la vida diaria y los momentos difíciles.

Para Gloria, que no había cumplido cinco años cuando él y Mami se casaron, y que no guarda recuerdos de Papi, Carlos fue su único padre. A Lucía y a mí nos fue ganando poco a poco. Por ejemplo, unas semanas antes de que comenzara mis estudios en el Ruston me pidió que le prestara el libro de texto que se utilizaba en el curso de Ingreso al Bachillerato, que en este caso, como en muchos anteriores, había heredado de mi hermana Lucía. Debió darse cuenta de que se lo entregaba con cierta cautela y para tranquilizarme

De izquierda a derecha, de pie: Alfonso, Sara, Alberto y José (*Pepe*) Hernández-Catá. Sentados: Carlos Márquez Sterling, Mercedes Galt Escobar (*Mamá Lila*), Uva Hernández-Catá y Uva de Aragón. Terraza de la casa de La Copa, circa 1957

me explicó que deseaba repasarlo para poder ayudarme si lo requería. Pocos días después me lo devolvió. Había hecho separar el grueso volumen en dos para empastarlos. Sin duda no solo estaban bellísimos, sino que era mucho más fácil usarlos. Siempre se lo he agradecido.

Confieso que al principio me creaba cierta molestia verlo sentado a la mesa del comedor en el puesto que antes ocupaba Papi, pero pronto su bondad y generosidad borró ese sentimiento. En realidad, era muy cuidadoso para que no creyéramos que intentaba sustituir a nuestro padre. No desperdiciaba ocasión para elogiar a Papi. Si alguien nos ponderaba, contestaba que veníamos de una gran familia y explicaba los logros de nuestro padre, no solo en su carrera médica, sino durante los dos años en que fue congresista. Si sacábamos buenas notas en Anatomía, comentaba lo orgulloso que se sentiría Papi, y así. Pronto se ganó por igual el cariño de mis hermanos mayores. Bebo y Silvia lo quisieron hasta sus últimos días, y Mamá Lila, Tita Sara, Tito Alberto y Tito Pepe ni se diga.

Si alguna conducta nuestra le preocupaba, se lo decía a Mami para que ella fuera quien nos hablara. Supimos así que no le gustaba que usáramos pantalones para salir, prefería que fuera solo en la casa.

Pronto nos dimos cuenta que él nunca contradecía a Mami –ni ella a él–, de modo que cuando queríamos permiso para algo, intentábamos pasarnos de listas:

–Carlos, ¿puedo ir hasta el mercado de Luis a comprar algo para la merienda? Mami dice que está bien si tú apruebas.

–Mami, Carlos me dio permiso para que fulanita de tal se quede a comer.

Claro, se trataba de cosas menores. Tampoco ellos eran tontos y no hubieran accedido fácilmente a nada peligroso o impropio. Contrario a cuando vivía Papi, Carlos y Mami salían muy poco por las noches. Les gustaba, sin embargo, invitar a amigos a cenar. Tenían muchos en común, como los Zéndegui. Nos visitaban y a veces se sentaban a la mesa destacados periodistas, entre los cuales yo sentía especial simpatía por Sergio Carbó y Gastón Baquero.

Aprendía en las sobremesas tanto como en las clases de Bachillerato. Carlos poseía un profundo conocimiento de la historia de Cuba. Había tratado a gran parte de las figuras públicas e intelectuales de la época.

Siempre tenía una anécdota jugosa a flor de labios. Sabía, por igual, de deportes, cine, literatura, historia universal, música. Nos encantaban los cuentos que nos hacía de casos que había resuelto en su bufete. Si uno de los caballos de batalla de Papi había sido que las mujeres de todas las clases socioeconómicas tuvieran acceso a cuidados prenatales, uno de los de Carlos fue que los hijos ilegítimos –y había muchos en Cuba– pudieran heredar. De alguna forma –lo he comprendido luego– mi madre escogió como maridos a dos hombres que contaban, como su padre, con un gran sentido de la justicia social. Agradezco que me lo hayan inculcado. Debo aclarar, sin embargo, que mi madre no era como ellos. Ya mayor yo la fastidiaba diciéndole que si había 3,000 víctimas de un terremoto en Perú ella ni se inmutaba, pero si moría el esposo de la princesa de Mónaco, guardaba luto por una semana. Era una exageración, pero se reía, porque tenía su pizca de verdad.

Recuerdo el año 1956 como un punto de inflexión que cambió mi vida. Antes que terminara, sin embargo, vendrían acontecimientos menos agradables, tanto personales como nacionales.

Apendicitis y el desembarco del *Granma*

A finales de noviembre de 1956, Fidel Castro, que había sido amnistiado por su liderazgo en el ataque al Cuartel Moncada, el 26 de julio de 1953, partió de México hacia Oriente con ochenta y dos hombres. Su propósito era formar un Ejército Rebelde y desde la Sierra Maestra montar una insurrección armada para derrocar a Fulgencio Batista. Divisaron las costas cubanas desde la embarcación *Granma*, el 1ro. de diciembre, y desembarcaron al día siguiente. En los combates contra el ejército de Batista, murieron la mayoría. Fidel Castro y once hombres más lograron adentrarse en las montañas.

En los primeros días de diciembre las noticias en La Habana eran confusas. Carlos conocía bien a Fidel. Había sido su alumno, y compañero de clases de su hijo Carlitos en la Universidad de La Habana. Además, ambos habían pertenecido al Partido Ortodoxo. Carlos hablaba de las inclinaciones gansteriles de Castro y creía que había que salir de Batista por medio de la oposición política y no con revoluciones o alzamientos. Estaba visiblemente preocupado. Con todo, la vida proseguía y en la noche del viernes 7 de diciembre mis padres reunieron a un grupo de amigos. Yo estaba rabiosa de no poder participar pero me sentía muy mal del estómago.

A la mañana siguiente, cuando me fui a levantar, me lo impidió un fuerte dolor en el lado derecho inferior del vientre. Rechacé la leche de magnesia que me habían traído, caminé como pude y toqué a la puerta del cuarto a mi madre para pedirle que buscara un cirujano pues tenía apendicitis. (No fue gran mérito que pudiera diagnosticar mi condición médica a los doce años; había crecido rodeada de doctores.) Aunque mi padre había sido director de la Clínica Miramar, cuando él murió, no sé si por recomendación suya o iniciativa propia, Mami hizo a toda la familia miembro del Centro Médico, el cual, por una módica suma mensual, nos daba derecho a los servicios del hospital. Lo dirigía entonces el Dr. Julio Sanguily. Mami lo localizó esa mañana de sábado, pese a que estaba de caza. Él se ofreció a regresar a operarme pero yo le hacía señas para que no aceptara. Deseaba que lo hiciera Enrique Echevarría, el antiguo asistente de mi padre que ya había acudido a confirmar mi diagnóstico. Echevarría no tenía privilegios para poder operar en el Centro Médico, pero Sanguily lo solucionó de inmediato Esa tarde de sábado me admitieron en el hospital. La cirugía se planeó para temprano en la mañana del domingo 9. Por la noche se quedó conmigo mi tía Lucía, hermana de mi padre. (En las familias cubanas siempre había alguna tía solterona, divorciada o viuda lista a prestar ayuda en estas situaciones.)

No pude dormir en toda la noche, no solo por la conmoción en el cuarto contiguo mientras le lavaban el estómago a un joven llamado Guillermo, que al parecer había ingerido demasiadas pastillas, sino porque estaba muerta de miedo. No me asustaba en lo más mínimo la intervención quirúrgica. Mis temores eran irracionales. Creía que los expedicionarios del *Granma* iban a llegar a La Habana y tomar el hospital. Solo las luces de la aurora me devolvieron la calma.

Cuando me entraron al salón de operaciones, enseguida vi a mi hermano Bebo con una mascarilla puesta. Quise bromearle de que no se fuera a desmayar como le había sucedido la primera vez que mi padre lo llevó al Calixto García para que lo viera operar, con lo cual desistió de estudiar Medicina, y se hizo abogado. Pero la anestesia me produjo efecto enseguida y ya no supe nada más hasta que me desperté en mi cuarto.

También fue a Bebo al primero que vi. Enseguida me dieron de alta. A los pocos días estaba bailando *rock and roll* en el bailecito de Navidad del Ruston.

Obviamente, la apendicitis no tuvo mayores consecuencias. El desembarco del *Granma*, sin embargo, cambiaría nuestra vida y la de Cuba.

---

13 de marzo de 1957

El descontento del pueblo cubano con la dictadura de Batista era generalizado, y con razón. A menudo se suspendían las garantías; la libertad de prensa era relativa; la corrupción gubernamental y los vínculos con la mafia iban en aumento. (Aunque de esto último no creo que toda la población estuviera informada entonces.) La policía no tenía piedad con los jóvenes que conspiraban, aunque es justo decir que aún funcionaban las influencias. Más de un muchacho preso salió de la cárcel y del país gracias a relaciones de familiares o amigos con alguien del gobierno.

En febrero de 1957 Herbert Mathews, periodista del *The New York Times*, subió a la Sierra Maestra y entrevistó a Fidel Castro. Lo describió como el Robin Hood

Sepelio de José Pelayo Cuervo. *Carteles*, 24 de marzo de 1957

de las Américas que deseaba para Cuba una justa distribución de la riqueza. Cuando el reportaje se publicó en el prestigioso rotativo de la Gran Manzana, Fidel Castro se convirtió en una figura internacionalmente conocida.

El Directorio Estudiantil Revolucionario, dirigido por Faure Chomón, y la Federación Estudiantil Universitaria (FEU), encabezada por José Antonio Echeverría, joven de profunda formación cristiana, mantenían gran actividad clandestina en la capital. Aunque habían firmado un acuerdo con el Movimiento 26 de Julio antes del desembarco del *Granma*, existen indicaciones de que en ambos organismos crecían inquietudes sobre la personalidad de Fidel Castro. No contaron con él cuando planearon tomar el Palacio Presidencial y asesinar a Fulgencio Batista. Al mismo tiempo, ocuparían Radio Reloj y anunciarían la muerte del dictador para que el pueblo se sumara a la lucha. El ataque se llevó a cabo el 13 de marzo de 1957, y por cuestión de minutos no se logró el primer objetivo. Por el contrario, murieron cuarenta de los sesenta y cuatro involucrados, entre ellos Menelao Mora, José Luis (*Pepe*) Gómez Wangüemert y, en un altercado con la policía después de la toma de Radio Reloj, el joven Echeverría. Mucho se ha escrito

GRAFICAS DEL ASALTO

En este camión llegó a Palacio parte de los atacantes.

Uno de los tanques que fueron enviados rápidamente desde Columbia para el asalto.

Este es el ómnibus de la ruta 14 que fue atrapado entre dos fuegos. Un pasajero resultó muerto y otros heridos. Se supone que algunos de los atacantes descendieron también de este ómnibus.

Vista interior del camión que utilizaron los atacantes para acercarse a Palacio.

Obsérvense las huellas de las balas que atravesaron en ambas direcciones del omnibus de la ruta 14 cogido entre dos fuegos, frente a Palacio.

Carteles, 24 de marzo de 1957

de este evento y no es el propósito de estas páginas adentrarse en los acontecimientos históricos de la época, solo narrarlos en cuánto a cómo afectaron mi vida y la de mi familia.

El ataque a Palacio nos sorprendió a todos en distintos lugares. Mis hermanas y yo estábamos en el Ruston, en el reparto Biltmore, lejos del lugar de los hechos; Carlos se encontraba en su bufete, en la Calle Amargura, en La Habana Vieja, y mi madre por las tiendas en la Calle Galiano. Manuel, que estaba pelándose en la Manzana de Gómez, fue el que estuvo más cerca y hasta escuchó los tiros. Pocas horas más tarde, todos en casa, comenzamos a tener más noticias y a comprender la seriedad de los hechos.

Después de la cena, Manuel insistió en ir a ver a su novia, Gloria Sánchez, hoy en día su mujer de hace más de sesenta años, y se marchó, pese a las advertencias de su padre de que era una noche peligrosa. Mucho más tarde, cuando ya estábamos acostados, se oyó el timbre de la puerta. Todos saltamos de nuestras camas y corrimos escalera abajo al piso inferior. Se perfilaban dos siluetas oscuras tras el grueso cristal de la puerta de entrada. A las preguntas de mi padre, una voz masculina respondió que era la policía. Carlos abrió el cristal, pero no así la reja. Uno de los policías le dijo que tenía que ir con ellos a la estación. Con la mayor serenidad, él preguntó si traían una orden de arresto. Le contestaron que no.

–Entonces –dijo– no puedo acompañarlos porque es una noche peligrosa y no debo dejar a mi familia sola.

Mi madre, nosotras las muchachitas, y los empleados domésticos, en pijamas o batas de casa, descalzos algunos, con pantuflas otros, lo rodeamos. El policía parecía desconcertado. Preguntó si podía pasar a llamar por teléfono.

–No, le contestó Carlos con cordialidad y firmeza a la vez. –No puedo abrir la puerta y poner a mi familia en peligro. Deje aquí a su compañero y vaya usted enfrente que hay un teléfono público. El policía lo obedeció.

En ese momento Manuel regresó de ver a su novia. Lo encañonaron. Con los ojos muy grandes nos señalaba hacia un costado, pero no entendíamos lo que trataba de decirnos. Carlos no abrió la reja aunque su hijo estaba del lado de afuera. Por fin regresó el policía y le dijo que podía quedarse. Se fueron. Cuando por fin Manuel entró nos dijo muy angustiado que a cierta distancia, donde desde la puerta no podíamos verlos, había dos carros de policías vestidos de civiles.

–Papá, venían a matarte.

–Bueno, pero no pasó nada. A dormir todo el mundo –dijo Carlos con la serenidad que siempre exhibía en momentos difíciles.

A la mañana siguiente recibimos la noticia del asesinato de José Pelayo Cuervo esa noche y vimos en la prensa la foto de su cadáver, que había sido tirado por la zona de El Laguito. Tomamos entonces conciencia del peligro que habíamos corrido. Pelayo Cuervo era del Partido Ortodoxo, al que también pertenecía Carlos. Ninguno de los dos había estado involucrado en el ataque a Palacio, pero nos convencimos que Manuel tenía razón. Si Carlos se hubiera ido con la policía lo hubieran matado. No sé si el asesinato de Pelayo Cuervo fue orden directa de Batista, pero sin duda esa noche su gente salió a la calle en busca de cualquier sospechoso.

En los meses de abril y mayo se extendió el terror. Algunos jóvenes que se habían refugiado en un apartamento en la calle Humbolt, después del ataque a Palacio, fueron asesinados por la policía de Batista. Cada día en Cuba corría más la sangre.

Cine, bombas y bailes de salón

A mediado de los años 50, el cine Miramar, en la 5ta. Avenida, esquina a la calle 94 –a unas veintiséis cuadras de nosotros, pues la numeración de las calles iba de dos en dos– se había convertido en el centro de encuentro de muchos jóvenes. Estaban en Hollywood muy de moda los musicales. En esa sala vi *Un americano en París* y *Cantando bajo la lluvia*, entre otros. Aunque me agradó la romántica escena de Gene Kelly, bailando ilusionado y enamorado en *Singing in The Rain*, ese género no era mi favorito. Se me hacía raro que los personajes de una historia se pusieran a bailar y a cantar en medio del desarrollo de una trama, por muy ligero que el hilo narrativo fuera. (La necesidad de leer y escribir historias verosímiles me acompaña todavía.) Prefería filmes como *Picnic*, *La condesa descalza*, *Stalag 17, Sublime obsesión, Para atrapar al ladrón, La ventana indiscreta, El puente sobre el río Kwai, Rebelde sin causa, De aquí a la eternidad, Vacaciones en Roma, Sabrina.* Las películas de Hollywood llegaban enseguida a La Habana y se mostraban dobladas al español, cosa que entonces no me molestaba.

Una de las primeras veces que me llevaron para ver un largometraje fue en 1951. El filme era *Quo Vadis* y hubo que sacarme al vestíbulo por el ataque de sollozos que me dio cuando echaban a los cristianos a los leones. Aunque filmada muy anteriormente, también me emocioné con *Lo que el viento se llevó.*

Había muchos actores y actrices de moda, y aunque no fui ni de niña ni de mayor de las que se enamoran de galanes de cine o televisión, tenía mis actores favoritos, como Cary Grant, Gregory Peck, James Stuart, William Holden. Entre las actrices me gustaba en particular Audrey Hepburn.

En la época que empecé a ir con Lucía al cine Miramar ya no lloraba en las películas, aunque tampoco me divertía tanto como ella quien, dos años mayor que yo, y siempre más sociable, se encontraba allí con grupos de amigas y amigos. Por eso tal vez no me importó demasiado cuando mis padres no nos dejaron ir más al cine. La decisión no fue arbitraria y la mayoría de nuestras amigas sufrieron la misma prohibición. La Habana no era una ciudad segura. La lucha para derrocar a Fulgencio Batista no se llevaba a cabo solo en las montañas de Oriente. En la capital el movimiento clandestino hacía estallar

Uva de Aragón y Fernando Capablanca, circa 1957

bombas casi todas las noches, ya fuera en una parada de ómnibus, un cine o un cabaret. A una muchacha joven, Urselia Díaz Báez, que iba a poner una bomba en el baño del cine América, en la calle Galiano, el artefacto le estalló y la mató. Creo recordar que en otro incidente, también en un baño, otra joven perdió un brazo.

Para entretenernos, varias madres se pusieron de acuerdo y emplearon a un profesor de baile de salón. Debió ser alrededor de 1957. Nos reuníamos en diversos hogares, especialmente en el de Martha Rosa Morales, en el Reparto Kohly, y en el de Drusila Gutiérrez, un apartamento con una preciosa vista del Malecón. Yo, que siempre había estado "colada" en los grupos de mi hermana, en los cuales, por ser menor, no me hacían caso alguno, por vez primera tenía un círculo de amigos propios, con el cual, además, no existía el temor de que nadie me sacara a bailar, pues todos participábamos.

El maestro se llamaba Karlos Echemendía y era muy guapo. Adornaban su rostro abundantes cabellos negros y brillosos, al uso de la moda, y un bigotico fino sobre unos labios siempre sonrientes. Era correcto, profesional y sabía borrar en sus jóvenes alumnos la timidez. Nos enseñó por igual los pasos del foxtrot –dos lentos, para atrás las chicas, para adelante los chicos, y uno rápido hacia el lado–, y del vals, con su pegajoso un, dos, tres. Seguimos con ritmos más criollos como el danzón, el bolero, y otros más movidos: merengue, mambo, cha cha chá y hasta el calipso, de moda en esa época. Creo que tuvo bastante éxito el maestro, hasta conmigo que soy tan torpe para moverme. Lo poco que sé bailar se lo debo a él.

Siempre había alguna madre de chaperona, entre ellas la Dra. Estela Agramonte, puesto que su hija Beatriz estaba en el grupo. Era la directora del Departamento de Bachillerato en Ruston Academy, pero en aquellas reuniones se comportaba como una madre más, y a ratos, después de las clases, me agradaba charlar con ella. Era una mujer muy alta y usaba vestidos demasiado largos, nada favorecedores. Era culta e inteligente y llegué a tomarle verdadero cariño. Me compenetré más con ella, cosa curiosa, que con su hija que era de mi edad. Muchos años después supe que era descendiente del patriota camagüeyano Ignacio Agramonte.

Entre mis parejas de baile, el más constante era Fernando Capablanca, no por mis habilidades danzando sino por la amistad que nos unía.

Después de las clases, una vez que se marchaba el maestro, a veces seguíamos bailando. Siempre los anfitriones servían merienda. También conversábamos, me imagino de lo que hablan los chicos a esa edad: estudios, cine, televisión, música. Guardo especial memoria de haber contemplado un crepúsculo desde al balcón de Drusila y de observar asombrada un destello verde, en el momento justo en que el sol se escondía en el mar, con el perfil de la ciudad de trasfondo. Fue un compañero quien me lo mostró pues había leído la novela de Julio Verne *El rayo verde*. Nunca he olvidado la impresión que me causó, como si hubiera tenido la visión de esmeraldas líquidas derramadas sobre los colores del atardecer habanero.

En casa de Martha Rosa, después de las clases, a menudo se acercaba uno de sus vecinos, un muchacho unos años mayor que nosotros y, como yo, ansiaba, ser periodista. Me sentía muy bien hablando con él sobre libros y nuestros respectivos sueños de escritores. A veces intercambiábamos cuartillas que habíamos pergeñado o nos alejábamos a algún rincón a leernos algún texto reciente. Una tarde Enrique López Oliva me pidió que fuera su novia y no dudé en decirle que sí.

Mientras, La Habana, Cuba entera se sacudía. Si algunos de los compañeros mayores e incluso los profesores dejaban de ir a clase un día nos preocupaba que los hubieran detenido. Era difícil distinguir la realidad de los rumores. Se decía que en las mañanas aparecían los cadáveres en las calles.

Era un momento raro en que convivían las bombas y los bailes de salón.

El primer novio

No sé qué tiempo fui novia de Enrique, unos meses, quizás un año. Hay varias cosas que no he olvidado de ese primer amor.

Pese a que lo había intentado varias veces, mi enamorado no había logrado entrar en la Escuela de Periodismo Manuel Márquez Sterling. Había sido Carlos, cuando por breve tiempo fue Ministro de Educación, quien le puso el nombre de su padre. Era un honor merecido, pues Don Manuel –lo he comprobado después– fue un magnífico periodista. Por influencias de mi segundo padre que actuó a petición mía, Enrique recibió el telegrama que le notificaba su admisión a la escuela. Hoy me parece una estupidez de ambos, pero él me pidió que besara aquel papel amarillo y yo me negué.

No sé por qué razón –tal vez por algún cumpleaños– un día me llegó una caja bellamente empaquetada de la juguetería Los Reyes Magos. Era un precioso burrito de madera. Tenía especial significación, pues días antes había participado en un concurso en el Lyceum con una composición sobre *Platero y yo*, de Juan Ramón Jiménez. La tarjeta la firmaba Enrique.

El 31 de diciembre del 57 la familia esperó el año nuevo en casa de Fernando Ortiz. Había mucha gente y aunque el país vivía momentos difíciles, los licores y la ocasión le ofrecían a los invitados una ilusión de alegría y esperanza. En uno de los portales de la casona del famoso intelectual cubano, Enrique me dio mi primer beso en la boca. Fue breve pero húmedo y no me agradó. Tuve la sensación de besar un pez.

En los próximos meses comenzamos a discutir, sobre todo durante las largas conversaciones telefónicas que sosteníamos. Primero sutilmente y luego de forma más directa. Enrique criticaba a Carlos. Sospeché que ello obedecía a que simpatizaba con el movimiento revolucionario. Esto último podría haberlo entendido, aunque no pensara igual, pero no podía comprender su falta de gratitud cuando le debía a Carlos haber logrado comenzar a estudiar periodismo. Además, mi lealtad hacia mi segundo padre era incondicional. Nos peleamos.

No supe más de Enrique hasta 1992, cuando recibí a través de una tercera persona una carta suya desde la Isla. En 1994, cuando, después de la caída de los regímenes del campo socialista, Cuba pasaba uno de sus peores momentos, el conocido como el Período Especial, logré conseguirle una invitación a la Universidad Internacional de la Florida, donde yo trabajaba. Nos vimos algunas veces más durante mis viajes a la Isla pero nada quedaba ya de aquel amor de juventud. Sin embargo, cuando recientemente me llegó la noticia de su fallecimiento en La Habana, sentí una gran tristeza, como si muriera también algo de la adolescente que compartió con él sus primeras cuartillas y su primer beso.

Más lecturas

Estoy convencida de que es una gran ventaja en la vida crecer en un hogar con una biblioteca.

En el verano de mis trece años devoré las obras de mi abuelo. Me conmovieron muchos sus personajes: aquella galleguita que trabajaba con entusiasmo en La Habana para mantener al niño que había dejado atrás, solo para enterarse al regreso a su tierra que le habían ocultado su muerte; aquel José María que se negaba a aceptar su homosexualidad por temor a manchar el honor de la familia, y aquel niño cubano que cruzaba con pavor el cementerio de Santa Ifigenia en Santiago de Cuba para llevarle quinina a su tío, alzado en la manigua durante la Guerra de Independencia. Aunque todos esos volúmenes se quedaron en nuestro hogar y nunca los recuperé, en el exilio fui reuniendo las obras de mi abuelo gracias a la generosidad de amigos que me las conseguían en España en tiendas de libros viejos. Comprobé, al releerlo, que era en efecto un gran escritor, y le dediqué mi tesis de doctorado, publicada por la Universidad Pontificia de Salamanca, en 1996.

Leía también lo que asignaban en el colegio, o lo que, sin ser lectura obligatoria, me ayudaba a ampliar los temas

Alfonso Hernández-Catá y Stefan Zweig, Brasil, 1940

de cada curso. Cuando estudiamos la Revolución Francesa, las biografías de María Antonieta y de Fouché, de Stefan Zweig, fueron más útiles que el libro de texto. Otros momentos históricos me llevaron a las biografías de la Reina Victoria, de Lytton Strachey y la de Disraeli, por André Maurois. De autores españoles leí *La hermana de San Sulpicio*, de Armando Palacio Valdés, que no estuvo, precisamente, entre mis favoritas. Preferí *Marianela*, de Benito Pérez Galdós. Me encantaron *Las confesiones de un pequeño filósofo*, de Azorín. Es más, a menudo he dicho que aprendí a escribir con él, un maestro del punto y seguido. Si *María,* historia romántica de un amor idílico, por Jorge Isaacs, me pareció algo empalagosa, *Huasipungo,* de Jorge Icaza Coronel me impresionó por su realismo brutal. De esos años de adolescencia también me sobrecogió la lectura de *La hora 25*, del escritor rumano Constantin Virgil Gheorghiu, ambientada en la Segunda Guerra Mundial, con las crueldades del nazismo y la deshumanización de los totalitarismos descritos con gran garra. Igual impacto me produjo *La piel,* de Curzio Malaparte, visión sarcástica de la vida cotidiana tras la liberación de Nápoles, en que la posguerra se me descubrió tan cruel como la contienda bélica.

Quizás porque mi padre había sido médico me fascinaron la *Historia de San Michelle,* de Axel Munthe y *La citadela*, de A.J. Cronin. Además de las biografías antes mencionadas, leí muchos otros libros de Stefan Zweig pues estaban todos en casa. Todavía no entiendo cómo nadie me contó, y lo vine a descubrir con el devenir del tiempo, la gran amistad que había sostenido mi abuelo materno con el autor austriaco, que incluso despidió su duelo en Brasil.

A los trece años, en el Havana Yacht Club, mientras las chicas de mi edad pepilleaban, yo me devoraba una versión para jóvenes de *Don Quijote de la Mancha*, hoy en día mi libro favorito, que debo haber leído al menos media docena de veces. En esos años leí asimismo a Julio Verne y a Eduardo Salgari, principalmente porque lo hacían los varones de la clase, y despertaron mi curiosidad.

A veces pasaba a la lengua de Shakespeare, en especial para devorar las obras de Edgar Allan Poe, tanto sus poesías y narraciones cortas como su teoría del cuento, la cual me fue de gran utilidad. También uno de mis maestros.

Entre los poetas, prefería entonces a Rubén Darío, Gustavo Adolfo Bécquer y Juan Ramón Jiménez. A los dos primeros los recitaba de memoria. Me conmovía el cuento que el bardo nicaragüense quiso regalarle a Margarita Debayle. Sufría la soledad con que se quedaban los muertos. Juan Ramón me inquietaba. Temía, como él, que nunca la inteligencia me diera el nombre exacto de las cosas. Martí, mi fiel compañero, siempre en mi cabecera, seguía siendo puerto seguro.

Releí con nuevos ojos los poemas que había escuchado de labios de mi abuela. "La canción del pirata", de José de Espronceda y "A buen juez, mejor testigo", de José Zorrilla cobraron otro significado. Antonio Machado se convirtió en uno de mis poetas favoritos. Me deslumbró Federico García Lorca y sus verdes se colaron en mis prosas de adolescencia. Descubrí a los poetas cubanos: La Avellaneda, Heredia, Plácido. No podía prever entonces que aquel soneto "Al partir", de la gran Tula, y el "Himno del desterrado", del cantor del Niágara, fueran a ser preludio de lo que viviría en un futuro ya muy cercano.

Otros dos libros que marcaron mi adolescencia fueron *El diario de Ana Frank* y *Buenos días tristeza,* de Françoise Sagan. El primero debí haberlo leído poco después de su traducción al español, en 1955, porque cuando conocí a mi amiga judía Nancy Kress, en 1956, ya lo había leído y le preguntaba sobre la persecución a los judíos durante la Segunda Guerra Mundial con interés y angustia, aunque me parecían hechos muy lejanos, ahora comprendo que, por el contrario, eran muy recientes. De las páginas del diario de Ana no solo me interesó el contexto histórico en que fueron escritas, sino la relación de una jovencita de mi misma edad con sus mayores. Hay una frase suya que he recordado siempre, sobre lo fácil que sería todo si no fuera por los demás. Refleja esa ingenua creencia juvenil de pensar cuán distinta podría ser la vida si lográramos cambiar la conducta de los otros, lo cual, ya adultos, sabemos que es imposible, que solo tenemos control de nuestras reacciones a sus comportamientos.

Apenas me acuerdo de la trama de *Bonjour tristesse*, pero sí del personaje central, una joven desilusionada de la vida, que, con el consentimiento de su padre, deja los estudios, y tiene su primera relación sexual. Intentaba imitar la sofisticación, no sé si de la protagonista del libro o de la autora que salía en la prensa con frecuencia en esos años. Hasta me robé un cigarrillo de mi tía Sara, y aunque nunca me atreví a encenderlo, pretendía frente al espejo que lo fumaba. En esos tiempos –debía yo tener unos trece o catorce años– vino a pasarse un verano a La Habana mi primo Ernesto, dos años mayor que yo. No sé por qué yo estaba esperando que me preguntara si era virgen, y me había inventado toda una historia, naturalmente falsa, sobre un misterioso amante, un hombre mayor y guapo. Como es natural, Ernesto nunca me hizo semejante interrogación y de habérmela hecho, si me hubiera atrevido a narrarle mi imaginaria aventura amorosa, no me la hubiera creído.

Cuando salí de Cuba, dos días después de cumplir mis 15, traje conmigo los tres libros que leía entonces: *El siglo de Luis XIV*, de Voltaire, *Emilio* o *De la Educación*, de Jean-Jacques Rousseau, y una biografía del filósofo suizo, que aún conservo. (Desde muy joven a veces he leído más de un libro a la vez.) No podía presentir entonces cuán importante sería para mí aferrarme a la idea de Rousseau que el ser humano es por naturaleza bueno.

Mis primeras publicaciones

Como tantos escritores, comencé mi carrera literaria con el periodismo, si puede llamársele así a las cuartillas que publicaba esporádicamente en *The Rustonian*, el periódico de Ruston Academy, hasta que pasé a ser parte del equipo de redacción del mismo. Me llama la atención ahora que lo primero que vio la luz con mi nombre en esas páginas rudimentarias, durante mi primer año de Bachillerato, fue una evocación nostálgica del curso anterior, bajo el título "Recordando..." Creo que en mi juventud, incluso más que en etapas posteriores de mi vida, me obsesionaba el tema de lo efímero de cada momento y la necesidad de apresarlo en la memoria o el papel. En esas fechas –debería ser octubre de 1957–, mi adorada Tita Sara se hallaba convaleciente en el hospital. Le habían encontrado cáncer y le habían extraído un pulmón. No se lo comunicaron, cosa que hoy me parece un grave error, y siguió fumando durante varios años (tampoco se conocía entonces lo dañino que era el cigarro), hasta que una década más tarde se enteró, al escuchar a unos médicos en Ginebra discutir su caso, cuando contrajo pulmonía. Dejó de inmediato el cigarrillo. (Sobrevivió esa y otras gravedades. Murió en 1980, veintitrés años después de aquella operación del pulmón.) Estoy segura de que a los muchachos no nos había confiado la seriedad de la cirugía, pues aunque la visité con frecuencia, no creo que sintiera gran ansiedad y preocupación.

Una tarde entré a su cuarto y me acerqué a su lecho henchida de satisfacción, con el periódico de mi escuela en la mano y aquellos pocos párrafos, que a mi manera de ver, eran la primera señal clara que sus augurios habían sido acertados: Sería, era ya, escritora.

Por esos años *The Rustonian* convocó a un concurso literario en el género del cuento. El mío quedó en primer lugar. Se titulaba "Mi amiguito el lechón", y describía la fiesta de Nochebuena en un hogar cubano, y la indignación de los niños cuando traían a la mesa el puerco asado con la manzana en la boca, pues lo identificaban con un personaje de una historieta infantil. El premio consistía en que podía comer todas las hamburguesas que deseara en la Cafetería Biltmore, cercana al colegio. Nunca lo cobré por temor a que me quitaran la tarjeta que me señalaba como ganadora. Claro, con los años he perdido aquella pequeña cartulina, pero conservo la alegría de este temprano reconocimiento de mi vocación literaria.

Tiempo después participé en un concurso en el Lyceum Lawn and Tennis Club, una institución de gran prestigio por su labor cultural y social, pese al nombre aparentemente frívolo. Mi composición sobre *Platero y yo* ganó una mención, o un segundo o tercer premio, pero por alguna razón los trabajos nunca fueron publicados como ofrecían las bases del concurso. Me sorprendió Tita Sara al decirme que se lo haría llegar a Juan Ramón Jiménez, quien vivía entonces exiliado en Puerto Rico y acababa prácticamente de recibir el Premio Nobel de Literatura, en 1956. No sé si lo hizo pero nunca tuvimos noticias suyas.

A principios de 1958 leí sobre un concurso para jóvenes en el *Diario de la Marina* y sin decírselo a nadie envié tres reseñas de libros. Desde casi niña leía a diario los periódicos, y semanalmente *Carteles* y *Bohemia.* En mi infancia recibíamos el mencionado *Diario*... y *El Mundo,* pero cuando Mami se casó con Carlos, llegaban también *Información* y *El Diario Nacional*, y por las tardes *Prensa Libre*. Leíamos asimismo *Alerta, Zigzag.* En fin, toda la prensa habanera entraba en nuestro hogar.

El domingo 2 de febrero de 1958, sin embargo, no nos echaron el *Diario de la Marina.* A media mañana alguien llamó a felicitarme porque aparecía un artículo mío en sus páginas. Salí corriendo como alma que lleva el diablo hasta la quincalla de Fuentes, a media cuadra, y pedí el rotativo. Allí, en esa tiendecita donde había comprado los primeros libros con mi propio dinero, abrí las páginas de *El Diario*..., busque ansiosa, y encontré, bajo mi firma, mi análisis de *Impaciencia del corazón*, de Stephan Zweig. Aunque son prosas juveniles, me sorprenden gratamente al releerlas, algunas frases como "estudio psicológico de los personajes", "vigor narrativo", "emoción dramática". El articulito iba acompañado de mi foto, donde a mis trece años sobresale la abundante cabellera negra, las cejas pobladas, la mirada inquisitiva y una media sonrisa algo pícara.

Creo que compré varios ejemplares del periódico, le enseñé mi colaboración a Fuentes, aquel hombre de gafas de pasta que se había convertido en mi amigo, y corrí a casa con tanta prisa como me había ido. Era la primera vez que mi nombre salía en letras de imprenta en un periódico prestigioso y me sentía en las nubes. Quería compartir mi alegría con toda la familia.

En domingos posteriores de ese mes de febrero, se publicaron mis otros dos envíos, uno sobre *El caballito verde*, de Anita Arroyo y Antonio Ortega, y el mismo texto u otro parecido, que había escrito sobre *Platero y yo* para el Lyceum De nuevo, por mucho que revisé la prensa con ahínco en los meses venideros, nunca publicaron los nombres de los ganadores.

DIARIO DE LA MARINA.–Domingo, 2 de Febrero de 1958

IMPACIENCIA DEL CORAZÓN, DE ZWEIG

"IMPACIENCIA del Corazón". Autor: Stefan Zweig. Colección Gigante. Comentario por Uva de Aragón Hernández-Catá, 13 años. "Impaciencia del Corazón" fue escrita por el famoso novelista y biógrafo austriaco, Stefan Zweig, quien nació en 1881 para morir en 1942, dejando la huella de su existencia a través de su labor literaria.

Uva de Aragón González - Catá,

Antes de empezar a narrar el tema de esta novela es necesaria una breve descripción de sus principales personajes. Sin un estudio psicológico de ellos es difícil entender el fondo de este libro magistral en él que se descubren las más íntimas sutilezas del alma humana.

Edith era una jovencita delicada, pálida, frágil, de grandes ojos grises, cuyas desgracias, preocupaciones y sufrimientos se cifraban en uno solo: Su incurable invalidez. Antes de quedar en tan lamentable estado Edith había sido una niña robusta y hermosa, de sanos matices, que corría, jineteaba y jugaba. Ahora, tras aquél horrible accidente, sus mejillas habían perdido el color, su cuerpo menudo se debilitaba y su corazón de niña, casi ya de mujer, crecía impaciente por amar.

No podemos, al hablar del principal protagonista de esta obra: el Teniente Antonio Hofmiller, calificarle con el adjetivo de malvado o canalla, aunque no fuera más que él el culpable de las desgracias de la pequeña Edith. No fue ni la torpeza ni la falta de sensibilidad lo que hicieron al joven Hofmiller culpable, sino el sentir compasión, esa compasión, que como dice el propio autor, no es más que la impaciencia del corazón por librarse lo antes posible de la emoción molesta que causa la desgracia ajena.

Este libro de tremenda emoción dramática es la demostración de que existen dos clases de compasión: una cobarde, sentimental y egoísta, y otra, la verdadera, que quizás menos sentimental pero más productiva y capaz de compartir el sufrimiento ser compadecido.

Se nos demuestra la existencia de estas compasiones mediante dos ejemplos: la que siente Hofmiller por Edith cuya consecuencia es el suicidio de ésta y la del buen doctor Condor por su esposa ciega, la cual no ama lleno de pasión pero si con todas las fuerzas de una compasión verdadera.

Al leer la maravillosa obra del autor de Amok encontramos que la fineza de la concepción, el vigor narrativo, la emoción dramática y la habilidad literaria llegan a su totalidad máxima, nuestra admiración hacia Stefan Zweig crece y nos hace considerarlo uno de los mejores escritores contemporáneos.

Cuando tenía unos once años mi abuela y mi tía Sara me hicieron un regalo de incalculable valor: la máquina de escribir que había sido de mi abuelo. Era negra y grande. Me cambió la vida. Siempre tuve una caligrafía endemoniada y aun antes de tomar clases formales de mecanografía en el Ruston, mis dedos se deslizaban ya por el teclado con rapidez. En esa Underwood tecleé breves prosas poéticas en las que volcaba inquietudes, temores, sueños, que reuní en un cuaderno que titulé "Estampas". Guillermito Martínez, el secretario de Carlos, las pasó en limpio. Me entregó un original y dos copias hechas con papel carbón. Una de ellas se la di a leer a mi profesora de historia, Alicia González Recio, quien me las devolvió con una carta con comentarios alentadores y sabios consejos. La guardo todavía.

Muchos años después recibí por correo en Maryland una de las copias de mis "Estampas". Me las enviaba desde Nueva York mi segundo padre con el consejo de que, unidas a otras viñetas escritas posteriormente, fuera pensando en publicar mi primer libro. Carlos, cuya salida de Cuba fue bastante azarosa, se había llevado consigo mis prosas adolescentes y las había guardado por casi tres lustros. Forman, en efecto, la sección inicial de mi primer libro *Eternidad*, publicado con prólogo del poeta Eugenio Florit, en Madrid, por Ediciones Plaza Mayor, en 1971.

Después que me fui de Cuba, en 1959, durante mi primer año en Estados Unidos, que fue el último curso que permaneció abierto Ruston Academy, mandaba a *The Rustonian* columnas mensuales tituladas "Desde Washington", en las que contaba mis impresiones sobre mi nueva escuela, la ciudad, el cambio de las estaciones y la sociedad americana.

En medio de los grandes aires de cambio que se vivían en Cuba, mi Tita Sara, con quien me carteaba, y a quien mandaba lo que escribía, logró colocar en *Información* dos cuentecitos míos.

Transcurriría un largo tiempo hasta que nuevamente un texto con mi firma se publicara en mi país.

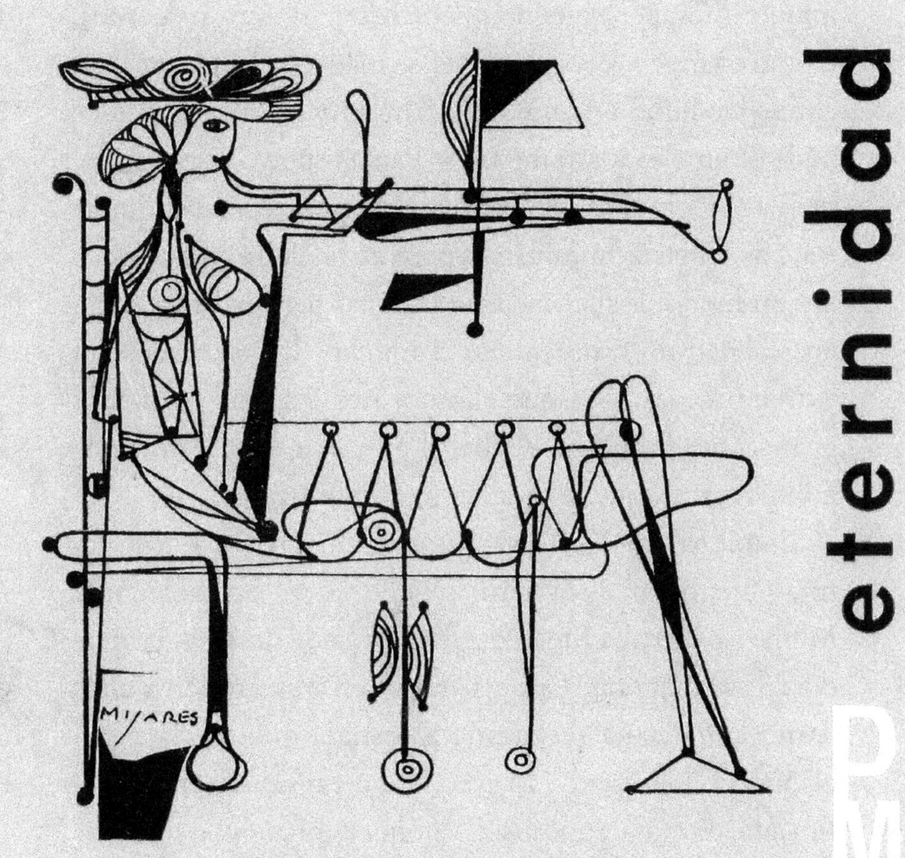

Eternidad, New York, Ediciones Plaza Mayor, 1971. Ilustración de cubierta de José Mijares

La otra familia

Es un tema del que suelo evitar hablar, a no ser entre mis más íntimos, pero que no puede faltar en estos recuerdos. Como en muchos hogares de clase media en La Habana, en el nuestro hubo durante mi infancia un número considerable de empleados domésticos. Para la época, se les pagaba bien y se les trataba con cariño. Hoy puede parecer que se trate de empleos humillantes pero en la Cuba de esa época era un modo de ganarse la vida. Estas personas formaban en realidad mi otra familia. A muchos los recuerdo con extremo cariño y sé que algunos nos echaron de menos cuando nos fuimos de Cuba, al punto, lo cual no deja de conmoverme, que se reunían para evocarnos.

Empiezo por las Tatas que nos cuidaron a Lucía y a mí, y luego a nuestra hermana Gloria. Ya he hablado de Meme (se llamaba Mercedes, pero una de nosotras la apodó de esa manera). La quise tanto en mis primeros años como comencé a rechazarla a medida que crecía y reclamaba mi libertad. No creo que mi disgusto era injustificado. En una época, solía ponerse brava por distintas razones e irse. Mi madre la buscaba en su barrio, le ofrecía un aumento y le rogaba que regresara. Hasta que mi abuela intervino para hacerle ver que Lucía y yo no necesitábamos ya una manejadora y que la dejara marcharse. No sé cuántos años yo tendría, quizás siete u ocho. Mamá Lila tenía razón. Nos sentimos liberadas.

Mi hermana Gloria tuvo tres manejadoras. La primera fue Tata Regina, una mujer de cierta edad, bajita, algo gruesa, de pelo cano, piel de color impreciso, que solía ocuparse de las criaturas solo hasta que cumplían el primer año. Indudablemente tenía gran experiencia con los bebés, pues calmaba a Gloria cuando se ponía majaderita –pensábamos que con cólicos– puntualmente a las 7 de la noche. Se me ocurre ahora que Tata Regina podría ser de origen español, pues yo le encargaba unas muñequitas que vendían en su barrio y que ella decía costaban, no 70 kilos, sino "siete reales". Todos la vimos partir con tristeza. Aún me parece escuchar el eco de las nanas con que dormía a mi hermana.

Luego vino Panchita, una mulata que siempre parecía estar recién bañada y perfumada, con un uniforme blanco almidonado y un pañuelo en el bolsillo de la blusa. Era generosa en carnes, de cara redonda y actitud alegre. Todas la queríamos. No recuerdo por qué se fue. Luego vino Pola, delgada, nerviosa y un poco misteriosa. Al final, pensamos que simpatizaba con la Revolución y que no se portó bien con nosotros, pero son suposiciones.

Siempre había una cocinera, pero la que estuvo más años fue Hilda, una mulata clara, delgada, nerviosa, que siempre estaba hablando de "sus cuatro negritos de Jacomino", el barrio donde vivía. Tenía dos hembras y dos varones. A veces los traía de visita. La mayor, Josefina, mostraba interés en estudiar y yo me ofrecí a prepararla para que tomara el examen de ingreso al Bachillerato. Gran parte del verano en que cumplí trece años lo pasé sentada en la terraza con Josefina, enseñándole el curso que yo acababa de tomar, y que consistía en varias asignaturas: Gramática, Matemáticas, Anatomía, Historia y Geografía de Cuba, y Moral y Cívica. Luchábamos con las reglas de acentuación, cuánto demoraba en llegar un tren de A a B según la distancia y la velocidad, los nombres de los huesos, las batallas en las guerras independentistas, los ríos y montañas de la Isla, y los deberes ciudadanos. Cuando a finales de agosto aprobó el examen y pudo aceptar la beca que le pedí a mi padre que ayudara a conseguirle, me sentí más satisfecha que cuando meses antes yo había alcanzado una nota de sobresaliente. Muchas veces a través de los años he pensado qué habrá sido de esa familia y he deseado que sus integrantes se hayan podido desenvolver bien en la Cuba revolucionaria.

Agustín Arango, en el jardín de la casa de La Copa, años 50

Josefina no fue mi única alumna. Ya antes había conocido a un chicuelo que andaba siempre mataperreando por el barrio. Era hijo de un bodeguero viudo. No sé cómo me di cuenta que no sabía leer aunque tendría ya unos ocho años. Me ofrecí a enseñarle. Al principio era difícil que viniera a casa, así que opté por darle las clases sentados en sendos cajones de madera al costado de la bodega. No solo aprendió, sino que empezó a ir a la escuela y apenas lo vi más. Después de tantos años, es una de las cosas que hecho en mi vida de la que más orgullosa me siento.

Había también chicas encargadas de la limpieza, entre ellas dos hermanas; Virginia, una negrita delgada y pizpireta, y Piedad, una mulata serena y elegante. No se parecían ni físicamente ni en carácter. Ahora pienso que tal vez fueran medias hermanas.

Desde que tengo uso de razón hasta que mi padre enfermó, Raúl fue nuestro chofer. Era alto, delgado, discreto y cariñoso. Jugaba mucho a la pelota con nosotras en el jardín. Me enseñó a coger *flys*. Lanzaba muy alto la pelota y me guiaba a donde debía colocarme y cómo alzar el guante. También nos explicó cómo orientarnos, al colocarnos con la mano derecha del lado que salía el sol, de modo que tuviéramos el norte al frente, el sur a la espalda y el oeste a la izquierda.

Raúl no dormía en casa como los demás empleados. Se iba en guagua a reunirse con su familia cuando ya mis padres no lo necesitaban más y regresaba temprano para llevarnos a nosotras a la escuela, y a mi padre a su consulta o al hospital. Tenía los domingos libres. Mami manejaba su carro, aunque Raúl la llevaba a lugares donde prefería no ir conduciendo, como a las tiendas en La Habana Vieja.

Al morir mi padre, Mami, me imagino que para ahorrar, despidió a Raúl, vendió los dos carros –Papi tenía un Buick, y ella un Chevrolet– y se compró un Chrysler color verde botella. Nosotros comenzamos a ir a la escuela en la guagua del colegio y ella se ocupaba de lo demás. Cuando mi madre se volvió a casar, Gabriel, que había trabajado por años con Carlos, se convirtió en nuestro chofer. Era un mulato ya entrado en años, alto, y muy leal.

Mi favorito era Agustín. Me imagino que era una especie de mayordomo, aunque no le dábamos ese título. Servía la mesa con uniforme, guantes blancos, y al estilo francés, realizando todo el ritual de llevar una bandeja de cada plato a los comensales y tantos otros detalles. Era un mulato alto, delgado, bien parecido, y ahora, mientras escribo, pienso que tal vez era algo amanerado y un poco aprehensivo. Una vez apareció una inmensa ave en nuestro portal, un aguaitacamán y Agustín estuvo aterrorizado hasta que vinieron a buscarla del zoológico. Tenía pasión con Lucía y conmigo. A mí me decía Uvín. Es la única persona que me ha llamado así.

En un momento dado, poco antes de que mi padre enfermara, Agustín decidió que quería ser cobrador de ómnibus. Nadie se atrevió a cortarle las alas. Por el contrario, lo preparamos para su nuevo trabajo como quien manda a un niño a la escuela por vez primera. Lucía y yo le repasábamos mil veces el cambio que debía dar según las monedas que le dieran: "Si te dan una peseta, Agustín, devuelves un real y dos centavos, pero solo el real si quieren transferencia…", y así.

Agustín, sin embargo, no se hallaba sin nosotros y al poco tiempo le pidió a mi madre regresar. Para esas fechas mi padre ya había muerto, apenas teníamos invitados a cenar y el presupuesto familiar se había disminuido. Mami logró, sin embargo, que su íntima amiga, Fidelia Gutiérrez de Soto Pradera, lo empleara. Allí lo vi varias veces cuando los visitaba, lo cual era una alegría para ambos.

Cuando Mami y Carlos se casaron, y tanto las visitas como el presupuesto aumentaron de nuevo, mi madre logró persuadir a Fidelia para que nos devolviera a Agustín. De esos años hay una anécdota deliciosa. Estábamos Lucía y yo con nuestros respectivos novios, y discutíamos cómo se les decía a las camitas portátiles. La mayoría estaba de acuerdo, y con razón, que se llamaban Pin-pan-pun, pero alguien insistía que Pin-pon. Cuando le preguntamos a Agustín, sin revelar ninguna de las dos versiones, nos respondió con una mucho más elegante:

–Esas camitas se llaman Canapés...

Por muchos años después que nos fuimos de Cuba, Agustín se escribía con mi madre y le rogaba que lo trajera. Ella, con una parienta de él que viajaba a Cuba, le mandaba ropa. Cierro los ojos y veo aún la caja con los zapatos, los pantalones, los calzoncillos, las camisas...Tal era su relación con mi madre que dos noches después de que ella tuviera un infarto muy grave en 1987 llamó desde La Habana porque había tenido un sueño de que algo le había pasado a la "Señora Uva", como siempre la llamó.

Durante el llamado Período Especial en Cuba, supimos por esa pariente suya, que Agustín se había suicidado. Se ahorcó. A mí todavía me cuesta trabajo creerlo.

En uno de mis viajes a Cuba, en 2016, cuando por fin pude recorrer la casa de La Copa, tan llena de recuerdos, varios empleados de la Embajada de Gambia que la tenían alquilada me dijeron a espaldas del Embajador, que creían que el lugar estaba embrujado. Me describieron, entre los fantasma que la habitaban, a Agustín, incluso con sus guantes blancos. Cuando compartí la historia con un sacerdote querido en La Habana, me pidió que le mandáramos a dar misas, porque ese hombre estaba tan apegado a nuestro hogar que no podía marcharse a otra dimensión. Así lo hicimos Lucía y yo.

¡Ay, Agustín querido, tan unidos a mis memorias más caras, vete ya a descansar a las alturas, que allá podrás reunirte con mis padres y tantos de la familia! Allá nos veremos algún día...

Electoralistas y revolucionarios

Desde unos meses después del desembarco del *Granma,* la oposición a Batista comenzó a dividirse en electoralistas y revolucionarios. Después del terror que siguió al ataque a Palacio el 13 de marzo de 1957, algunos miembros del gobierno intentaron abrirle camino a los primeros. En agosto de ese año Anselmo Aliegro, presidente del Congreso, aunó esfuerzos a través de una Comisión Interparlamentaria, para garantizar comicios limpios al año siguiente. Varios partidos se organizaban, entre ellos los ortodoxos libres, presididos por Carlos Márquez Sterling. Estas gestiones se vieron interrumpidas cuando Raúl Chibás, del partido Ortodoxo, y Felipe Pazos, un respetado economista que había dirigido el Banco Nacional durante la presidencia de Carlos Prío, pero sin filiación partidista, se fueron a la Sierra Maestra con Fidel Castro. Herbert Matthew, que en esos años no solo publicó reportajes favorables a Castro en *The New York Times*, sino que se entrometió en los asuntos de Cuba y en la política de Estados Unidos hacia la Isla, declaró que Fidel

estaba más fuerte que nunca y que al gobierno de Batista le quedaban apenas días. A partir de entonces la línea de Mathew fue presentar el panorama cubano como una lucha entre Batista y Castro, exclusivamente. Fidel declaró que no aceptaría unas elecciones hechas por Batista aunque fueran honradas. La oposición política y cívica se fue erosionando.

Ya a principios de 1957, Carlos decidió separarse de los ortodoxos y fundar el Partido del Pueblo Libre (PPL). Como era un hombre extraordinariamente cívico, se entrevistó con Jorge García Montes, Primer Ministro, y le aseguró que no conspiraría contra el gobierno. A cambio, pidió garantías para sus actividades políticas, y que antes de las elecciones se promulgara el código de 1943, que restablecía el voto directo y libre, y la representación en los colegios electorales de todos los partidos. Hizo públicas estas condiciones en un manifiesto que apareció en los más importantes rotativos del país, en agosto de 1957.

Los seguidores de Carlos, que provenían algunos de los ortodoxos y otros de los republicanos de Guillermo Alonso Pujol, hacían las inscripciones al Partido en distintas partes de la Isla y las traían a casa. El comedor se convirtió en la oficina central de los "Libres". Fue una labor de hormigas, en medio de acontecimientos violentos, especialmente en Oriente. No todos los grupos políticos alcanzaron el número requerido para constituirse en Partido. Los jóvenes Manuel Artime, José Ignacio Rasco, Raúl Martínez Arará, Orlando V. Castro y Andrés Valdespino, miembros de Liberación Radical, que era dirigido por Amalio Fiallo, se unieron al Partido del Pueblo Libre. Allí fueron acogidos con entusiasmo y publicaron un largo manifiesto en el que expresaban su apoyo irrestricto a la candidatura de Carlos Márquez Sterling. Hacían, así mismo, un llamado a sus compañeros de lucha revolucionarios, pues algunos de ellos provenían de las filas del 26 de Julio. Explicaban que habían decidido renunciar a la violencia, o como reza el documento, se lanzaban "tras la tesis de una solución pacífica en la querella cubana".

Antes de unirse al Partido del Pueblo Libre, los "jóvenes", como llamábamos en la intimidad a los líderes principales de Liberación Radical, se reunieron varias veces con Carlos. Cuando anunciaban visita se formaba tremendo revuelo, no solo porque para él sus respaldos eran importantes, sino porque a Lucía y a mí nos parecían muy guapos. Sabíamos que venían en una guagua que los dejaba en 5ta. Avenida y nos apostábamos en una de las ventanas vigilando hasta verlos bajar por la Calle 42. Hacíamos todo lo posible por estar cerca de la entrada cuando tocaran el timbre y saludarlos, como si el encuentro fuera casual. Estoy segura que ellos, ya de veinte y pico, y treinta y pico de años, preocupados por los destinos del país, ni se percataban de nuestra presencia. Yo incluso me escondía en la sala cuando se encerraban en la biblioteca para escuchar lo que conversaban. Fiallo me parecía el más apuesto, y Rasco el que decía cosas más inteligentes. Muchos años después sostuve una amistad entrañable con Rasco a quien este cuento le hacía mucha gracia, con excepción de que encontrara mejor parecido a Amalio Fiallo, con el cual también tuve oportunidad de compartir durante su exilio en Caracas. A Artime no lo volví a ver. Fue uno de los líderes de la invasión de Bahía de Cochinos y murió joven, a los cuarenta y cuatro años, de cáncer. Ángel Castro siguió siendo fiel amigo de mi padre, incluso acudiendo a las misas por su alma que le ofrecí anualmente, después de su fallecimiento en Miami, en 1991.

Un esfuerzo fallido

Muchos políticos cubanos se exiliaron en Miami durante los últimos años de Batista. Carlos lo consideraba un error. Si no se unían en una oposición cívica y concurrían a las elecciones, le dejaban el camino abierto a una revolución que él veía con sospechas, no solo porque no tenía un buen concepto de Fidel Castro, sino porque creía firmemente que los males de la democracia –lo cual podía incluir en nuestro continente el surgimiento de "hombres fuertes" como Batista– se combatían con más democracia. Lo suyo era la política, es decir, el arte de lo posible. La urna, no el fusil. El lema de su campaña fue "Ni con botas ni con balas: con votos". Era sincero.

El exilio de entonces no era como el que vino después. Aquellos personajes seguían recibiendo los honorarios de sus bufetes y notarías, las rentas de los edificios de su propiedad, sus sueldos como profesores universitarios. No era amargo el pan, que no faltaba. Se dedicaban los hombres –pocas mujeres se involucraban entonces en la esfera pública– a ver de qué forma se lograba salir de Batista.

Con este motivo, convocaron en los primeros meses de 1957 a una reunión de varios líderes en Miami con la intención de llegar a un consenso, un frente común. Invitaron a Carlos. Mi madre y mi hermana Lucía lo acompañaron. Fueron también Héctor Pagés, su mujer, su hijo, y la novia de este. Entre los políticos que acudirían a la reunión estaban Emilio (*Millo*) Ochoa, Antonio (*Tony*) Varona y dos o tres más.

Yo me quedé encantada de dueña de casa, disponiendo el menú del día y cenando con Manuel en el gran comedor. Sería un viaje de dos o tres días. Mi infantil ilusión de asumir el mando duró muy poco. A la mañana siguiente Mami llamó informando que los fuéramos a esperar pues llegaban esa noche. No dio explicaciones, pero por su tono de voz y lo abrupto del regreso sabíamos que nada bueno había sucedido. Cuando se bajaron del avión, Lucía cojeaba y mi primer pensamiento fue que le habían dado un tiro. En cuanto la tuve cerca la abracé llorando.

No los habían baleado, pero al salir del aeropuerto de Mami un grupo del 26 de Julio los esperaba con huevos, tomates y piedras. Mi hermana quiso proteger a Carlos y le golpearon la cara y un muslo. No obstante, la reunión tuvo lugar al día siguiente. La postura de Carlos había chocado en el pasado con la de la mayoría de los políticos que solo admitían que Batista se marchara de Cuba. Márquez Sterling apostaba por una salida negociada, con un calendario y condiciones que el gobierno debía cumplir. (Los chilenos lograron que Augusto Pinochet dejara el poder con esa fórmula, décadas posteriores.) No se pusieron de acuerdo.

Sin embargo, al parecer, los políticos en Miami no las tenían todas consigo. En noviembre de ese año se reunieron de nuevo representantes del 26 de Julio, los Auténticos, los Ortodoxos, el Directorio Estudiantil 13 de marzo, la FEU y el Frente Obrero Revolucionario. (Esta vez no invitaron a Carlos.) Constituyeron la Junta de Liberación Cubana y condenaron las violaciones a los derechos humanos hechas por el gobierno de Batista. Eligieron presidente provisional a Felipe Pazos, que al igual que Raúl Chibás se había marchado hacía algún tiempo de la Sierra Maestra hacia el exterior en busca de fondos para el movimiento revolucionario. Castro montó en cólera. No iba a dejar que otros impusieran sus criterios o nombraran presidentes cuando él se estaba jugando la vida en las montañas. No aceptaba otra solución que la toma del poder por el Movimiento 26 de Julio. Anunció que al triunfar haría cesar el Congreso, el Tribunal Supremo, los sindicatos. En fin, planeaba desmantelar todas las instituciones republicanas. Visto ahora, parece increíble que tantos políticos y el pueblo cubano no se alarmaran con estas señales. Hay que reconocer que la prensa extranjera y gran parte de la cubana contribuyeron a esta ceguera.

Los "Libres"

Desde que se creó el Partido del Pueblo Libre hasta las elecciones del 3 de noviembre de 1958, La Copa era un hervidero de gente. El aroma del café inundaba los salones, entre preocupaciones y entusiasmo. Evoco con afecto a muchas personas de aquellos años que tanto marcaron mi vida.

Uno de los que enseguida se ganó mi cariño fue Néstor Carbonell Andricaín. Provenía de una prestigiosa familia que había incluso estado vinculada a José Martí. Néstor, entre otras cosas, había presidido la Cámara de Representantes en los años 40. Nada de eso sabía entonces. Simplemente me simpatizaba aquel criollo de guayabera blanca y sonrisa fácil, siempre con una frase de elogio en los labios, hasta para aquella adolescente que desde los rincones observaba cuánto sucedía a su alrededor con ojos de asombro. Además, tras su eterna jovialidad, tenía la cabeza bien puesta. Sabía aconsejar a

Carlos, que lo escuchaba. Fue incondicional en su búsqueda de una solución pacífica para Cuba.

Otros que nos visitaban frecuentemente eran el destacado abogado y diplomático Pedro Martínez Fraga; su hermano Antonio, secretario del partido y candidato a Senador por Las Villas; Ramón Mestre y Eddy Arango. Recuerdo otros nombres y creo que algunos fueron candidatos a distintas posiciones pero no quiero fiarme de mi memoria. Sí sé que Carlos Márquez Sterling II, el hijo mayor de Carlos, quien había estado muy activo en la FEU en su vida universitaria, aspiró a representante.

Nena Coll, que provenía de las filas del autenticismo, no apoyó a Ramón Grau San Martín, el otro candidato de peso, sino a Carlos; fue la única figura femenina importante con que contamos, pero tampoco abundaban. El Partido del Pueblo Libre sí tenía, al igual que otros partidos, una sección de mujeres que colaboraban. Así se hacían las cosas entonces.

Como Carlos recibía muchas amenazas, fue necesario que tuviera guardaespaldas las veinticuatro horas del día. Se turnaban, entre otros, Rodolfo Lausirica, su gran amigo "el gordo" Oswaldo Ruiz Oliveira, y mi tío Pepe, que nunca en la vida se tomó algo con mayor seriedad.

A menudo se sentaban a la mesa a cenar con nosotros periodistas, entre ellos Sergio Carbó, director de *Prensa Libre*, que escribió un magnífico editorial apoyando a Carlos, aunque con anterioridad habían tenido alguna desavenencia. Era un hombre mediano de estatura, con unos ojos azules de mirada penetrante y una inteligencia preclara. En cuanto supo mis inquietudes literarias, siempre se detenía a conversar conmigo y a animarme. No lo hacía con condescendencia sino con genuino interés, pues durante su exilio en Madrid, cuando el gobierno de Gerardo Machado, había tenido amplio trato con mi abuelo Don Alfonso y toda la familia Hernández-Catá. Muchos años después tuve el honor de que se me otorgara en Miami un premio periodístico que lleva su nombre.

La campaña política consistía en comprar páginas completas en los periódicos, dar mítines donde se pudiera, incluso en el propio patio de la casa, y comparecencias por la televisión. El mensaje de Carlos era muy claro. Ofrecía, que de ganar, otorgaría una amnistía general a todos los presos políticos, con garantías plenas a los revolucionarios para que se incorporaran a la vida política del país. Prometía elecciones generales en dos

Carlos y colaboradores del Partido del Pueblo Libre, en la biblioteca de la casa de La Copa, circa 1958.

años, a las que no se presentaría como candidato. Buscaba ser una figura de transición que lograra que el ritmo constitucional del país, roto con el golpe de estado del 10 de marzo, no resultara el total descalabro de la República.

Carlos quiso hacerle llegar este programa directamente al pueblo de Cuba. Para eso logró, con ayuda de sus seguidores, comprar espacios de varios minutos –por lo general quince– en los principales canales de la televisión. Antes de estas comparecencias, que eran siempre en vivo, el equipo de guardaespaldas mandaba por anticipado un par de hombres a las estaciones, pues las amenazas de que pondrían bombas eran constantes. Tanto fue así, que la CMQ optó por llevar las cámaras a casa y que Carlos hablara desde nuestra biblioteca. Una noche, llena la planta baja de camarógrafos y técnicos, nosotros lo escuchábamos desde el piso de arriba en la pantalla chica mientras le hablaba al pueblo cubano. De pronto, hubo una explosión. Todos nos paralizamos. Estábamos seguros de que le habían dado un tiro o puesto una bomba. No nos dio tiempo a movernos. Con toda calma él explicó que se había roto una de las luces y continuó hablando como si tal cosa.

No era el único susto que pasaríamos en esas fechas.

La Artística Gallega

A inicios de 1958 la situación en el país era cada vez más difícil. Por gestiones del embajador americano Earl T. Smith, el gobierno restableció las garantías. En cierto aspecto Carlos se benefició porque tuvo una comparecencia en un panel en la CMQ en que expuso, con gran claridad, los peligros del abstencionismo en el proceso electoral, pero también lo perjudicó. Castro utilizaba las garantías no solo para combatir al gobierno de Batista sino a los electoralistas, y en especial a Carlos, el que ganaba más terreno. Los otros dos candidatos que se presentaron a los comicios fueron Ramón Grau San Martín, que apenas hizo campaña y al final fue a la retracción, y Alberto Salas Amaro, un hombre bien intencionado que habían heredado los partidarios de José Pardo Llada, pero que no era conocido a nivel nacional. El candidato elegido por Batista para sustituirlo, Andrés Rivero Agüero, era una persona bastante anodina. Daba lo mismo, pues los cubanos querían que Batista y su gente salieran del poder. Carlos era un político respetado por su brillante actuación como

Presidente de la Asamblea Constituyente en 1940, y porque, cosa rara en Cuba, tenía fama, y con razón, de ser honesto.

En febrero de 1958 Castro promulgó desde la Sierra Maestra una ley que dictaba las ejecuciones ante pelotones de fusilamiento a todos los que colaboraran con el gobierno de Batista y a mediados de ese mes se abrió el frente revolucionario en las montañas del Escambray.

En medio de la violencia e incertidumbre que se vivía, el Partido del Pueblo Libre llevó a cabo su convención para que los delegados proclamaran la candidatura presidencial de Carlos Márquez Sterling con Rodolfo Méndez Peñate, respetado profesor y antiguo rector de la Universidad de La Habana, como Vicepresidente. En cuanto mis padres y sus guardaespaldas llegaron a la Artística Gallega, cuyos salones se habían podido conseguir para el evento, les advirtieron que había un gran número de fidelistas y comunistas sentados en la audiencia. La policía les ofreció sacarlos pero Carlos se negó.

Estaba al micrófono Antonio Martínez-Fraga como Secretario del Partido, cuando un grupo de unos treinta o cuarenta hombres se levantaron con banderas rojas y negras del 26 de Julio, gritando mueras a las elecciones y sembrando el pánico. Los "Libres" pelearon a piñazos, lograron arrebatarles al menos uno de los banderines y expulsarlos del local. Uno de los hombres de Carlos bajó del fondo de la tribuna a uno de los agresores cuando estaba próximo a alcanzar a Márquez Sterling, quien iba armado y disparó a lo alto para asustarlos y restablecer el orden.

Pese al mal rato, la asamblea continuó con un acalorado discurso de Amalio Fiallo, gran orador, y del propio Márquez Sterling, que advirtió una vez más de la necesidad de derrocar a Batista pero también de cerrarle el paso al triunfo de la Revolución, que traería funestas consecuencias al país.

Llegaron a casa haciendo todos los cuentos. Hablaban a la vez y con gran excitación. Alguien guardó en uno de los closets de la entrada el estandarte del 26 de Julio. A mi hermana y a mí lo que más nos angustiaba era el peligro que habían corrido nuestros padres. No eran infundados. Cuando Carlos se fue a cambiar de ropa, mi madre se dio cuenta que el traje y la camisa que llevaba estaban rajados, e incluso él tenía un arañazo en la espalda, al nivel de los riñones. El hombre que habían bajado de la tribuna había tratado de apuñalarlo. El plan había sido asesinarlo. Pronto se confirmaron estos temores pues la policía los apresó. No sé si porque no quería ninguna complicidad con el gobierno de Batista, o por temor a represalias mayores de parte del 26 de Julio, Carlos prefirió no acusarlos.

Los sobresaltos no terminaron ahí. Pocos días después apareció en el portal un paquete sospechoso. Se abrió con precaución. Traía una camisa de cuadros que reconocieron como la que llevaba uno de los asaltantes de la Artística Gallega. Estaba llena de sangre. Venía acompañada de una nota anónima: "La sangre de esta víctima caerá sobre tu cabeza". En la convención no hubo ningún muerto y la sangre resultó no ser humana. Pero así vivíamos, de susto en susto.

Una visita inesperada

No éramos los únicos bajo amenazas. Por esas fechas las trasmisiones desde Radio Rebelde, además de elogiar a los revolucionarios y de combatir a Batista, intimidaban constantemente a los electoralistas y al pueblo para que bajo ninguna circunstancia fueran a votar. Castro temía que si Batista dejaba el poder y se lo entregaba a la oposición pacífica, su razón de ser dejaba de existir.

No solo cundía el miedo debido a estas alocuciones radiales, sino por las extorsiones a azucareros, ganaderos y cafetaleros para que contribuyeran económicamente con el Movimiento 26 de Julio. Muchos lo hicieron. Es justo decir que tampoco los "esbirros" de Batista eran santos. Algunos cubanos pensaban que el dictador no había liquidado a las guerrillas porque lo justificaban en el poder, y que luego se le había ido de las manos. En La Habana, lugar que afectaba más directamente nuestra vida diaria, los grupos clandestinos que ponían bombas y tiraban cocteles molotov todas las noches, sufrían continuas represalias. La cifra de los 20 000 muertos que le achacaron a Batista es exagerada, pero sin duda hubo muchas personas torturadas y asesinadas en esa época.

Otro acontecimiento singular en esos meses tuvo lugar el 23 de febrero de 1958. Miembros del 26 de Julio secuestraron al argentino Juan Manuel Fangio, uno de los automovilistas más importantes del momento, que se encontraba en La Habana para participar en unas carreras en el Malecón. Se lo llevaron sin violencia en pleno *lobby* del hotel Lincoln, lo trataron bien, lo trasladaron de lugar varias veces, hasta que lo entregaron por fin a la embajada de Argentina. Las carreras se llevaron a cabo sin él. Sin embargo, acabaron trágicamente, pues uno de los participantes perdió el control de su auto en una curva y arremetió contra el público. Hubo ocho muertos y cuarenta heridos.

No resultaba extraño que en medio de esta violencia hubiera gestiones del embajador Smith para que Batista hiciera comicios honestos. La Iglesia Católica, por su parte, pidió al General que llamara a un gobierno de Unidad General. Ambos esfuerzos fracasaron por múltiples razones.

A finales de marzo de ese año tuvimos una visita totalmente inesperada. Uno de los secretarios de Carlos subió a la planta alta y le anunció que abajo estaba Herbert Matthew, quien deseaba verlo urgentemente. En medio de su asombro, Carlos le indicó que lo hiciera pasar. (Cuando Manuel se casó en enero de ese año, uno de los cuartos que ocupaba se convirtió en la oficina de Carlos, donde estaba más protegido que en la biblioteca situada en la planta baja; en el otro se hizo un salón de estar y ver televisión, al que llamábamos "el cuarto verde", por el color de los cómodos butacones de cuero. Fue en ese saloncito que Carlos recibió al periodista del *The New York Times*.) Nadie los interrumpió y al cabo de una media hora, aproximadamente, el americano se marchó muy descompuesto. Carlos estaba enfurecido y nos contó lo que había sucedido.

Él pensó que Mathew venía como periodista a entrevistarle. No lo extrañó que se hubiera informado sobre su familia, y le recordara las luchas de sus antepasados por la libertad de Cuba y la suya propia contra Gerardo Machado. Lo que no se esperaba es que le preguntara por qué no apoyaba a Castro y mucho menos que le entregara un documento con veintidós puntos, que aún no se había hecho público, en que Castro convocaba a una huelga general en abril.

Carlos lo leyó y se lo devolvió con el comentario de que Castro estaba apoyado por los comunistas, de lo cual Mathews se rió y se deshizo en elogios al líder revolucionario.

Herbert Matthew y Fidel Castro en la Sierra Maestra.
Foto publicada en *Bohemia*, 10 de marzo de 1957

Carlos no pudo contenerse. Le recordó que la Enmienda Platt ya se había derrocado, y que él, aprovechando su condición de periodista, estaba interviniendo en los asuntos de Cuba. Ahí fue donde terminó la reunión abruptamente. Una hora después el Embajador Smith lo llamó a preguntarle qué había pasado, y Márquez Sterling, con su gran sentido del humor, le contestó que "lo había visitado un fidelista disfrazado de americano", pero, ya en serio, le insistió sobre sus sospechas de que los revolucionarios tenían ayuda internacional de los comunistas. (Personalmente no recuerdo que estos temores los hiciera públicos durante su campaña, tal vez por no coincidir con el gobierno de Batista que lanzaba esas acusaciones, o probablemente porque no tenía confirmación. Sin embargo, en ciertos círculos íntimos expresaba esta inquietud.)

La Huelga de Abril fracasó pero la lucha entre el ejército rebelde y el de Batista se incrementó, especialmente en pueblecitos de la provincia de Oriente y en los alrededores de las montañas del Escambray. No sé si el ejército oficial no estaba entrenado para este tipo de guerrillas, pero iban perdiendo terreno y el país se bañaba de sangre.

En esas condiciones, Carlos no creyó posible un ambiente electoral en junio y mediante uno de los abogados de su bufete, Roberto Melero, el Partido del Pueblo Libre presentó una solicitud ante el Tribunal Supremo para que se pospusieran los comicios. A Carlos le gustaba hacerlo todo de forma legal y transparente. Las elecciones se fijaron para el 3 de noviembre de 1958. Todavía nos quedaban meses difíciles.

La estudiante impertinente y su recompensa

En medio de los inciertos rumbos del país, nuestras vidas de estudiantes continuaban. Como he narrado antes, la niña tímida que fui floreció cuando comencé a estudiar en Ruston Academy. Debí convertirme en ocasiones en una verdadera pesadilla para mis maestros, aunque siempre lo disimularon.

Durante el primer año de Bachillerato, una mañana la Dra. Beatriz Varela de Cuéllar nos enseñaba los acentos diacríticos. Le pregunté si se utilizaba una tilde para diferenciar el di de dar, como en "Te di las llaves", del imperativo y enfático de decir, como en "Di la verdad". Me aseguró que no; yo le insistía con toda la pasión de mis trece años que debería haberlo. Cansada mi buena maestra de la impertinencia de su alumna, y dándome ya por incorregible, me contestó desesperada: "¡Pues si no está de acuerdo, escríbale a la Academia de la Lengua!". Ni corta ni perezosa, y sin consultar a nadie, así lo hice.

CALLE 9 No. 454
VEDADO - LA HABANA
CUBA

ACADEMIA CUBANA DE LA LENGUA
CORRESPONDIENTE DE LA REAL ESPAÑOLA

TELEFONO FO-2394

La Habana,
14 de mayo de 1958.

Srta. Uva de Aragón y
Hernández Catá,
Miramar, Marianao.

Mi joven y distinguida amiga:

No le sorprenderá que le dé este tratamiento de amiga, pues tuve una amistad muy honda con su abuelo Alfonso Hernández Catá, el gran escritor cubano; y me honré asimismo con la amistad de su ilustre padre el Dr. Aragón, eminente figura de la medicina cubana; y soy buen amigo de su mamá, a la cual le ruego dé mis saludos, así como al Dr. Carlos Márquez Sterling, insigne hombre público.

Me complace sobremanera su interes por nuestro idioma, he de dar cuenta de su interesante carta a la Academia Cubana de la Lengua en su proxima junta. Lo que sugiere respecto al acento diacritico para diferenciar al termino "di" cuando es el presente imperativo del verbo "decir", del igual termino que procede del verbo "dar", es sin duda muy atendible, aunque no se aviene con la tendencia actual de simplificar en todo lo posible los signos de acentuacion en nuestra lengua.

En cuanto al uso desmedido de palabras forasteras a que se refiere el ultimo parrafo de su carta, toda reaccion parece poca ante el exceso en el empleo de esos vocables, justamente denominados barbarismos por la gramatica de la Academia.

La felicito por esta preocupacion idiomatica y me ofrezco sinceramente a sus ordenes como su muy atento amigo,

[signature]

Jose Maria Chacon y Calvo.

JMCHC/jdif.

Para mi gran sorpresa, poco tiempo después, me llegó una carta, fechada el 14 de mayo de 1958, firmada por el distinguido intelectual José María Chacón y Calvo. La epístola, escrita a máquina y con correcciones y su firma en tinta color turquesa, comenzaba expresando el gusto que le había dado mi consulta, dada la amistad y estima que había profesado tanto a mi abuelo Don Alfonso, como a mi padre el Dr. Aragón. Les mandaba saludos a mi madre y a Carlos para quienes tenía igualmente grandes elogios.

Sobre mi consulta me anunciaba que daría cuenta de la misma en la próxima reunión de la Academia, y que era "una duda muy atendible", aunque no se avenía a las tendencias de la Academia de simplificar lo más posible los signos de acentuación.

Elogiaba mi inquietud por el constante uso de vocablos extranjeros en nuestra lengua. Terminaba así: "La felicito por esta preocupación idiomática y me ofrezco sinceramente a sus órdenes como su muy atento amigo". Me sentí por las nubes.

De inmediato le llevé la carta al aula a la Dra. Varela, que debo decir con justicia que aplaudió que le hubiera escrito a la Academia como ella había sugerido. Ahora pienso que aquella epístola, aunque me elogiaba, en realidad no zanjaba nuestra discrepancia.

Ahí no terminaría el asunto. Unas semanas después de recibir la comunicación de José María Chacón y Calvo, vino a cenar una noche Gastón Baquero. Yo tenía gran simpatía por aquel mulato altísimo que hablaba como una especie de brujo, culto y sencillo a la vez, criollo y elegante como un rey moro. De pronto me miró y me dijo: "De ti hablan hoy en el periódico, ¿no?" Me quedé extrañada. Era sábado y no había leído la prensa ese día. Baquero pidió que le trajeran el *Diario de la Marina*, donde era Jefe de Redacción, buscó entre sus páginas y comenzó a leer con su voz de trueno:

> La gracia y la inteligencia, guiadas por la noble curiosidad, madre fecunda de todo noble saber, llaman hoy a las puertas de la Academia. Una señorita que realza sus encantos con los blasones de sus dos apellidos, ambos ilustres, el uno en los faustos de la Medicina, Aragón, el otro en la historia de las letras, Hernández-Catá, nos honra y favorece con una consulta.

Sentada en el suelo a los pies del poeta, lo escuchaba incrédula. Igualmente sorprendida debía estar toda mi familia, porque el silencio era total. Solo se oía la voz de Gastón.

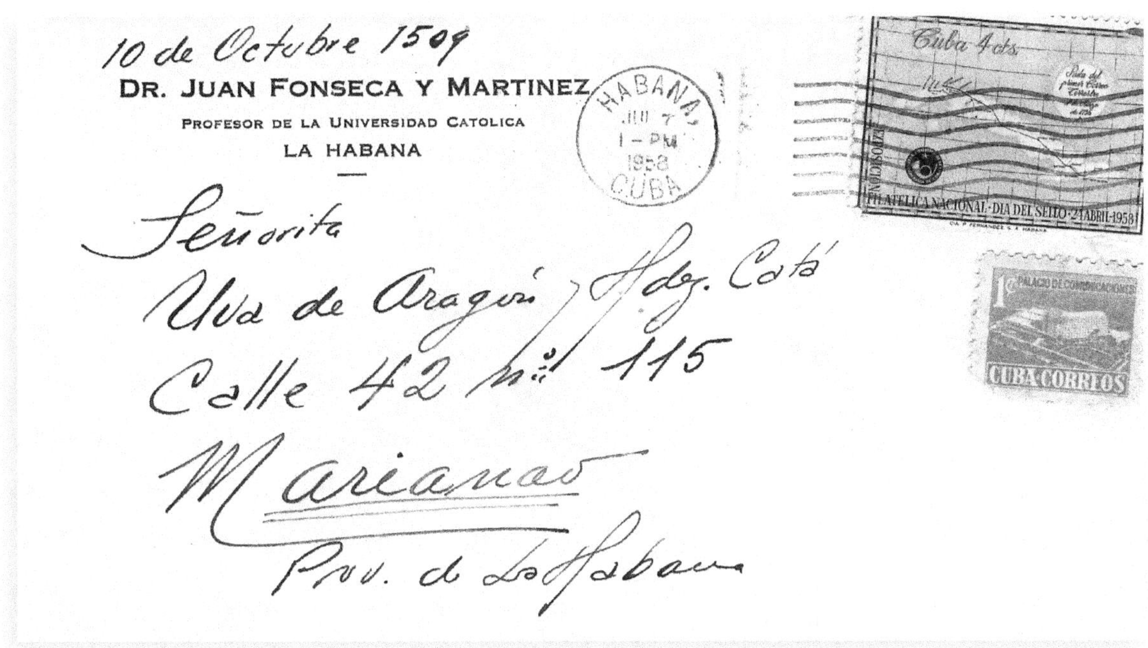

Lo que leyó después, motivado por mi consulta sobre si debería llevar un acento diacrítico el di enfático del imperativo de decir, para diferenciarlo del di de dar, apenas lo entendí. Me parecía escuchar una sinfonía celestial. Entonces llegó al último párrafo:

> Por eso precisamente, porque el lenguaje es música, creo yo que Uva de Aragón y Hernández-Catá obrará bien poniendo una tilde sobre el di de decir. Y también porque el extranjero que ignore la pronunciación y el significado de las palabras de nuestro romance sin par, cada vez que vea una de esas vírgulas intuirá y sentirá que la raza imprimió en la vocal a que sirve de penacho, un poco, o un mucho de fuerza, de armonía, de pasión y de vida.

El artículo lo firmaba el gramático y profesor Juan Fonseca y Martínez, quien tuvo la amabilidad de enviármelo con una carta de su puño y letra en la cual decía, entre otras cosas:

> La Academia Cubana de la Lengua se complace en manifestar a usted por mi conducto que escuchó la lectura de su carta en su última junta ordinaria y la satisfacción que le produce ver que una joven llamada

> por ser de su doble gloriosa estirpe y por su inteligencia a figurar a la vanguardia de la intelectualidad cubana, muestra tan vivo y loable interés en que se conserven y acrecienten la pureza y la hermosura de nuestra lengua.

Largo tiempo después, cuando tomé un curso de posgrado sobre la historia del lenguaje y releí su artículo, me eché a llorar, no solo por el honor recibido al inspirarlo, sino por la belleza de la teoría que desarrolla y que pude por fin comprender.

Sostuve amistad toda la vida con la Dra. Varela, que lejos de molestarse por las impertinencias de mi juventud, siempre apoyó mis esfuerzos y aplaudió con entusiasmo la publicación de cada uno de mis libros. Baquero fue amigo entrañable y maestro hasta su muerte (y más allá). Nunca tuve contacto directo con Chacón y Calvo, aunque sí he encontrado abundantes huellas de su amistad con mi abuelo y de sus aportes a nuestra cultura. Del profesor Fonseca no supe nada más. Estoy segura de que contesté su carta. Conservo la suya, al igual que la de Chacón y Calvo, y el artículo, como preciados tesoros. No he estado, como pronosticaba Fonseca, "a la vanguardia de la intelectualidad cubana" pero he vivido esforzándome para no defraudar a los que como él estimularon desde que era apenas una niña mi vocación literaria y mis preocupaciones lingüísticas.

Noviazgos, teatro y más bombas

En esa etapa nuestra vida social se vio muy limitada y no tuvimos oportunidades de conocer a muchos chicos. No es de extrañar que Lucía y yo nos hiciéramos novias, y más tarde nos casáramos, con dos de los amigos de mi hermano Manuel que comenzaron a visitarnos cuando él vivió con nosotros. Gustavo Pérez, hijo de un hombre de negocios, dueño de la fábrica de fósforos La cubana, de la que Gustavo era socio, se le declaró a mi hermana Lucía, aquel 31 de diciembre de 1957 que esperamos el año en casa de Fernando Ortiz. Mi noviazgo con Jorge Clavijo, estudiante de Derecho y procurador, comenzó varios meses más tarde, cuando me peleé con Enrique López Oliva.

Gustavo era diez años mayor que mi hermana y Jorge me llevaba ocho años. Lucía y yo éramos maduras para nuestra edad y nos agradaba la compañía de hombres jóvenes con los que se podía conversar, cosa a la que estábamos acostumbradas, pues en nuestra familia se cultivaba lo que puede llegar a ser un verdadero arte.

Dada las circunstancias, los noviazgos se limitaban prácticamente a largas conversaciones telefónicas y a que nos visitaran, para lo cual obtuvieron permiso de nuestros padres, pues ya casado Manuel venían en otro plano. En el caso de Lucía, a los pocos meses, cuando la relación fue siendo más formal, Gustavo la presentó a su familia, y a menudo –creo que todos los domingos– la invitaban a una finca de recreo que poseían los Pérez en las afueras de La Habana. A veces llevaban a Gloria para que jugara con los sobrinos de Gustavo, que era el menor de cuatro hermanos, dos varones más y una hembra, ya todos casados y con hijos para esas fechas.

Fui a la finca solo una vez, y no la pasé nada bien. Después de que Manuel se casó en enero de 1957, Mami quiso deshacerse de los patos que él había traído y de una serie de gallinas que nos habían regalado, y la cría de pollos que tuvieron. Se los ofreció a Alberto Pérez que no puso objeción. No sé cómo los enjaularon pero un día dejamos de sentir el ruido de aquellas aves, aunque se quedó con nosotros la cotorra. (Bromeábamos que mejor no repitiera todo lo que se hablaba allí, sobre todo de política.) El domingo que almorcé en la finca de los Pérez sirvieron pato, y no lo pude probar pensando que pudieran ser mis queridos Sansón, Dalila, Pinkerton o Butterfly.

De esa época evoco con nostalgia las salidas con Mamá Lila y Tita Sara, quien había aprendido a manejar, y en 1956 se había comprado un Ford. Era muy paragüera pero no se daba cuenta, o si lo sabía, poco le importaba. Solían servirnos de chaperonas y muchos sábados nos llevaban a los cuatro a los cines más cercanos: el Ambassador, el Arenal y el Metropolitan, o, a veces, si la cartelera era más atractiva, al Rodi, al Trianón o Radiocentro, en El Vedado. Después íbamos a cenar con frecuencia a 23 y 10, donde hacían unos deliciosos sándwiches.

La película que ha quedado grabada en mí de esos años es la comedia romántica *Love in the Afternoon* (*Amor en la tarde*), de Gary Cooper y Audrey Hepburn, con sus vistas de París y la melodía del vals "Fascination" que la pareja baila en una escena inolvidable. Audrey Hepburn hacía el papel de una chica sencilla que pretendía tener mucha experiencia en amores para darle celos y conquistar a Cooper, un hombre de mundo. Después de verla comencé a practicar sus poses e inflexiones de voz ante el espejo.

Estar tomadas de manos con nuestros novios y algún beso robado, nos producía a Lucía y a mí tanta alegría como a cualquier jovencita, y la presencia, a la vez protectora

Uva de Aragón y Jorge Clavijo en el jardín de la casa de La Copa, 1957

y cómplice de Mamá Lila y Tita Sara, nos permitió una dosis de ilusión en aquellos tiempos difíciles.

Debo añadir que estaba muy enamorada de Jorge no solo entonces, sino cuando años más tarde, en la primavera de 1962, nos casamos en Nueva York. Aunque nos divorciamos treinta años después, nos une aún una entrañable amistad y el amor que ambos profesamos a nuestras dos hijas y cuatro nietos.

La recta final

En los meses de junio a noviembre de 1958 hubo tendencias encontradas en la política americana sobre Cuba. Algunos en el Departamento de Estado actuaron como francos partidarios del 26 de Julio, y no solo porque se retiró la venta de armas a Batista, sino porque desoyeron consejos de sus propios diplomáticos. Por el contrario, el ex embajador en Cuba, Spruille Braden, publicó en *Policy Gazette*, de Nueva York, en agosto de ese año, un artículo en que aseguraba que Castro era un títere del Kremlin. (Recuérdese que no estaban muy lejanos los tiempos del Macartismo en que se hicieron tantas falsas denuncias de que se fuera comunista y se perjudicaron injustamente tantas vidas, que a finales de la década del 50 a veces dichas acusaciones no se tomaban en serio.)

En la Isla, representantes de casi todos los partidos políticos que asumieron una posición abstencionista en relación con las elecciones, incluyendo a Fidel Castro por el Movimiento 26 de Julio, firmaron un acuerdo en Caracas en el mes de julio, apoyando el proceso revolucionario. Lo hicieron circular en Cuba y en Washington. Parecía más dirigido a evitar un proceso electoral que a terminar

Uva Hernández-Catá y Carlos Márquez Sterling, saliendo de su casa para ir a votar por el Partido del Pueblo Libre en los comicios del 3 de noviembre de 1958

con el gobierno de Batista. El argumento manejado, informalmente, era que acudir a las elecciones era "hacerle el juego" al dictador. Carlos argumentaba que era un riesgo que merecía la pena tomar, y que si fracasaba, entonces habría no una, sino diez Sierras Maestras, pero de triunfar, podía encaminarse el país por la vía constitucional.

No me cabe duda que Fidel Castro temía la posibilidad de que Márquez Sterling alcanzara la presidencia mediante unos comicios. De otra forma no puede explicarse que le enviara un mensaje con Delio Gómez Ochoa. Castro le proponía que se retirara de las elecciones y al triunfar la Revolución él lo haría el número UNO. Carlos contestó que si con eso de número UNO quería aludir a la Presidencia provisional, que así no deseaba llegar a ese cargo. Le propuso que, por el contrario, hiciera un alto al fuego, y si él, Carlos, resultaba electo, le daría todas las garantías para bajar de la Sierra, organizarse políticamente y postularse a la Presidencia, cosa que ya podría hacer al cumplir treinta y cinco años.

La respuesta de Castro no pudo ser más brutal. Promulgó la ley #2 de la Sierra que pedía la pena de muerte de todos los candidatos a cargos públicos, sin importar el partido al que pertenecieran. En efecto, fueron asesinados Nicolás Rivero Agüero, hermano del candidato oficialista, pero ajeno a la vida pública, y Aníbal Vega, presidente del Partido del Pueblo Libre en Camagüey. Este crimen me afectó grandemente pues el señor Vega acababa de visitar nuestro hogar. Al llegar al suyo en Camagüey, cargó a su pequeña niña que yacía en su cuna, y cuando acababa de colocarla allí, desde una de las ventanas le dispararon varias veces. No mataron a la niña pero una de las balas quedó incrustada en los barrotes de la cuna.

En este clima se llevaron a cabo las elecciones del 3 de noviembre de 1958. Aunque iban protegidos por varios guardaespaldas, cuando mis padres salieron a votar, Lucía y yo nos quedamos rezando hasta que regresaron. Nuestros novios y hermanos, entre otros, estaban como representantes del PPL en los colegios electorales. Al atardecer comenzaron a regresar todos con el mismo cuento. La gente de Batista había llegado con cajas enteras de boletas falsas a cambiarlas por las que contenían los votos emitidos. Nuestros delegados habían protestado y hasta se habían ido a los puños, pero inútilmente. Se robaban las elecciones. (Este hecho quedó comprobado en dos libros que lo explican con los mismos datos, ambos publicados con meses de diferencia en 2008 y 2009, uno en Miami y otro en La Habana.[2]) Nos acostamos esa noche temerosos de los resultados finales.

En Oriente y en la mitad de Las Villas, los cubanos apenas habían salido a votar, y el gobierno anunció ganador de estas provincias a Rivero Agüero. Aunque admitió la victoria de Márquez Sterling en las provincias de Pinar del Rio, La Habana, Matanzas y Camagüey, adujo que el candidato oficialista había obtenido un mayor número de votos populares. El PPL pidió un recuento de votos. En algunas juntas municipales los depósitos donde estaban guardadas las boletas fueron quemados por órdenes del 26 de Julio. El reclamo no tuvo efecto. Las garantías de unos comicios libres, que a través

[2] *Batista. Últimos días en el poder*, de José Luis Padrón y Luis Adrián Betancourt (La Habana, Ediciones Unión, 2008) y *Palabras esperadas. Memorias de Francisco H. Tabernilla Palmero,* de Gabriel E. Taborda (Miami, Ediciones Universal, 2009).

de su Primer Ministro, Jorge García Montes, le había dado Fulgencio Batista tanto a Márquez Sterling como al embajador Smith, no se cumplieron. Pronto proclamaron a Andrés Rivero Agüero Presidente electo.

La suerte estaba echada. Se abría ampliamente el camino para el triunfo de Fidel Castro y su Revolución.

No intento que estos papeles sean un recuento completo de los acontecimientos políticos de un momento importante y complejo en la historia de Cuba, que para comprenderlos a cabalidad se hace necesario consultar varias fuentes. Solo hago un breve resumen de los que recuerdo y más afectaron a mi familia –aunque he verificado, lo mejor que he podido, su total autenticidad.[3]

[3] Carlos Márquez Sterling: *Historia de Cuba. Desde Colón hasta Castro*. New York, Las Américas Publishing Company, 1963.

Grandes incertidumbres

Después del fracaso de las elecciones, Carlos parecía un león enjaulado. Pidió a sus abogados que reclamaran ante el Tribunal Supremo el fraude electoral. Hasta el último momento creía en los caminos legales que debe ofrecer al ciudadano un sistema democrático. Algunos de los candidatos del Partido del Pueblo Libre habían ganado como senadores, representantes y otros puestos locales, pero a nadie le parecía posible que fueran a tomar posesión de sus cargos en enero, ni en realidad deseaban hacerlo. No eran muchos y difícilmente podrían ser elementos decisivos para combatir desde dentro al régimen de Batista.

Carlos intuía que la República estaba próxima a desaparecer, y una serie de factores se habían conjugado para permitir el triunfo de Fidel Castro y su revolución. La casa, antes llena de gente, ahora se encontraba a menudo vacía y silenciosa. Noticias y rumores llenaban la atmósfera. En el Ruston el ambiente era francamente favorable al 26 de Julio. Algunos profesores y estudiantes de los últimos cursos estaban involucrados en la lucha clandestina. Cuando faltaban a clase todo

Uva de Aragón, 1958

el mundo sentía miedo. En el colegio también estudiaban hijos de militantes de otros partidos e incluso de miembros del ejército de Batista, de modo que las conversaciones políticas eran a *sotto voce*. No confiábamos los unos en los otros.

Para diciembre la atmósfera en el país era sombría para muchos; esperanzadora para otros. El 29 de diciembre mi hermano Bebo llegó con gran excitación a contarle a mis padres que había visto en el aeropuerto a varios de los hijos de Batista, con personas del servicio doméstico y muchas maletas, yéndose del país. Le aconsejó a Carlos que sacara dinero de Cuba.

El único capital de Carlos Márquez Sterling eran los $50 000 00 en que había vendido dos años atrás su residencia en la Avenida de Santa Catalina, en La Víbora, cuando se había casado con mi madre y mudado a nuestro hogar. El día 31 se hizo la transacción por esa cantidad al Riggs National Bank, en Washington, D.C. (No pudimos confirmar que había llegado hasta que en julio de 1959 mi madre, mi hermana menor y yo llegamos a esa ciudad.) Cuento esta historia porque a Carlos se le ha acusado injustamente de haber recibido grandes cantidades de dinero de Batista por "hacerle el juego", presentándose como candidato a las elecciones. No fue así. En Cuba nunca han encontrado un centavo atribuible a él y soy testigo del origen y de la cantidad de dinero que sacaron de Cuba. Sirvió para vivir hasta que Carlos encontró trabajo en Nueva York dos años después. Ocupó varios puestos hasta llegar a ser profesor de Literatura en C.W. Post College, en Long Island, donde enseñó hasta los ochenta años. Murió en Miami, en mi casa, pobre. Todo el capital de un hombre que estuvo más de treinta años en la vida pública del país se limitaba al importe de la venta de su residencia, la única propiedad que poseía.

El aire estaba cada vez más enrarecido. Ese 31 de diciembre nos quedamos en La Copa. Gustavo y Jorge vinieron a esperar el año con nosotros. Sentada en el "cuarto verde" le aseguré a mi novio que Fidel Castro nunca llegaría a La Habana. No podía haber estado más equivocada. El brindis a media noche, con mis padres, fue tristón. Poco después Carlos les sugirió a los muchachos que se marcharan a sus hogares, aduciendo que era una noche peligrosa.

Todos nos acostamos como en ascuas.

1ro. de enero de 1959

Muy temprano en la mañana Mami entró en nuestra habitación y nos dijo con mucho misterio que Batista se había ido de Cuba; teníamos que vestirnos e irnos. No sabíamos muy bien a dónde ni cómo, pero nos arreglamos a toda prisa.

Como a menudo sucedía en momentos de crisis, llegó mi hermano Bebo. Primero se llevó a mis padres y a Gloria. No nos dijo a dónde. Luego regresó y nos llevó a Lucía y a mí a casa de Mamá Lila y Tita Sara. Allí nos pasamos el día viendo la televisión. Entrevistaban a los revolucionarios, algunos barbudos, otros lampiños que se sumaban al carro de la victoria, muchos con rosarios al cuello. Mi tía recibía llamadas con noticias que nos parecían incoherentes, que si Bastita se había marchado por órdenes de los americanos, que si el magistrado Piedra había quedado a cargo de la Presidencia. Por otra parte, la pantalla mostraba a personas arrancando de cuajo los parquímetros en las calles de La Habana, que no hacía mucho habían sido instalados y causado mucho malestar.

Tita Sara, con esa tendencia suya a ver todo con asombro, a menudo parecía entusiasmarse con las imágenes que veíamos. Hoy comprendo que más que alegría sentía verdadera sorpresa y quizás, ahora pienso, estaba consciente de que se trataba de un hito en la vida del país. Lucía y yo, por el contrario, no podíamos estar más asustadas. Además, no sabíamos dónde estaban Mami, Carlos y Gloria, y nos embargaba una creciente angustia. Mi madre debió sentirse igual, porque al atardecer Bebo vino a buscarnos.

Nos despedimos rápidamente y nos subimos al auto. Fuimos desde el reparto La Sierra hasta la residencia de la suegra de Bebo, en Miramar, quizás alrededor de 7ma. Avenida y la calle 48. Bajamos por la calle 12. Todo estaba desierto. Sentí un escalofrío, como si en aquel preciso momento un sentimiento difuso pero inequívoco me hiciera presentir que nuestras vidas habían cambiado para siempre. Por encima del vestido sin mangas, me puse sobre los hombros el sweatercito que llevaba en las manos.

Toda la zozobra acumulada se deshizo en llanto cuando nos reencontramos con nuestros padres. Los cinco nos abrazamos como si lleváramos separados un largo tiempo. Luego Mami me contó que en ese momento decidió que trataría de evitar por todos los medios volvernos a separar. Correríamos la misma suerte juntos.

Los próximos tres días fueron difíciles, y no solo por la falta de comodidades, las noticas confusas que llegaban, el obvio recelo que sentía la dueña de casa por tenernos allí, sino también porque Carlos estaba sumamente inconforme. Aseguraba que no había hecho nada para tener que esconderse. Deseaba que volviéramos a La Copa. No hubo quien lo persuadiera de lo contrario. El regreso se planeó para la mañana del día 4.

Huésped del Che Guevara

Mi madre, que a menudo era muy pragmática, decidió que debíamos regresar a nuestro hogar por la calle del fondo. La casa tenía la entrada principal por la 42 o Calle de La Copa, y el jardín de atrás daba a la 40A. Para acceder al interior por allí, alguien tenía que abrirnos la verja del jardín y la puerta de la terraza que daba a la sala. Nos llevó Bebo, apilados los seis en el mismo automóvil, y nos recibió Agustín, haciendo más aspavientos de lo que Mami hubiera querido, tanto que a menudo le hacía gestos para que no alzara la voz. Ahora que revivo este momento, del que no creo haya escrito antes, me parece una escena de *The Sound of Music.*

Carlos no había estado muy de acuerdo con el plan, pues no pensaba que tenía razones para que llegáramos a nuestro hogar como fugitivos. Una vez dentro, sin embargo, todos nos sentimos felices de reencontrarnos con nuestras cosas, y cada uno fue a lo suyo. Me imagino que yo jugué con Gloria, leí, vi televisión con la familia. Almorzamos y comimos en la mesa como de costumbre. Confieso que no sentí ningún mal presagio. Era la calma antes de la tormenta.

A eso de las 8 o 9 de la noche llamaron a la puerta. Dos rebeldes uniformados preguntaron por Carlos. Él se presentó. Dijeron que necesitaban hacer un registro y se les dio permiso. Mientras, mi madre se puso a llamar a personas allegadas que fueron llegando. Los revolucionarios encontraron una vieja pistola de Papi y la banderola del 26 de Julio que se les había arrebatado a los asaltantes en la Artística Gallega. Para nuestra sorpresa aparecieron por igual unos bonos del 26 de Julio. Un amigo que meses antes había tenido un accidente de automóvil en la esquina, nos había pedido a Lucía y a mí que se los guardáramos. Nosotros los pusimos en uno de los closets de entrada sin saber lo que contenía el paquete. No en balde el muchacho se llevaba las manos a la cabeza y decía que había nacido dos veces.

Los revolucionarios insistieron que Carlos debía acompañarlos. Para entonces ya habían llegado varios familiares y amigos. Decidieron irse con él Tita Sara (hacía tiempo que los hermanos la habían apodado el General Saro por lo arrestada y por su capacidad de sacarlos de aprietos), mi hermano Bebo y el fiel amigo de Carlos, Patricio Estévez. Mi madre se quedó, aduciendo que debía proteger a sus hijas. Confieso que siempre había achacado esa decisión suya a que no era muy valiente, pero hoy lo veo distinto. Todos nos jugamos la vida durante las elecciones y después, pero en algún momento, conscientemente o no, ella decidió que, si tenía que escoger, la seguridad de sus tres hijas sería lo primero.

Cuando se llevaron a Carlos, me asaltó un pensamiento: mi padre había muerto por una enfermedad, por designios de Dios, quien, a su vez, me había dado un segundo padre. Pero si a Carlos le pasaba algo, si lo mataban los hombres, dedicaría mi vida a vengar su muerte.

Pasamos interminables horas de angustia. Al día siguiente y muchas veces después a través de los años Carlos nos contó, sin que jamás variara la historia, lo que sucedió esa noche.

Lo llevaron a La Cabaña y lo presentaron ante el Che Guevara, ya al frente de la fortaleza y prisión. El famoso guerrillero argentino se sorprendió de verlo y le dijo que él no había mandado a arrestarlo pero que se quedara allí como su huésped pues era una noche muy peligrosa. Le aseguró que a la mañana siguiente lo devolvería a su hogar.

Carlos, con su usual serenidad, le agradeció la hospitalidad que él no había solicitado, pero le advirtió que si era una noche peligrosa él debía estar en su hogar para proteger a su mujer y sus hijas. El Che le aseguró que no se preocupara, que mandaría dos guardias a cuidar a su familia.

Estuvieron presentes en esta entrevista las tres personas que lo acompañaron. Tengo entendido que la única que habló fue Sara, que hasta le mostró al Che la cicatriz de su operación del pulmón y la achacó a una golpiza que había recibido de la policía de Batista. (No creo que él se lo creyera.) Cuando ya parecía que era imposible que el Che cambiara el plan que había propuesto, mi tía le dijo que a las 9 de la mañana vendría a buscar a Carlos y confiaba que la esperara a la salida de la fortaleza. El argentino, no sé si para quitársela de arriba, le aseguró que así sería y escogió a dos hombres para que fueran con ella a nuestra casa a cuidarnos. Antes de que se marchara, Carlos le pidió que le dejara su cajetilla de cigarrillos.

Llevaron a Carlos a una habitación donde aún estaban las pertenencias de militares del régimen de Batista, entre ellas una gran caja de plata, forrada en madera, repleta de buenos habanos. Al parecer se regó la voz sobre los tabacos, y durante toda la noche los barbudos lo estuvieron llamando a la puerta para obtenerlos. Los tomaban de dos en dos. Cada vez que sentía los pasos acercarse, Carlos temía que veniesen a llevárselo. No se atrevió a poner la caja en el suelo, afuera del cuarto, como deseaba.

Aunque había una cama, no se acostó. Es más, permaneció de pie toda la noche. Hacía casi tres años, por consejo de su médico, había dejado de fumar, pero en aquellas horas acabó la cajetilla que le había dejado su cuñada.

Contaba que se le heló la sangre cuando al amanecer oyó las descargas de un pelotón de fusilamiento. (Siempre pensé que podría haber sido producto de su imaginación, hasta que encontré el nombre del hombre ejecutado esa madrugada en La Cabaña.)

Mientras, Tita Sara llegó esa noche a nuestra casa con dos barbudos, cortesía del Che. Uno era alto, muy joven, de cabello castaño y ojos claros. El otro, con un poco más de edad y menos estatura, tenía el pelo y la barba negra, Se llamaban Ignacio y Méndez. He olvidado el apellido del primero, y el nombre de pila del segundo

Tengo una imagen precisa de estos dos hombres subiendo las escaleras de mi casa. Dijeron que debían hacer un nuevo registro, pero entre mi tía y mi madre lograron neutralizarlos. Aceptaron que debían apostarse en la planta baja para controlar las entradas y salidas.

Como Carlos en La Cabaña, aunque nosotros sí nos acostamos, tampoco pegamos un ojo. A la mañana siguiente Tita Sara llamó temprano a decir que se iba a La Cabaña a buscar a Carlos. Creo que fue sola.

Un poco pasadas las ocho, Carlos salió de la habitación donde lo habían puesto a pasar la noche y pidió ver al Che Guevara. Para su sorpresa le dijeron que se había ido a Las Villas a encontrarse con Fidel Castro. No supieron decirle quién estaba al mando. Posiblemente, nadie.

Miró a su alrededor y vio a un hombre que conocía del Partido Ortodoxo, sentado en un pequeño escritorio. Se le acercó y con toda la autoridad que este hombre amable sabía ejercer, le ordenó: "Hazme un salvoconducto de que yo me voy a mi casa a las órdenes del Che Guevara".

El hombre lo obedeció sin chistar. Papel en mano, salió caminando de La Cabaña. En la calle lo esperaba el General Saro en su Ford azul.

Barbudos, comunión, confiscación

Ignacio y Méndez eran educados y amables. Incluso les confié que deseaba ser escritora y les leí algunas de mis textos. Carlos no fue tan sociable con ellos. En cuanto regresó, se recluyó en su habitación. Nosotros comíamos con nuestros guardias sentados a la mesa. No sabían qué cubiertos usar pero no eran groseros ni frescos. Con todo, la situación era incómoda.

No sé cuánto tiempo estuvieron pero varios días más tarde los sustituyeron por otros, que ya no eran tan correctos. Mami decidió que se les serviría en la cocina. No protestaron. La mayor parte del tiempo lo pasaban en la biblioteca, aunque no creo que abrieran ni un libro. El temor más grande de mi madre era que se les fuera un tiro pues tenían armas largas y no estábamos seguros de que tuvieran mucha experiencia usándolas. A Gloria trataban de mantenerla en la planta alta por miedo a esa bala perdida que inquietaba a Mami. El pavor de Lucía y mío era otro. Habíamos visto no hacía mucho un filme en el cual la protagonista y otras mujeres son brutalmente

Fidel Castro entrando en La Habana el 8 de enero de 1959

violadas por soldados rusos cuando toman Berlín durante la Segunda Guerra Mundial. Nos horrorizaba a tal punto que algo parecido pudiera pasarnos en nuestro propio hogar, que por las noches no nos bastaba con pasarle pestillo a la puerta del cuarto, sino que colocábamos la pesada cómoda detrás de la misma para cerrarles el paso a los imaginarios asaltantes. (Hoy sé que esas precauciones eran innecesarias, pero nuestra alarma, aunque infundada, era muy real para nosotras, unas chicas de catorce y dieciséis años que habíamos vivido muy protegidas y nos enfrentábamos a una realidad, que aunque gran parte del pueblo de Cuba aplaudía, nos era hostil.)

Los rebeldes, incluso, comenzaron a recibir visitas de mujeres. En el próximo cambio de guardia, el General Saro, que era de las pocas personas que nos visitaba, hizo colocar dos taburetes en el portal y cuando llegaron dos nuevos les informó que debían permanecer ahí, excepto para ir al baño o comer. Nunca supimos a quién respondían directamente, pero debió de haber tal confusión esas primeras semanas, que le hicieron caso a mi tía.

Mi madre, como los veía con rosarios al cuello, les indicaba con tono ingenuo pero que hoy comprendo era insincero, la hora que había misa los domingos en la cercana iglesia de San Antonio y les aconsejaba que se turnaran para ir. Nunca lo hicieron.

Mientras, el país iba cambiando. El 8 de enero Fidel Castro, que recorrió la Isla ocupando ciudades, había entrado triunfante en La Habana. La promesa de restaurar la Constitución del 40 se cumplió solo a medias; en febrero se instituyó una Ley Fundamental, basada en la Constitución, pero con cambios radicales, como la pena de muerte, inexistente en la República. En varios discursos, Castro atacó a Estados Unidos. Negó las acusaciones que se hacían del papel del comunismo en el gobierno. Las masas gritaban "Paredón. Paredón" frente al palacio Presidencial.

Se instauró la Primera Ley de Reforma Agraria. En el Ruston, los alumnos compraron un tractor y se colocó al frente del plantel. A menudo rompían a cantar el Himno del 26 de Julio, "Adelante, cubanos, que Cuba premiará nuestro heroísmo…" Yo siempre me quedaba callada, aunque algunas compañeras me aconsejaban que no me señalara.

Se transmitió por televisión el juicio de Jesús Sosa Blanco, coronel del Ejército de Batista, acusado de ciento ocho asesinatos. Tuvo lugar en la Ciudad Deportiva con una audiencia de 17 000 personas. Muchos de los testigos dieron declaraciones contradictorias. Con todo, lo encontraron culpable el 19 de febrero y fue fusilado de inmediato.

Durante aquel espectáculo, una mañana, al entrar al aula, una compañera le comentó lo bien parecido que era el fiscal a la maestra, que estuvo de acuerdo con su alumna. Me horroricé. Estábamos siendo testigos de un verdadero circo con un final predecible. Todo me recordaba el momento en el Coliseo de Roma cuando la multitud decidía el destino de los gladiadores derrotados, aunque la última voluntad era la del Emperador, quien con un gesto del pulgar ordenaba la muerte o el perdón del hombre que había perdido la feroz contienda. Podía excusar la frivolidad de mi compañera, pero la complicidad de la maestra –dos años más tarde saldría de Cuba para el exilio– me sobrecogió a tal punto que no lo he olvidado. Más que cuanto le oía decir a Carlos, aquel incidente me confirmó que el país, como lo conocíamos hasta entonces, cambiaba para siempre.

Lo reflejaba así mismo la prensa. Junto a anuncios de Bacardí o Tropicana, mostrando los últimos vestigios de la vida de la burguesía en Cuba, *Bohemia*, por ejemplo, publicaba páginas y páginas con fotos de los crímenes de Batista. En otros periódicos continuaban apareciendo las crónicas sociales, pero la realidad que se imponía era muy distinta.

Un día, a finales de marzo, Carlos, cosa rara, salió del piso alto y se puso a conversar con los guardias en tono amable. Al poco rato se fueron. Les había dicho que perdían su tiempo vigilándolo, que no tenía planes de ir a ninguna parte, pero que estaban repartiendo autos y puestos y no iba alcanzar para ellos si no se presentaban a reclamar. No regresaron más. Nuestras tribulaciones, sin embargo, no habían terminado.

Debió ser a mediados o finales de mayo de 1959. Les llegó una notificación a mis padres del Ministerio de Bienes Malversados que iban a intervenir sus cajas fuertes y necesitaban que se presentaran en el banco tal día y a tal hora. La de mi madre aparecía a su nombre. Dentro había algunas prendas que le habían regalado su padre y Papi. Ella vio una medallita y la fue a coger, porque Gloria estaba próxima a hacer la Primera Comunión y nosotras la habíamos usado en las nuestras.

–Señora, esto pertenece a la Revolución –le advirtieron.

Las prendas fueron confiscadas, incluyendo aquella medalla de más valor sentimental que monetario.

Carlos no recordaba lo que había en su caja fuerte pues casi no la usaba. Se sorprendieron los miembros del ministerio al abrirla. Entonces él recordó que había retirado hacía años unos documentos y por no cargar con unos boletines que alguien le había dado, los dejó allí. Debió ser una gran desilusión para los revolucionarios solo encontrar cuatro viejos folletos en la caja fuerte de Carlos Márquez Sterling.

Bodas de sangre

A principios de 1959, Gustavo, el novio de Lucía, habló con mis padres. Les dijo que sabía que nosotros nos iríamos pronto de Cuba y que no quería que se llevaran a mi hermana. Les pidió permiso para casarse con ella. Accedieron. Ella dejó de ir al colegio –cursaba el 4to. año de Bachillerato– y se dedicó a planear su boda.

La verdad es que hoy en día me es difícil entender cómo se desarrollaba nuestra vida de una manera medianamente normal con todo el vuelco que daba la sociedad en esos primeros meses de la Revolución. Porque se imprimieron invitaciones que repartimos de casa en casa; se encargó al modisto Bernabeu que le hiciera el vestido a la novia; se escogieron los ajuares para los niños que formarían la corte; se ordenaron las flores, y hasta hubo varias despedidas de soltera que salieron reseñadas en el fotograbado. Todos los días llegaban regalos. Eso sí, se decidió que no habría recepción, solo un brindis muy íntimo para familiares y amigos cercanos.

Ya se habían ido los guardias y todo parecía volver a su ritmo normal. Incluso un aire de ilusión nos acompañaba.

Lucía de Aragón del brazo de su padrastro Carlos Márquez Sterling en la senda nupcial de la iglesia San Antonio de Padua. ***Diario de la Marina***, domingo 19 de abril de 1959

La tarde de la boda, señalada para el sábado 18 de abril a las 8 p.m., en la iglesia de San Antonio de Padua, contesté al teléfono. Me preguntaron si era la novia. Respondí que se trataba de mi hermana, que si necesitaban hablar con ella.

–No, dale tú el recado. Dile que si Carlos Márquez Sterling la entra en la iglesia, el vestido de novia se le manchará de sangre.

Temblando me fui a dar cuenta de lo sucedido a mis padres, que inmediatamente llamaron a Lucía. Me hicieron repetirle el mensaje. Carlos le dijo entonces que ella tenía un hermano que nos quería mucho, que llevaba el nombre de nuestro padre, y que aunque para él sería un orgullo entrarla en la iglesia, creía que dada las circunstancias, debía hacerlo Bebo.

Lucía, que tenía dieciséis años, no lo pensó ni un minuto.

–Carlos, no creo que sea mi destino morirme el día de mi boda, pero si es así, qué le vamos a hacer. Si no voy de tu brazo al altar, no me caso.

No hubo argumento que le hiciera cambiar de idea. No divulgamos a muchos la amenaza pero los que la sabíamos asistimos a la iglesia aterrados. A Lucía le temblaban las manos en que llevaba su ramo de novia como si fuera una hoja en medio del invierno. Mi madre no quiso mirarla desfilar. Vigilaba las entradas, el público, esperando los tiros en cualquier momento. No sonaron.

Cuando estábamos en casa, sin embargo, al parecer al ver varios carros aparcados, unos barbudos llamaron a la puerta. Carlos les explicó que celebrábamos en familia el matrimonio de una de sus hijas y los invitó a unirse al brindis. No aceptaron. Él pidió que les sirvieran un plato y unas copas en la cocina, que despacharon gustosos.

Los novios se marcharon a pasar su primera noche de casados en un hotel de la ciudad para partir en viaje de Luna de Miel a Estados Unidos al día siguiente. Al despedirlos, Agustín se viró hacia mi madre y suspiró: "¡Ay, señora Uva, se nos ha casado la niña!".

Yo me eché a llorar. Nunca antes me había separado de mi hermana y mejor amiga. ¿No seríamos ya Lucíayuvita?

Despedida de soltera de Lucía de Aragón. De izquierda a derecha, sentadas: Uva de Aragón, Magaly Estrada, Yolanda Ribas, Lourdes Pita, Ángela Spira, Lucía, Graciela Cruz y María Valiente. De pie, de izquierda a derecha: Jorge Clavijo, Frank Tejera, s/i, Ramón Rodríguez, Francisco García, Gustavo Pérez, Manolo Banatyne y Santiago Arxer

Carlos se esconde

El 30 de mayo Gloria hizo la Primera Comunión en la iglesia de San Antonio. No hubo ninguna amenaza como cuando la boda de Lucía, que ya había regresado de su Luna de Miel. Pero vivíamos días aciagos.

Por varias vías le habían llegado a Carlos noticias de que le preparaban unas pruebas falsas de que Batista le había dado dinero para que se presentara de candidato a las elecciones, y que le iban a hacer un juicio con el fin de expulsarlo de la universidad, y posiblemente condenarlo a prisión. O lo que era peor, al paredón de fusilamiento. Le aconsejaban que se fuera del país.

Carlos, que con tanta claridad luchó por buscar una solución pacífica porque veía el triunfo de la Revolución como el fin de la República, no quería admitir sus propios vaticinios. Esgrimía en las manos los papeles del recurso de inconstitucionalidad que se había presentado al Tribunal Supremo, aseguraba que huir era admitir algo que no era cierto, que tenía que defender su honor.

No lo sé con certeza pero sospecho que fue el General Saro quien lo convenció para que se escondiera. Ni a sus hijos ni a nosotras nos confiaron dónde estaba. Fue mucho más tarde que supimos que el Embajador de Venezuela, José Nucete Sardi, accedió a que se quedara en la Embajada sin declarar su asilo político hasta que mi madre y sus hijas menores pudiéramos salir del país. Fue la condición de Carlos para acceder a ocultarse allí. Ni siquiera pude despedirme de él, pero sé que el segundo domingo de junio que se celebraba el Día de los Padres no lo pasó con nosotros.

Mami se puso de inmediato a hacer los trámites para viajar a Estados Unidos con Gloria y conmigo. Teníamos pasaportes y visas porque entonces era fácil que las dieran por cinco años. Aunque Gloria nunca había salido de Cuba y yo no había viajado al "norte" después de la muerte de Papi, mi madre tuvo la precaución de que nuestros documentos estuvieran vigentes. Tal vez, dado los acontecimientos en la Isla, pensó que pudiéramos necesitarlos.

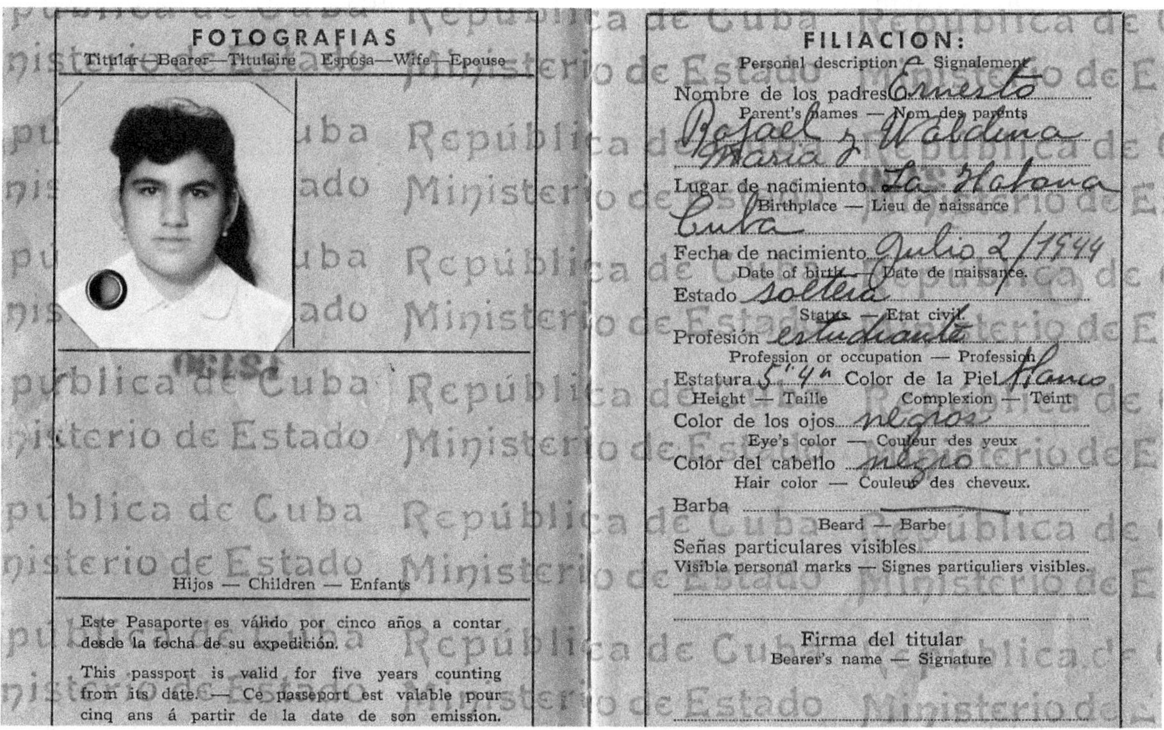

FOTOGRAFIAS

Titular—Bearer—Titulaire Esposa—Wife—Epouse

Hijos — Children — Enfants

Este Pasaporte es válido por cinco años a contar desde la fecha de su expedición.

This passport is valid for five years counting from its date. — Ce passeport est valable pour cinq ans á partir de la date de son emission.

FILIACION:

Personal description — Signalement

Nombre de los padres Ernesto
Parent's names — Nom des parents
Rafael y Waldina
María J.

Lugar de nacimiento La Habana
Birthplace — Lieu de naissance
Cuba

Fecha de nacimiento Julio 2/1944
Date of birth — Date de naissance.

Estado soltera
Status — Etat civil

Profesión estudiante
Profession or occupation — Profession

Estatura 5' 4" Color de la Piel blanco
Height — Taille Complexion — Teint

Color de los ojos negros
Eye's color — Couleur des yeux

Color del cabello negro
Hair color — Couleur des cheveux.

Barba
Beard — Barbe

Señas particulares visibles
Visible personal marks — Signes particuliers visibles.

Firma del titular
Bearer's name — Signature

Era preciso, sin embargo, conseguir los antecedentes penales, un certificado médico sobre ciertas vacunas y un permiso de salida de no sé qué Ministerio, que se encontraba situado en la Plaza Cívica, recién inaugurada y luego conocida como la Plaza de la Revolución. Este último papel se demoraba, y un amigo de Manuel, de Gustavo y también de Jorge, Guillermo Montero, quien había apoyado con entusiasmo la Revolución, accedió a acompañarnos a hacer la gestión para agilizar el trámite. Nos vino a buscar en una limosina que le permitían usar. Al entrar al asiento de atrás, reconocí que era del abuelo de una de mis compañeras de colegio, funcionario del gobierno de Batista, que ya se había marchado con su familia del país. Se me fue una exclamación pero tuve la prudencia de achacarlo a que estaba muy caliente el asiento. En la plaza admiré por primera vez la imponente estatua de José Martí del escultor Juan José Sicre –quien a menudo acudía a las tertulia de Tita Sara–, que luego se haría mundialmente famosa.

Mami insistía en que siguiéramos con nuestras vidas lo más normal que pudiéramos para no levantar sospechas. A ella le permitían visitar a Carlos cada dos o tres días. Se vestía muy sencilla y se ponía un pañuelo en la cabeza. Mi tía la dejaba a dos cuadras de la Embajada. Mami le decía al guardia, en cerrado acento de la Madre Patria, que no le era difícil fingir, que venía a ver a una de las empleadas domésticas y entraba por la puerta de servicio.

El curso se había prolongado por interrupciones que había habido ese año, de modo que Gloria y yo seguíamos yendo a clases. Yo no me acostumbraba a que la camita al lado de la mía estuviera vacía y no poder conversar antes de dormirme con Lucía. Tampoco se podía hablar nada en voz alta. Mami nos había hecho jurar que no confiáramos ni en nuestra sombra.

Una tarde, al regresar del colegio, vi parqueado frente a casa a uno de los antiguos carros del Servicio de Inteligencia Militar (SIM), del gobierno de Batista, que habían pintado pero que aún se les veía las viejas letras, y ahora usaban los revolucionarios. Me aterré. Cuando entré y pregunté por mi madre me dijeron que estaba arriba. Subí los escalones de dos en dos. La encontré en el vestíbulo sentada en dos butaquitas frente a frente con Méndez, uno de los primeros barbudos que nos había custodiado por órdenes del Che Guevara. Mami me abrió mucho los ojos y yo me limité a saludarlo.

Cuando se marchó me contó que le había preguntado por Carlos y ella le había dicho que estaba en Camagüey, de donde era oriundo, la misma mentira que se había usado con otras personas. Méndez había ido a aconsejarle que se fuera de Cuba, que corría peligro. Sin saber si era una trampa, ella se lo agradeció pero no le confió que estábamos en los últimos trámites para marcharnos. Muchas veces me he preguntado qué habrá sido de ese hombre, que creemos fue sincero en su advertencia.

Crónica Habanera

Uva de Aragón y Hernández-Catá

A MANERA DE felicitación traemos a estas columnas la fotografía de Uva de Aragón y Hernández-Catá, la encantadora y adorable "jeune fille", que en esta fecha cumple los suspirados quince años.

La señorita De Aragón, que habrá de verse muy felicitada, es hija de aquella prestigiosa figura de la medicina que fue el doctor Ernesto R. de Aragón, fallecido hace algunos años y de la gentil dama Uva Hernández-Catá de Márquez Sterling.

No tendrá fiesta.

Diario de la Marina, sección Crónica habanera, sábado 11 de julio de 1959

Se acercaban el sábado 11 de julio en que cumplía quince años, fecha de especial significado para las chicas de nuestra cultura. En medio de todo aquello mi madre hizo que fuera a la peluquería, al estudio de Pardo a retratarme y que la foto y las congratulaciones aparecieran en la crónica social de el *Diario de la Marina*. Por esa razón, varios familiares llamaron a felicitarme.Todo me parecía como filtrado por una luz opaca. Pedí que no me hicieran regalos. Estaba ya empacando la única maleta que podía llevarme conmigo.

Recibí una gran emoción cuando esa tarde Mami me entregó una notica de Carlos en que lamentaba no verme ese día y me prometía que pronto nos reuniríamos y me comprarían la cámara fotográfica que yo deseaba. No sé si alguna vez le dije que ese papel fue el mejor regalo de mis quince.

Adiós, Cuba

El lunes 13 de julio por la mañana temprano Gabriel, el chofer, me dejó en Ruston Academy. A las 9 a.m. debía tomar el examen de Geografía de Cuba del Instituto de El Vedado, al que el colegio estaba adscrito. Era la última prueba para terminar el segundo año de Bachillerato. Fui la primera en entregarla. Minutos después hizo lo mismo mi mejor amiga, Nancy Kress. Era la única persona a quien le había confiado mi partida. En el baño, sin habernos puesto de acuerdo previamente, intercambiamos regalos. Le di una manilla con mi nombre; ella me obsequió un dije con el suyo. Aún las dos los conservamos.

El avión se iba a la 1:15 p.m., así que cuando llegué a casa no hubo mucho tiempo que perder. Me cambié de ropa, me peiné. (A los quince años recién cumplidos, no necesitaba maquillaje.) Se me ocurrió ponerme un sombrero para el viaje. Pero después de probármelo descarté la idea y lo tiré sobre la cama. Oí que me llamaban porque se acercaba la hora de partir. En la puerta del cuarto que hasta hacía unos meses había compartido con mi hermana Lucía, me detuve. Observé los grabados de las madonas de Rafael en las cabeceras, las dos camitas con sobrecamas de flores. Sobre la mía, los libros del colegio –entre ellos, *Geografía de Cuba*, de Leví Marrero– y la pamela con su lazo blanco que había decidido no usar. Después comprendí que esa imagen representaba lo que dejaba atrás: mi niñez, mi país y un estilo de vida que nunca sería igual.

Recorrí cada habitación queriendo grabar en la mente todos los detalles de aquella casa en la que había vivido desde los dos años de edad. Presentía que sería un viaje muy largo. Al mismo tiempo me volvía a decir que era muy dramática y que pronto regresaríamos. En la maleta solo había empacado ropa de verano, el anuario del colegio, tres libros, el álbum con los recortes de los primeros artículos publicados, la fotografía de mi padre muerto y una con mi novio.

Mi abuela, mi adorada Mamá Lila, no quiso ir al aeropuerto a despedirnos. La besé y abracé antes de bajar al primer piso. En el descanso de las escaleras, alcé los ojos y la vi de nuevo. Su mirada gris acero sostuvo la mía. Me sonrió. Las dos contuvimos el llanto. Nunca más volveríamos a vernos.

En la planta baja todo era un ir y venir de personas y maletas. El recorrido por la cocina, el comedor, la biblioteca fue más breve. En la sala, Jorge, mi novio, y yo nos escondimos para darnos el abrazo y los besos de despedida que sabíamos no serían posibles más tarde. Fuimos al aeropuerto en dos carros. Yo iba en el pisicorre con Jorge –más tarde mi esposo durante treinta años– en el asiento de atrás; es decir, que mirábamos hacia la calle. Apenas hablamos en el camino. Absorbía con la vista las calles, los edificios, los árboles, La Habana. Su luz se quedó grabada en mi retina. Pasarían cuatro décadas antes de que regresara.

Las despedidas en el aeropuerto fueron breves. No queríamos llamar mucho la atención de las autoridades. Mi madre no había cambiado el nombre en su pasaporte, y aparecía como una viuda que viajaba con sus dos hijas menores. Declaró que nos llevaba a que tomáramos un curso de verano. Sin aspavientos ni lágrimas, abracé a mi tía Sara, a mi hermano Bebo, a Lucía. Besé a mi novio y también a Gabriel. Mi madre debió hacer lo mismo. Tomé de la mano a mi hermana Gloria, de siete años, que vestía una saya muy ancha, y tenía la carita demacrada, pues estaba convaleciente de una amigdalitis. Las tres caminamos por la pista hasta el avión. Cuando llegué a lo alto de la escalerilla, me viré a ver las palmas, el cielo azul. Respiré profundo, como queriendo llevarme conmigo los aires de la Isla. Adiós, Cuba, me dije a mí misma.

Estuve llorando los sesenta minutos del vuelo hasta Miami. Atrás quedaba todo lo que conocía y amaba y el proyecto de vida que desde temprana edad me había trazado. Mi madre no hablaba una palabra de inglés, y cuando llegamos tuve que hacerme cargo de los trámites en inmigración y de que no perdiéramos el vuelo a Washington, a donde Carlos nos había indicado que fuéramos, pues él había vivido en la capital estadounidense cuando su padre había sido Embajador. Ya no lloré más pues me di cuenta que había adquirido nuevas responsabilidades.

Todos los cubanos recuerdan la fecha en que se fueron de Cuba. La vida se rompe en dos. Hay un antes y un después. Algo dentro de uno se quiebra, como un espejo que se hace añicos y comienza, a partir de ese momento, a reflejar imágenes distorsionadas. Ese día me hice mujer. El reino de la infancia solo podría recuperarlo en la memoria.

A manera de epílogo

A lo largo de estas páginas en ocasiones aparecen reflexiones sobre eventos que tuvieron lugar después de mi salida de Cuba, acontecimiento con el que terminan estas memorias, pero me parece una cortesía básica informarles brevemente a los lectores sobre el destino de los personajes principales que poblaron mi infancia. En fin, atar algunos cabos sueltos.

Ese mismo 13 de julio de 1959, cuando mi madre, mi hermana Gloria y yo nos fuimos de la Isla, se declaró el asilo de Carlos Márquez Sterling en la embajada de Venezuela. Inmediatamente representantes del gobierno revolucionario declararon que era una medida innecesaria y que le daban garantías para una salida por vías regulares. Lo instaron a dejar la protección diplomática. No dudo de la sinceridad de al menos uno de estos voceros, Raúl Roa, gran amigo de la familia y persona decente, pero ni Carlos Márquez Sterling creyó entonces, ni yo lo hago ahora, que su destino estuviera solamente en manos de Roa. Carlos decidió no abandonar la embajada. Días después, el 25 de julio de 1959, el embajador Nucete Sardi lo llevó en un automóvil por la pista del aeropuerto hasta la escalerilla del avión. Les permitieron a mi hermana Lucía y a mi cuñada Gloria Sánchez de Márquez Sterling (no así a mi hermano Manuel) que se acercaran hasta allí a darle un abrazo de despedida. En Caracas lo recibió mi tío Pepe Hernández-Catá, quien ya se había ido antes de Cuba. La estancia de Carlos en la capital venezolana fue solo de una noche, con su cuñado en vela, sentado en una silla, pistola en mano, vigilando la puerta. Los brazos del castrismo eran largos y se temía que pudieran atentar contra su vida. A la mañana siguiente Tito Pepe lo acompañó a tomar un vuelo rumbo a Nueva York, a donde Mami, Gloria y yo lo fuimos a esperar, invitadas por un amigo que residía en esa ciudad. Desde un mirador lo vimos bajar del avión, con un abrigo ligero en un brazo y su maquinita de escribir en la mano. En la oficina de inmigración le advirtieron que ese mismo día, 26 de julio, se le vencía el pasaporte y que no podía entrar al país. Con su mente ágil y su formación como abogado, le contestó al funcionario que el documento estaba vigente hasta las doce de la noche. Lo dejaron pasar. Cuando por fin nos encontramos, nos fundimos los cuatro en un apretado abrazo.

Los próximos dos años mis padres, Gloria y yo nos instalamos en un apartamento de dos habitaciones en un buen barrio de Washington, D.C. Fuimos haciendo nuevos amigos, contemplamos por vez primera el cambio de los estaciones. Me convertí en la imprescindible intérprete de la familia, pero Carlos y Mami se dispusieron a aprender inglés y lo lograron. A mi madre se le quemaba el arroz y la carne le quedaba dura. Lloraba frente al fogón. Pronto, sin embargo, se convirtió en una magnífica cocinera. Se pudo cobrar un seguro que había dejado Papi para nuestra educación con una compañía canadiense, y se utilizó para que Gloria y yo fuéramos a un colegio privado. Otras niñas cubanas residentes en el mismo edificio estudiaban en el del Sagrado Corazón, y allí nos matricularon. Mi hermana y yo le teníamos pavor a las monjas, pero yo me adapté primero, gracias a los estímulos intelectuales y la sabiduría de las religiosas. Gloria sufrió mucho los primeros meses. Trataba de consolarla y de escaparme a interceder a su favor cuando la dejaban solita en la cafetería de la escuela hasta que se comiera todos los vegetales. Me pasaba los sábados con Carlos en la Biblioteca del Congreso buscando datos pera completar su *Historia de Cuba. Desde Colón hasta Castro*, cuyo manuscrito mi madre se había arriesgado a sacar de Cuba. Comencé a trabajar cuidando niños, paseando perros, enseñando español a personas mayores en el edificio y hasta vendiendo productos Avon de puerta en puerta. El dinerito que ganaba

Cocina del apartamento de Washington D.C. Uva Hernández-Catá, al fondo, y sus hijas Uva y Gloria. Septiembre de 1959

me servía para mis gastos y también un verano me costeé un curso de mecanografía y taquigrafía. Vivíamos pendientes de la llegada del cartero y las noticias de Cuba. Nos unimos mucho los cuatro. Extrañábamos inmensamente pero teníamos gran fe en un pronto regreso. Carlos solía decir que algún día recordaríamos esos años con nostalgia. Y aunque el ansiado retorno nunca llegó, tenía razón. Recuerdo esos tiempos con melancolía.

En 1961 Carlos consiguió una plaza para enseñar en Columbia University, en Nueva York, a donde nos mudamos. Tuvo una larga y fecunda vida en el exilio, donde se desempeñó principalmente como profesor universitario, columnista e historiador. No hubo un día que dejara de pensar en Cuba. Murió en Miami el 3 de mayo de 1991. Mi madre y él tuvieron un matrimonio muy feliz y enfrentaron juntos, sin quejas ni aspavientos, todos los obstáculos. Ella pasó de ser la hija mimada de un embajador y la ama de casa de aquel hogar en La Copa, a convertirse en una mujer de carácter, que trabajó desde cosiendo en una boutique hasta en el departamento internacional de un banco en Nueva York. Falleció en Miami, el 3 de octubre de 1997. Descansan juntos.

Yo me casé muy joven y me independicé pronto. Gloria se quedó varios años más con mis padres, estudió, se casó, tuvo un hijo y una hija. Hoy vive en California. Allí completó su maestría, desarrolló su carrera y continúa trabajando, como ha hecho desde muy joven. Disfruta a su pequeño nieto. Lamentablemente, hace muchos años que no hemos vivido en la misma ciudad. Es más, desde que nos fuimos de Cuba, mis hermanas y yo nunca más hemos podido celebrar una Nochebuena juntas.

Lucía me ha contado muchas veces de su desconsuelo al nosotras tomar el avión hacia Estados Unidos, aquel 13 de julio. Como años atrás había hecho conmigo, cuando rompí en sollozos ante el presentimiento de que mi padre moriría, Tita Sara la apretó contra sus generosos pechos para acallarla. Fueron tiempos difíciles para mi hermana. Pocos meses después de nuestra partida, perdió su primer embarazo. A inicios del año 60 los problemas fueron de otra índole. Una de las industrias nacionalizadas más rápido por el gobierno revolucionaron fueron las fábricas de fósforos, incluyendo La cubana, la que el abuelo de Gustavo, quien había comenzado de barrendero, había logrado comprarla y legársela a sus hijos y nietos. Toda la familia Pérez fue saliendo del país. A mediados de marzo, cuando tuvieron ya pasajes reservados, Lucía y Gustavo desmantelaron su apartamento y se refugiaron en casa de Mama Lila y Tita Sara, hasta el 17 de abril que viajaron a Estados Unidos. Al día siguiente ella y Gustavo cumplían un año de casados. Mi hermana pasó innumerables dificultades los primeros tiempos en el exilio, pero logró comenzar a trabajar para el gobierno federal, y alcanzó un alto grado. Durante varias décadas se desempeñó en el programa de ayuda a los refugiados, no solo cubanos, sino de muchos países. Gustavo y ella se divorciaron años después. Fue muy feliz en su segundo matrimonio. Ahora es viuda y además de sus hijos y dos nietas, tiene cinco bisnietos. Vivimos en la misma ciudad en la etapa en que nacieron y crecieron nuestros hijos. Ya nadie nos dice "Lucíayuvita" pero nos hemos mantenido tan unidas como en nuestra niñez.

Tita Sara se fue de Cuba con mi abuela en 1961 con destino a México. Pese a incertidumbres, logró recrear el ambiente de sus tertulias habaneras con algunos de sus amigos exiliados en el país azteca. Pocos meses después viajó a la capital mexicana Rómulo Betancourt, entonces Presidente de Venezuela. Sara logró colocarse en primera fila entre un nutrido grupo que acudió a recibirlo. Betancourt, sorprendido al verla, le preguntó qué hacía allí. "Lo mismo que tú cuando estabas exiliado en La Habana", fue su

De izquierda a derecha Uva de Aragón, Magda Cajigas de Lara (amiga de la familia), Uva Hernández-Catá y Carlos Márquez Sterling. Al centro, Gloria de Aragón. Octubre de 1959

respuesta. Apenas días después su viejo amigo le mandaba los pasajes para que se trasladara con Mamá Lila a Venezuela. Allí le pagaron con creces lo que ella había hecho poco más de una década antes por los venezolanos. Trabajó en la prensa, la radio y la televisión; volvió a organizar animadas peñas y tuvo nuevos amores, aunque siempre se mantuvo en contacto con Luis Wangüemert, a quien le mandaba galleticas María porque le gustaban. A mi querida Mamá Lila no la volví a ver. Es una de las grandes heridas que llevo en el alma. Falleció en Caracas, en el verano de 1968. Tita Sara y Tito Pepe nos visitaron por primera vez en Estados Unidos al año siguiente. Fue la última vez que compartí con el tío que nos hablaba en jerigonza cuando niñas pues murió muy joven. Tita Sara siguió viajando cada dos años a Nueva York, Washington o Miami, según donde vivieran su hermana y sus sobrinos. Expiró en Caracas, en febrero de 1980. Acababa de pasarse tres meses con nosotros. Vio publicados mis primeros libros y me escuchó una conferencia sobre “El erotismo en la poesía femenina hispanoamericana”. Nunca perdió su fe en mi destino literario ni su alegría de vivir.

Casi toda mi familia se fue de Cuba. Quedaron en la Isla mi hermana Gilda, tres de mis tías y algunos primos por vía paterna. A las primeras no alcancé a verlas de nuevo. Con los primos me reencontré cuarenta años después cuando regresé a Cuba con mi hermana Lucía, en 1999. Fue como si nunca hubiéramos estado separados. Mis parientes rehicieron sus vidas en distintas ciudades del mundo. Algunos murieron demasiado pronto. Otros fueron longevos. Como en todas las familias, hubo divorcios, segundos matrimonios, hijos, nietos, bisnietos. La gran mayoría tuvo éxito en sus empeños. Me atrevería a decir, sin embargo, que a todos los mordía el desarraigo aunque a algunos más que a otros.

En cuanto a mí, el verdadero epílogo tendría que ser un segundo volumen de estas memorias que no sé si llegaré a escribir. Mucho de mis andares están ya recogidos en artículos y libros, pues pese a las dificultades, que no son pocas, de hacerse escritor en español en Estados Unidos, los vaticinios de Tita Sara en mi niñez fueron acertados. He logrado una amplia obra literaria y periodística. Cuando revivo mi infancia habanera, confirmo que la raíz de lo que he llegado a ser, tanto en mi vida personal como profesional, se encuentra en esos importantes años de formación. De ahí provienen mi ética de trabajo, mi sentido de justicia social, mi amor a la familia, los amigos, las tradiciones, la cultura en todas sus manifestaciones. Vivir fuera de mi país ha sido tener una herida abierta. El regreso a Cuba en 1999 y los muchos viajes a la Isla que he hecho desde entonces, han ayudado a irla sanando. Pero siempre me duele Cuba. El destierro no solo separó a las familias cubanas sino hasta a los muertos. Hay tumbas de mis seres queridos en Francia, España, Suiza, Argentina, Venezuela y diversas ciudades de Estados Unidos.

Ya escritas estas memorias, la muerte me ha arrebatado de forma trágica a Nancy Kress, mi inseparable compañera durante mis años en Ruston Academy, mencionada varias veces en estas memorias, y con quien mantuve una estrecha amistad durante sesenta y cinco años, al punto de conservar aún aquel dije con su nombre que me regaló el día que me fui de Cuba. Me entristece saber que no podrá ya leer este libro, del cual hablamos días antes de su fallecimiento, pero ella vivirá por siempre en sus páginas y en mi recuerdo.

A menudo pienso que yo también descansaré en unas tierras que aunque me han acogido durante la mayor parte de mi vida, siguen siendo ajenas. Recuerdo los adoloridos párrafos del profesor Carlos Ripoll:

> La tumba del proscrito no es acabamiento, sino principio de nueva espera. Todo entierro es triste: con un ser querido se va una parte de nosotros. Sin embargo, aun en la angustia de la separación halla consuelo el deudo: a su compañía inconstante y frágil sucederá la segura y amorosa de la tierra; y cuando los más fieles retrocederían ante la desintegración de la materia, ella, madre, estará allí, recibiendo el despojo que convierte por un milagro de caridad en nueva vida. Pero no hay procesión más atribulada y doliente que la que lleva al desterrado al cementerio. ¿Dónde está la tierra compasiva? ¿Dónde la sombra del árbol propio? ¿Dónde su techo de estrellas? ¿Dónde la brisa cariciosa, los aromas y rumores amigos? Allí dejamos a la víctima. ¿Qué poder insensato permite en el mundo el castigo de un muerto?[1]

[1] Carlos Ripoll: "A látigo y destierro: Reflexiones sobre la emigración cubana". Conferencia pronunciada en Georgetown University, Washington, D.C., el 13 de abril de 1975, auspiciada por el programa de Estudios Latinoamericanos y la Asociación de Estudiantes Cubanos.

Por eso, sin duda, nunca me he conformado con el elogio fácil, la crítica halagadora. Mi secreta ambición es mucho mayor. Intento burlar la muerte. Ojalá este pequeño libro contribuya a ello, que pueda algún día publicarse en Cuba, y, sobre todo, que cuando ya no esté, la niña que fui logre al fin regresar a jugar a la sombra de los almendros, a corretear por las arenas finas de la mano de Pilar y a dormirse arrullada por las nanas que cada noche le canta la mar.

Miami, 6 de febrero-20 de julio de 2021

Notas biográficas*

A

Alcalá Zamora, Niceto (Priego de Córdoba, España, 1877-Buenos Aires, Argentina, 1949). Político y jurista español que ocupó varios ministerios durante el reinado de Alfonso XIII, y el cargo de Presidente de la II República española de 1931 a 1933.

Alonso, Alicia (La Habana, Cuba, 1920-2019). (N. Alicia Ernestina de la Caridad del Cobre Martínez del Hoyo). Figura cimera del ballet cubano y universal. Brilló como bailarina profesional y por versiones coreográficas de los grandes clásicos. Famosa por sus representaciones de *Giselle* y *Carmen*. Contrajo matrimonio muy joven con Fernando Alonso, también bailarín y coreógrafo. Estudió en Cuba y

*Los lectores no encontrarán aquí exactamente un índice de todos los nombres mencionados a lo largo del libro ni tampoco una información biográfica completa. El transcurso de los años ha hecho difícil hallar algunos datos precisos y el espacio destinado también se ha impuesto como una limitante. Pero consideramos que al menos estas notas pueden cumplir la función de ubicar histórica y culturalmente a los distintos personajes referidos.

en el School of American Ballet, en Nueva York. Fundó en 1948 el Ballet Alicia Alonso, hoy Ballet Nacional de Cuba.

Alonso Pujol, Guillermo (Cuba, 1899-Estados Unidos, 1973). Abogado, profesor universitario y político cubano de ideas conservadoras. Fundador del Partido Republicano. Senador de 1936 a 1948, y Vicepresidente, de 1948 a 1952, durante el gobierno de Carlos Prío Socarrás.

Álvarez Insúa, Waldo (La Estrada, España, 1856-Madrid, España, 1938). Abogado, periodista y escritor español. Colaboró muy joven en periódicos y revistas de Galicia. Llegó a Cuba en 1877 donde obtuvo una licenciatura en Derecho y abrió su propio bufete. Dirigió *El Eco de Galicia* y fue un gran defensor del regionalismo gallego. A sugerencia suya se fundó el Centro Gallego en Cuba, del cual fue Presidente de Honor. Contrajo matrimonio con la cubana Sara Escobar Cisneros, viuda de Galt, con la que tuvo varios hijos. Cuando España perdió a Cuba regresó a su país, donde continuó escribiendo y ejerciendo la abogacía. Entre sus obras se destacan *Galicia contemporánea* (Páginas de viaje) (1889), *Finis.Últimos días de España en Cuba* (1902) y *La emigración* (1902).

Álvarez Santullano, Gloria (Extremadura, España, 1902-La Habana, Cuba, 1981). Actriz y maestra de teatro en España, de donde sale exiliada durante la Guerra Civil. Tras una breve estancia en Santo Domingo, llega a La Habana en 1940 con su hermano, el escritor José Álvarez Santullano. Dictó conferencias sobre teatro en el Lyceum and Lawn Tennis Club; enseñó en la Escuela José Miguel Gómez, en La Víbora, y en el colegio de Margot Párraga, en El Vedado, dándole continuidad a la labor que había hecho en su patria.

Antón, Mercedes (Camagüey, Cuba, 1921-Miami, Estados Unidos, 2001). Escritora cubana, especialmente de telenovelas y series de televisión. Una de las de mayor éxito fue *Historia de tres hermanas,* trasmitida en 1956 y en 1964.

Arango y Cortina, Eduardo (*Eddy*). (La Habana, Cuba, 1931-Miami, Estados Unidos, 2014). Antes de graduarse de Derecho en la Universidad de Villanueva, en La Habana, fue elegido concejal de Marianao (La Habana), por el Partido Liberal, en las elecciones de 1954. Aspiró a la reelección, por el Partido del Pueblo Libre, en los comicios frustrados de 1958. Tras oponerse al régimen comunista de Fidel Castro, participó en la conspiración nacional abortada en agosto de 1959, y fue condenado a seis años de prisión. Después de cumplir su condena se exilió en Miami, convalidó su título universitario y ejerció como abogado.

Arroyo, Nicolás (*Lin*). (La Habana, Cuba, 1917-Washington, D.C., 2006). Con su esposa Gabriela Menéndez formó, al contraer matrimonio en 1942, la firma de arquitectos Arroyo y Menéndez. Ambos se habían graduado de la Universidad de La Habana el año anterior. Es considerado padre del modernismo arquitectónico cubano. Entre los edificios diseñados por Arroyo y Menéndez se encuentra la Ciudad Deportiva, el hotel Habana Hilton (ahora Habana Libre), el colegio Ruston Academy, y el hospital de la ONRI entre muchos otros. Arroyo fue Ministro de Obras Públicas y Embajador de Cuba en Washington durante el segundo gobierno de Fulgencio Batista.

Artime Buesa, Manuel (Camagüey, Cuba, 1932-Miami, Estados Unidos, 1977). Líder estudiantil católico. Opuesto al régimen de Batista, se vinculó al Movimiento 26 de Julio. Optó por unirse a la búsqueda de una solución pacífica y apoyó la candidatura de Carlos Márquez Sterling desde las filas de Liberación Radical. En 1961 fue uno de los jefes de la Brigada 2506. Estuvo preso en Cuba al fracasar la invasión de Bahía de Cochinos. En Miami ejerció la Medicina.

B

Badía, Carlos (La Habana, Cuba, 1910-Miami, Estados Unidos, 1980). Actor, locutor y declamador que se destacó a partir de los años 30 en el cine, el teatro, la radio y la televisión. Actuó en la primera película sonora cubana *La serpiente roja* (1937) y en la popular radionovela de Félix B. Caignet *El derecho de nacer* (1948). Casado con la actriz Eva Vázquez y padre del actor Carlos Alberto Badía. En 1954 se postuló y fue electo concejal de La Habana por el Partido Auténtico. En 1958 aspiró y fue elegido representante a la Cámara por el Partido del Pueblo Libre, que postulaba como Presidente a Carlos Márquez Sterling.

Baquero, Gastón (Banes, Cuba, 1914-Madrid, España, 1997). Periodista y poeta vinculado al grupo Orígenes. Colabora en las revistas *Verbum, Espuela de Plata* y *Clavileño*. Sus libros *Poemas* y *Saúl sobre su espada*, ambos de 1942, lo convierten de inmediato en un poeta relevante. Escribió y fue jefe de redacción en el influyente *Diario de la Marina.* En su exilio en España trabajó en el Instituto de Cultura Hispánica y Radio Exterior de España. Publicó múltiples poemarios y libros de ensayos. En sus últimos años recibió merecidos reconocimientos.

Baker, James D. (Estados Unidos, 1907-Los Ángeles, Estados Unidos, 2001). Estudió en Miami University, en Oxford, Ohio, y en la prestigiosa universidad de Harvard. Estuvo asociado con Ruston Academy durante veintidós años, desempeñando distintas funciones hasta llegar a ser el director de 1946 a 1961. En los años 60 Mr. Baker fue uno de los protagonistas principales en propiciar que 14 000 niños salieran de Cuba para Estados Unidos a través de la Operación Pedro Pan.

Batista y Zaldívar, Fulgencio (Banes, Cuba, 1901-Marbella, España, 1973). Militar y político cubano. Llegó al poder con el Golpe de Estado del 4 de septiembre de 1933 y controló en gran medida a varios presidentes provisionales. Tras la Asamblea Constituyente de 1940, la cual dio a Cuba una avanzada Constitución, fue elegido Presidente del país, de 1940 a 1944. Se presentó como candidato de nuevo en 1952 y, ante la perspectiva de una derrota en las urnas, dio el Golpe de Estado del 10 de marzo de 1952, que puso fin al ritmo constitucional que había tenido la Isla por doce años. La falta de garantías, el abuso de poder y la corrupción de esta segunda etapa dictatorial provocaron una gran oposición que culminó con su fuga del país, el 31 de diciembre de 1958 y el triunfo de la Revolución Cubana.

Barral, Rolando (La Habana, Cuba, 1939-Miami, Estados Unidos, 2002). Actor, presentador de televisión y locutor cubano. Debutó a los 9 años en un programa de radio local. Era uno de los jóvenes galanes más populares de la televisión cubana a mediados de los años 50. Entre sus éxitos está su actuación en la telenovela *Mi apellido es*

Valdés (1957). A partir de 1962 continuó su carrera artística en España, Panamá, Puerto Rico y Miami.

Betancourt, Rómulo Ernesto (Guatire, Venezuela, 1908-Nueva York, 1981). Importante político venezolano del siglo XX, considerado por algunos como el "padre de la democracia venezolana". Uno de los fundadores del Partido Acción Democrática, Presidente interino de 1945 a 1948, y constitucional de 1959 a 1964, período que se caracterizó, entre otros logros, por la promulgación de una nueva Constitución, la reforma agraria, el desarrollo de la industria petrolera, y el cese de relaciones con gobiernos dictatoriales.

Biondi, José (*Pepe*). (Buenos Aires, Argentina, 1909-1975). Actor argentino que triunfó como humorista, acróbata, artista de variedades, tanto en el circo como en el teatro, el cine y la televisión. Tuvo gran éxito en Cuba en la década de los 50, primero con el "Show de Dick y Biondi", junto a su compañero artístico de origen ruso Bernardo Zalman Ver Dvorkin, apodado Dick, como con su propio programa. El 23 de febrero de 1958 fue secuestrado por un comando revolucionario con el lema "Esta noche Cuba no debe reír". De regreso en Buenos Aires el empresario cubano Goar Mestre le dio el primer espaldarazo para triunfar en la televisión de su país.

Blanco, Andrés Eloy (Cumaná, Venezuela, 1896-Ciudad de México, 1955). Destacado poeta, abogado y político venezolano, miembro de la llamada Generación del 28. Entre sus poemas más conocidos se encuentran "Las uvas del tiempo", "Píntame angelitos negros", y "Coplas del amor viajero". Fue miembro de la Asamblea Constituyente de 1946 y Ministro de Relaciones Exteriores durante la presidencia de Rómulo Gallegos. Vivió exiliado en Cuba y México, donde murió en un accidente de tránsito.

Braden, Spruille (Montana, Estados Unidos, 1894-Los Ángeles, Estados Unidos, 1978). Empresario y diplomático estadounidense. Durante las presidencias de Franklin D. Roosevelt y Harry S. Truman se desempeñó como embajador en varios países de la América Latina, entre ellos Cuba, en 1946. Fue secretario de Estado adjunto para Asuntos de las Repúblicas Americanas durante la administración de Truman. Tenía intereses económicos en Chile y comerciales en la *United Fruit Company*. Intervino en asuntos internos de varios países del continente, incluyendo el Golpe de Estado que derrocó al Presidente de Guatemala, Jacobo Arbenz, en 1954.

Bueno, Salvador (La Habana, Cuba, 1917-2006). Escritor, periodista, profesor e investigador de la literatura hispanoamericana. Entre sus obras se destaca *Historia de la literatura cubana*, la cual ha contado con múltiples ediciones desde su publicación en 1954; varias antologías de cuentos cubanos; y recopilaciones de textos martianos, así como estudios de diversas figuras de las letras de su país.

Burr, Raymond (New Westminster, Canadá, 1917-Healdsburg, California, 1993). Actor con larga carrera en Hollywood. Actuó en el filme de Alfred Hitchcock, *Rear Window*, de 1954, pero sus mayores éxitos fueron en la televisión en el papel de Perry Mason durante nueve temporadas (1957-1966), y en el programa "Ironside", con el que obtuvo seis premios *Emmy* y dos nominaciones para el *Golden Globe.*

Bustamante, Manela (La Habana, Cuba, 1924-San Juan, Puerto Rico, 2005). Actriz cubana recordada especialmente por el papel de Cachucha en el programa humorístico "Cachucha y Ramón", en el cual compartía protagonismo con Idalberto Delgado, transmitido, aproximadamente, de 1955 a 1965. En Puerto Rico se dio a conocer con el papel de Doña Tony en el popular programa "Los García".

C

Carbó Moreira, Sergio (La Habana, Cuba, 1892-Miami, Estados Unidos, 1971). Político y destacado periodista. Luchó contra el dictador Gerardo Machado y fue miembro de la Pentarquía, uno de los gobiernos temporales a la caída del dictador. Se destacó como periodista desde las páginas del semanario satírico *La Semana* (1925-1931) y luego como fundador y director de *Prensa Libre* (1941-1959), periódico de tendencia liberal. Obtuvo el prestigioso premio periodístico Justo de Lara.

Carbonell Andricaín, Néstor (La Habana, Cuba, 1908-San Juan, Puerto Rico, 1990). Destacado abogado y notario, legislador y líder político de principios democráticos. Tras recibir su doctorado en leyes en la Universidad de La Habana, participó en causas penales en defensa de prisioneros políticos como Abogado de Oficio de la Audiencia de La Habana y en los Tribunales de Urgencia. Se distinguió por su oratoria y espíritu conciliador y fue electo Representante a la Cámara en los comicios de 1936, 1940 y 1944. Como cofundador y vicepresidente del Partido del Pueblo Libre, presidido por el Dr. Carlos Márquez Sterling, fue candidato a senador por la provincia de Matanzas en las elecciones de 1958, frustradas por Batista con fraude y por Castro con violencia.

Carbonell Pallés, Luis Mariano (Santiago de Cuba, Cuba, 1923-La Habana, Cuba, 2014). Pianista, narrador oral y principalmente declamador. Fue apodado "El acuarelista de la poesía antillana". Mereció aplausos en Nueva York, Madrid, Venezuela, México. Se destacó por sus interpretaciones de textos de poetas afrocubanos como Nicolás Guillén, Emilio Ballagas, José Zacarías Tallet, así como del puertorriqueño Luis Palés Matos. Menos populares en su repertorio, pero interpretados con igual talento, encontramos a Federico García Lorca y Alfonso Camín.

Carpentier, Alejo (Lausana, Suiza, 1904-París, Francia, 1980). Novelista, ensayista, periodista y musicólogo cubano de gran influencia en la literatura latinoamericana. Aunque de padre francés y madre de origen ruso, se sentía cubano pues vivió en la Isla gran parte de sus primeros años. Fue, asimismo, incansable viajero, y pasó largos períodos en Francia y Venezuela. Formó parte del Grupo Minorista. Colaboró en importantes rotativos como *La Discusión, El Heraldo de Cuba,* y en revistas como *Social* y *Carteles.* Entre sus principales obras se encuentran las novelas *Los pasos perdidos, El siglo de las luces, El recurso del método* y *La consagración de la primavera*. En 1977 recibió el Premio Cervantes.

Carreño, Mario (La Habana, Cuba, 1913-Santiago de Chile, Chile, 1999). Uno de los más importantes artistas plásticos cubanos del siglo XX. Luego de muchos años de vivir en Chile, obtuvo su ciudadanía en 1969. Allí recibió, en 1982, el Premio Nacional de Arte y se imprimió un sello postal con uno de sus lienzos. Fue profesor de artes visuales en numerosas universidades y sus cuadros se encuentran en varios museos de Estados Unidos, América Latina y Europa. Su obra refleja distintos períodos que van desde lo figurativo, lo surrealista hasta visiones apocalípticas.

Carvallo Aragón, César (La Habana, Cuba, 1913-Miami, Estados Unidos, 2010). Doctor en Medicina de la Universidad de la Sorbona, en París. Ejerció como médico internista en La Habana. Allí fue profesor agregado de la cátedra de Patología de la Universidad de La Habana y jefe de sala en el hospital Nacional, hoy Enrique Cabrera. Fundó con otros compañeros de clase la Clínica Pasteur. En Nueva York hizo la residencia en St. Vincent´s Hospital, en Staten Island. Al revalidar su título estuvo asociado con el Jewish Home and hospital for the Old and the Age, una institución geriátrica afiliada al Mount Sinai Hospital, de Nueva York.

Casabuena Miranda, José Ambrosio (Matanzas, Cuba, 1903-Florida, Estados Unidos, ¿?). Electo senador de la República por la provincia de Las Villas, Cuba, en 1948.

Castro García, Orlando V. (Matanzas, Cuba, 1928). Estudió para Contador Público en la Universidad de La Habana y fue supervisor de créditos y cobros de la empresa Sabatés, sucursal de Procter & Gamble, en la Isla. Fue uno de los asaltantes al Cuartel Carlos Manuel de Céspedes, en Bayamo, acción coordinada en paralelo con la del ataque al Cuartel Moncada, liderado por Fidel Castro, el 26 de julio de 1953. Más tarde renuncia a la violencia política y firma el Manifiesto del 30 de Junio que apoya la vía electoral y la candidatura a la presidencia de Carlos Márquez

Sterling, con quien mantuvo una larga amistad. Se fue de Cuba en 1979.

Castro Ruz, Fidel Alejandro (Birán, Oriente, Cuba, 1926-La Habana, Cuba, 2016). Abogado, político, guerrillero y mandatario. Dirigió el movimiento revolucionario 26 de Julio contra Fulgencio Batista, a quien combatió alzado en la Sierra Maestra. Gobernó a Cuba por cincuenta años, de 1959 a 2008, hasta que por razones de salud delegó el poder a su hermano Raúl Castro. Convirtió la República en un estado socialista de carácter marxista-leninista, bajo el liderazgo de un único Partido, el Partido Comunista de Cuba. Ostentó el grado de Comandante del Ejército (de las Fuerzas Armadas Revolucionarias). Contó con gran apoyo político y económico de la Unión Soviética y auspició movimientos guerrilleros en la América Latina. Sofocó toda oposición interna. Mientras para unos fue un carismático líder revolucionario que se opuso a Estados Unidos, es considerado por muchos un dictador, por el lapso extendido y carácter autoritario de su régimen.

Chacón y Calvo, José María (La Habana, Cuba, 1892-1969). Abogado, bibliófilo, crítico, ensayista, historiador, periodista, profesor, diplomático y animador de la cultura. Realizó valiosas compilaciones. Entre las que más destacan se halla la antología titulada *Las cien mejores poesías cubanas* (1922) y la selección y prólogo de prosas de José María Heredia titulada *Revisiones literarias* (1947). Presidió la Academia Cubana de la Lengua desde 1951 hasta 1969.

Chibás, Raúl (Santiago de Cuba, Cuba, 1916-Miami, Estados Unidos, 2002). Político. Hermano del periodista y político ortodoxo Eduardo *(Eddy)* Chibás. En 1955 presidió el Partido Ortodoxo. Apoyó la Revolución Cubana pero se exilió en 1960. Era co-dueño de la Havana Military Academy.

Chicharito y Sopeira, ver Alberto Garrido y Federico Piñeiro.

Coego, Manolo (La Habana, Cuba, 1927-Miami, Estados Unidos, 2017). Actor de primera en cine, teatro y televisión, Famoso por sus papeles de galán. Se destacó en Cuba, entre otras, en las telenovelas *Mi apellido es Valdés* y en el personaje de Santos Luzardo junto a Raquel Revuelta en *Doña Bárbara*. Triunfó igualmente en la televisión venezolana. En Estados Unidos actuó en algunos episodios de *¿Qué pasa, USA?*, la exitosa serie bilingüe sobre los Peña, una familia cubana en Estados Unidos.

Coll, Nena (La Habana, Cuba, 1896-1985). (N. Paula Rita Cándida Coll Núñez). Musicóloga, compositora, pianista y profesora. Socia fundadora de las Damas Isabelinas de Cuba. Colaboradora de la Casa Cultural de Católicas. Autora de varios villancicos. Estuvo activa en las filas del Partido Auténtico y más tarde en las del Partido del Pueblo Libre.

Cruz, Celia (La Habana, Cuba, 1925-Fort Lee, New Jersey, 2003). Cantante cubana reconocida internacionalmente; apodada "La reina de la salsa" y "La guarachera de Cuba". Una de las artistas más influyentes de la música popular contemporánea que conquistó seguidores también en las nuevas generaciones hasta sus últimos días. Algunos de sus interpretaciones más famosas son "Burundanga",

"La vida es un carnaval", "La negra tiene tumbao". Hizo famosa la expresión "¡Azúcar!". Recibió numerosos galardones, entre ellos dos Grammy y tres Grammy Latinos. Su velorio en Miami y Nueva York fueron similares a los de una figura de Estado.

D

David-Posada, Juan (*Juan David*). (Cienfuegos, Cuba, 1911-La Habana, Cuba, 1981). Artista plástico que se destacó especialmente por la caricatura personal. A los veinte años en su ciudad natal exhibió una exposición de treinta caricaturas y algunos retratos en carboncillo. Su obra se vio interrumpida con frecuencia por encarcelamientos en su lucha durante el mandato presidencial de Gerardo Machado. Se traslada a La Habana en 1936 y por más de cuarenta años labora en la prensa de la Isla, en revistas como *Social*, *Grafos*, *Hoy* y *Bohemia*, entre muchas otras. Obtuvo por oposición una plaza de profesor en 1947 en la Escuela de Periodismo Manuel Márquez Sterling. En la década del 60 ocupó varios puestos diplomáticos representando a Cuba.

E

Echegoyen, Luis (La Habana, Cuba, 1922-Georgia, Estados Unidos, 1997). Famoso comediante. Desde sus años de estudiante cobró fama por las imitaciones de sus maestros y condiscípulos. Trabajó en la radio en "La tremenda corte", junto a Leopoldo Fernández, Aníbal de Mar y Mimí Cal. Pocos años después logró ser la estrella principal de "Mil voces y un solo artista", donde brilló por la creación de sus personajes femeninos que luego pasaron a la televisión. Uno de los famosos fue Mamacusa Alambrito. En 1960 se traslada con su familia a Puerto Rico y allí triunfa en la pantalla chica. En 1981 establece su residencia en Miami.

Echevarría, José Antonio (Cárdenas, Cuba, 1932-La Habana, Cuba, 1957). Líder revolucionario estudiantil. Representó a la Asociación de Estudiantes de Arquitectura ante la Federación de Estudiantes Universitarios (FEU). Fue uno de los fundadores, en 1955, del Directorio Revolucionario, organización estudiantil clandestina que combatía la dictadura de Fulgencio Batista. Participó en el asalto a Palacio Presidencial, el 13 de marzo de 1957, para eliminar al dictador, ocupando la emisora de Radio Reloj para hablarle al pueblo cubano. Cuando se dirigía con sus compañeros a la Universidad de La Habana, se entabló un combate con la policía en el que perdió la vida.

Echevarría Vaillant, Enrique J. (Santiago de Cuba, Cuba, 1912-La Habana, Cuba, 1995). Obtuvo el título de doctor en Medicina de la Universidad de París, en 1937. En las décadas de los 40 y 50 ejerció como cirujano en varias clínicas mutualistas de La Habana, así como en el hospital universitario General Calixto García. Se destacó en el campo de la cirugía pediátrica. En 1951 fue nombrado profesor agregado, junto al Dr. Roberto Guerra Valdés, a la Cátedra de Patología Quirúrgica que ocupaba el Dr. Ernesto R. de Aragón. Al morir este, en 1954, se desempeñó como profesor auxiliar de dicha cátedra. En 1960 fue nombrado miembro de la Junta de Gobierno de la Universidad de La Habana y en 1961 ascendido a profesor titular en el nuevo departamento de Cirugía.

Enríquez, Carlos (Las Villas, Cuba, 1900-La Habana, Cuba, 1957). Uno de los mejores artistas de la plástica de la primera mitad del siglo xx, perteneciente a la primera vanguardia cubana. Realizó estudios formales por breve tiempo en la Academia de Bellas Artes de Pensilvania, en 1926. En Cuba sus desnudos femeninos fueron retirados de exposiciones por su "realismo exagerado". Vivió en Estados Unidos, Francia y España hasta que se radicó en la Isla, definitivamente, en 1935. Sus cuadros más famosos son, entre otros, *El rapto de las mulatas, Virgen de la Caridad,* y *Manuel García, rey de los campos de Cuba,* por el que fue premiado en 1935 en el Salón Nacional de Pintura y Escultura. En su obra se destacan los símbolos de su nacionalidad, como la palma real, el mestizo y la luz del trópico. Incursionó en la literatura y publicó varias novelas.

F

Fangio, Juan Manuel (Balcarce, Argentina, 1911-Buenos Aires, Argentina, 1995). Considerado uno de los más destacados pilotos del automovilismo mundial de todos los tiempos. Logró cinco títulos mundiales de Fórmula 1 en la década de los 50, así como dos súper campeonatos e infinidad de premios. Era apodado "El chueco" y "El Maestro".

Félix, Jorge (Santa Clara, Cuba, 1931-Miami, Estados Unidos, 2013). Se destacó como uno de los galanes jóvenes de la televisión nacional en la década de los 50. Al salir de Cuba continuó su carrera en Venezuela como actor, director, productor de novelas y alto ejecutivo de Venevisión International Productions.

Fernández, Leopoldo (Jagüey Grande, Cuba, 1904-Miami, Estados Unidos, 1985). Cómico cubano conocido por su personaje Tres Patines, en el programa radial y televisivo "La tremenda corte", estrenado en 1941 y con éxito aún en la actualidad pues se difunde mediante modernas tecnologías. También creó el personaje de Pototo, para el programa televisivo "El show de Cutipín y Cutipón", donde compartió protagonismo con Aníbal de Mar, creador del personaje Filomeno.

Fiallo, Amalio (Güines, Cuba, 1922-Caracas, Venezuela, 2011). En su juventud se destacó como uno de los líderes nacionales cubanos de la Federación de Jóvenes de la Acción Católica. En 1955 fue uno de los fundadores del Movimiento Liberación Radical en oposición al dictador Fulgencio Batista. Se convirtió en importante dirigente político nacional, conocido por su elocuencia en la tribuna. Residió en Venezuela a partir de 1960 y allí publicó varios libros. Sobresalió como director de los Seminarios de Democracia Participativa que llevó a cabo con cubanos en la Isla y la diáspora.

G

Gabi, Fofó y Miliki. Compañía de payasos españoles formada por los hermanos Aragón (Gabriel 1920-1995), Alfonso (1912-1976) y Emilio (1929-2012), a los que posteriormente se les unieron varios de sus hijos. Descendientes de una familia circense, comenzaron sus actuaciones en España, en 1939. En 1946 emigraron a América y allí permanecieron un cuarto de siglo. Su primera estancia fue en Cuba y sus populares programas de televisión se difundían en varios países de América Latina y Estados Unidos. Se trasladaron en 1965 a Puerto Rico, y más tarde a Argentina y allí también triunfaron. Regresaron a España en 1972, contratados por Televisión Española. La familia cultivó éxitos por más de una década, hasta disolverse la compañía en 1985.

Gallegos, Rómulo (Caracas, Venezuela, 1884-1969). Novelista y político. Fue el primer Presidente electo de forma directa, secreta y universal en Venezuela. Gobernó durante solo nueve meses. Tras ser derrotado por un Golpe de Estado, vivió exiliado en Cuba y México. Regresó a su país después de la caída del dictador Marcos Pérez Jiménez. Considerado uno de los escritores más importantes de América Latina de la primera mitad del siglo xx, entre sus libros se destacan *Canaima, Pobre negro* y la muy célebre *Doña Bárbara,* traducida a varios idiomas y llevada tanto al cine como a la televisión. Recibió múltiples reconocimientos, entre ellos el Premio Nacional de Literatura de su país, en 1958.

Garrido, Alberto (La Habana, Cuba, 1909-Miami, Estados Unidos, 1963). Actor, comediante y bailarín. Integró, de 1931 a 1936, la compañía de zarzuelas del Teatro Martí, en obras como *Cecilia Valdés, Rosa La China, María Belén Chacón.* Allí conoció al actor Federico Piñeiro y con él integra el dúo humorista Chicharito y Sopeira, también conocidos como El negrito y El gallego. Su inolvidable interpretación del negrito, creado junto con el gallego por Antonio Castells, servía de instrumento crítico a la realidad cubana, mediante la sátira y el humor. Participó en varios filmes como *Romance en el Palmar. Sucedió en La Habana* y *Cancionero cubano.*

Gómez Mena, María Luisa, Condesa de Revilla de Camargo (La Habana, Cuba, 1907-Burgos, España, 1959).

Proveniente de una de las familias de la "sacarocracia" cubana, con apenas 19 años, marcha a España y contrae matrimonio con el militar español Francisco Vives Camino. Regresa a La Habana, al estallar la guerra civil, y su matrimonio se disuelve. En Cuba se convierte en gran mecenas de las artes. Contrajo matrimonio en 1941 con el pintor Mario Carreño, unión que dura pocos años. Mantiene una relación epistolar y romántica con el poeta español Manuel Altolaguirre, quien vivía en México luego de residir en Cuba. María Luisa lo ayuda en proyectos editoriales y cinematográficos y finalmente contraen matrimonio. Al regreso de la presentación de una versión fílmica de *El cantar de los cantares,* en el Festival de Cine de San Sebastián, ambos fallecen tras sufrir un accidente automovilístico.

Gómez Ochoa, Delio (Holguín, Cuba, 1929). Participó en la lucha clandestina contra Fulgencio Batista. Subió a la Sierra Maestra en 1957 y se unió al movimiento 26 de Julio. Asumió la coordinación del M.26 en La Habana. Fue comandante del IV Frente Oriental "Simón Bolívar", en 1958, durante la insurrección revolucionaria. Más tarde peleó contra el dictador Rafael Leónidas Trujillo y sufrió torturas en prisiones de Santo Domingo, donde es considerado un héroe nacional.

Gómez Wangüemert, Luis (Islas Canarias, España, 1901-La Habana, Cuba, 1980). Vivió en Cuba desde los 16 años. Destacado periodista. Fue uno de los fundadores de la revista literaria *Talía.* Colaboró en otras importantes publicaciones como *Bohemia, Social* y *Carteles,* de la que llegó a ser jefe de redacción. Escribió asimismo para periódicos como *El Heraldo de Cuba*, *El Mundo* y *El Crisol.*

Fue comentarista de temas internacionales en CMQ TV. Representó a Cuba en conferencias de la UNESCO en Florencia y París. En 1981 asumió la dirección de *El Mundo*, hasta 1968, período en que continuó como comentarista en la televisión. La República Española le concedió la Cruz de la República y la Cruz Roja Cubana su Medalla de Oro.

Grau San Martín, Ramón (Pinar del Río, Cuba, 1881-La Habana, Cuba, 1969). Médico y político. Presidente de la República (1933-1934–1944-1948). Estudió Medicina en la Universidad de La Habana, de la que más tarde sería profesor. En la década del 20 se involucró en protestas estudiantiles y en 1931 fue encarcelado por su oposición al dictador Gerardo Machado. A la caída de este, como Presidente provisional, promulgó una serie de medidas nacionalistas y de tendencias socialistas. Entre los logros de ese período se encuentra la autonomía universitaria y el derecho de la mujer al voto. Presidió la Asamblea Constituyente de 1940, pero debido a su desconocimiento de los procesos parlamentarios creó una situación caótica y fue sustituido por Carlos Márquez Sterling. Se postuló a la Presidencia en 1944 por el Partido Revolucionario Auténtico y fue elegido por un amplio margen, en lo que se llamó "la jornada gloriosa", aunque su partido no alcanzó mayoría en el Senado. Su gestión presidencial se vio plagada por conflictos y enfrentamientos entre grupos gangsteriles, así como por una gran corrupción.

Guillot, Olga (Santiago de Cuba, Cuba, 1922-Miami Beach, Estados Unidos, 2010). Apodada "La reina del bolero" por su fama como intérprete de este género, tanto en su país natal como en América Latina, Europa y Estados

Unidos. Cantó junto a Frank Sinatra, Édith Piaf y Nat King Cole, entre otros. Logró diez Discos de Oro, dos de Platino y uno de Diamante. En 2007 recibió un Grammy Latino por su trayectoria artística. Como actriz incursionó en el cine y la televisión. Sus interpretaciones más memorables incluyen "Miénteme", de Chamaco Domínguez y "Tú me acostumbraste", de Frank Domínguez.

H

Hernández-Catá, Alfonso (Aldeádavila de la Ribera, España, 1885-Río de Janeiro, Brasil, 1940). Diplomático e intelectual. Comenzó su carrera en el servicio exterior cubano, en 1908, como cónsul en El Havre, Francia, cargo que ocupó también en Birmingham, Inglaterra, así como en varias ciudades de España, donde residió en la capital con su familia, de 1913 hasta la Guerra Civil española. En 1933 fue nombrado Embajador de Cuba en España, y más tarde lo sería en Panamá, Chile y Brasil. Escribió en todos los géneros pero han sido sus cuentos cortos los que han recibido mayores elogios. Fue uno de los escritores cubanos más importantes de la primera mitad del siglo XX, y el primero en ser traducido a múltiples idiomas. Cultivó la amistad de intelectuales cubanos, españoles y latinoamericanos.

I

Ichaso Macías, Francisco (Cienfuegos, Cuba, 1901-México, D. F., 1962). Intelectual, activista político y profesor. Miembro del Grupo Minorista y coeditor de la *Revista de Avance,* donde se destacó como crítico de arte y ensayista. Colaborador asiduo del *Diario de la Marina* y *Bohemia.* Profesor de la Escuela de Periodismo Manuel Márquez Sterling. Recibió los premios periodísticos Juan Gualberto Gómez, Justo de Lara y José I. Rivero. Fue Embajador de Cuba ante la UNESCO.

Iglesias Betancourt, Pedro (Matanzas, Cuba, 1905-Miami, Estados Unidos, 1983). Médico internista. Se graduó de Doctor en Medicina en París y en la Universidad de La Habana, donde fue profesor de Patología Médica. Socio Fundador de la Sociedad Cubana de Medicina Interna. Creó un laboratorio clínico, otro de anatomía patológica y servicios de cardiología, electrocardiografía y radiografía. Publicó libros de textos e influyó con sus enseñanzas en varias generaciones de galenos.

Insúa, Alberto (La Habana, Cuba, 1883-Madrid, España, 1963). Escritor y periodista español que alcanzó gran popularidad en su época. Quizás su obra más conocida es *El Negro que tenía el alma blanca* (1922), de la que se hicieron tres versiones cinematográficas. Varias de sus novelas, entre ellas *Las flechas del amor*, fueron traducidas a varios idiomas. Colaboró con su cuñado Alfonso Hernández-Catá en varias obras de teatro llevadas a las tablas con gran éxito en Madrid en los años 20. También son de gran interés los tres volúmenes de sus *Memorias*.

J

Jiménez, Violeta (Sancti Spíritus, Cuba, 1928-Madrid, España, ¿?). Actriz dramática de radio y televisión. En Cuba se destacó por su actuación como protagonista en la versión para radio de la novela *Doña Bárbara*, así como en la televisiva de *El derecho de nacer*, de 1952, para el canal 6 de la emisora CMQ, interpretando el papel de Isabel Cristina. También actuó en la telenovela *Historia de tres hermanas*. En el cine actuó en la película del ICAIC *Crónica cubana* (1963), y en el exilio trabajó con éxito para la televisión y el cine.

K

Kourí Barreto, Ada (La Habana, Cuba, 1917-Roma, Italia, 2006). La mayor de los siete hijos de la Dra. Josefina Barreto y el Dr. Juan B. Kourí, famoso cirujano y profesor de Medicina de la Universidad de La Habana, centro docente del cual también Ada se graduó como médico. Se especializó en cardiología. Contrajo matrimonio en 1935 con Raúl Roa García. Ambos estuvieron exiliados durante la década del 30 y de nuevo durante la dictadura de Fulgencio Batista.

L

Labrador Ruiz, Enrique (Sagua la Grande, Cuba, 1902-Miami, Estados Unidos, 1991). Escritor y periodista. La trilogía de sus "novelas gaseiformes", *El laberinto de sí mismo* (1933), *Cresival*, (1936) y *Anteo*, (1940) está marcada por una gran angustia existencial. En 1946 mereció el Premio Nacional Alfonso Hernández-Catá por su cuento "Conejito Ulán", y el Premio Nacional de Novela por *La sangre hambrienta* (1950). Entre sus colecciones de cuentos se encuentra *El gallo en el espejo* (1953). En *El pan de los muertos* (1958) recoge semblanzas de personalidades de la cultura. Sus cuentos aparecen en numerosas antologías.

Ladrón de Guevara, María Fernanda (Madrid, España, 1897-1974). Actriz de gran éxito en las tablas, la televisión y el cine. Desde su debut en 1913 actuó en obras de los más destacados dramaturgos. Con su primer esposo, el actor Rafael Rivelles, formó su propia compañía. La carrera cinematográfica fue secundaria para ella pero protagonizó media docena de filmes así como la telenovela *Mi hijo y yo*. Su talento artístico fue heredado por su hija Amparo Rivelles, y el hijo de su segundo matrimonio, Carlos Larrañaga, así como por sus nietos Amparo Larrañaga y Luis Merlo. Vivió y actuó en Cuba en la década del 50.

Larrañaga, Carlos (Barcelona, España, 1937-Málaga, España, 2012). Debutó en el cine a los cuatro años y vivió algunos años en Cuba donde participó en numerosos programas de televisión y obras de teatro. De regreso a España actuó en varias superproducciones de Hollywood junto a Cary Grant, Sophia Loren y Frank Sinatra, así como en la televisión y el teatro.

Lecuona, Ernesto (Guanabacoa, Cuba, 1895-Canarias, España, 1963). Uno de los más famosos compositores e intérpretes cubanos del siglo xx. Ofreció su primer recital de piano a los cinco años y compuso una marcha a los trece. Entre sus zarzuelas más conocidas se encuentran *María la O* y *Rosa La China*, y entre su música para piano, *Suite Andalucía*, *Ante El Escorial* y *San Francisco el Grande*. Se destacan sus canciones "Malagueña", "La Habanera" y "Siempre en mi corazón" (*Always in my Heart*, en su versión en inglés, nominada para un Oscar en 1942). Fundó en Estados Unidos la primera orquesta iberoamericana, los *Lecuona Cuban Boys*.

Llaguno, Monseñor Alfredo (La Habana, Cuba, 1902-1979). Fue ordenado Obispo en Roma en 1928. Tuvo en Cuba una larga y variada carrera sacerdotal. Fue capellán administrador del hospital de San Francisco de Paula, párroco de la Iglesia de San Francisco de Paula, y profesor de Teología de la Universidad de La Habana, entre muchas otras labores.

M

Machado Morales, Gerardo (Camajuaní, Cuba, 1889-Miami Beach, Estados Unidos, 1939). General de la Guerra de Independencia de Cuba contra España. Quinto Presidente de la República de Cuba (1925-1933). La mayoría de los historiadores coinciden que su primer período como Presidente tuvo un balance positivo, pero sus intentos de reformar la Constitución para perpetuarse en el poder provocaron protestas y rebeliones que a su vez resultaron en la reducción de libertades y una feroz represión. Se vio obligado a dimitir en 1933. Se considera el primer dictador que sufrió Cuba durante su período como República.

Mañach Robato, Jorge (Sagua La Grande, Cuba, 1898-San Juan, Puerto Rico, 1961). Una de los intelectuales cubanos más sobresalientes de la primera mitad del siglo xx. Estudió en España, Francia, Cuba y en la Universidad de Harvard, en Estados Unidos, donde también enseñó. Ocupó los cargos de senador y ministro de Relaciones Exteriores, pero fue en el campo de las letras que su contribución fue mayor. Autor de la icónica biografía *Martí, el Apóstol*, así como de los penetrante ensayos sobre la sociedad cubana "La crisis de la alta cultura" (1926) e "Indagación del choteo" (1928). Fue profesor de Filosofía de la Universidad de La

Habana y tuvo una participación muy activa en el desarrollo y la promoción de la cultura en la joven República de Cuba. Se opuso a las dictaduras de Machado, Batista y Castro.

Mar, Aníbal de (La Habana, Cuba 1906-Miami, Estados Unidos, 1980). Actor cubano que protagonizó en la radio y la televisión a Filomeno, en "El show de Pototo y Filomeno", con Leopoldo Fernández, así como el papel de juez en "La tremenda corte", trasmitido por décadas por toda la América Latina como programa radial sindicado. También figuró con papeles menores en varias películas.

Marinello, Juan (Las Villas, Cuba, 1898-La Habana, Cuba, 1977). Abogado e importante intelectual. Estudió en Cuba y España. En la década de los 30 se vinculó al Partido Comunista de Cuba. Su activismo político lo obligó a exiliarse en varias ocasiones y lo distanció de algunos amigos como Jorge Mañach. Colaboró en instituciones culturales como el Instituto Hispano-Cubano de Cultura y en publicaciones como la *Revista de Avance*. Se especializó en estudios sobre la obra de José Martí. Publicó varios libros de ensayos y poemas políticamente comprometidos y antiimperialistas. En 1962 fue nombrado Rector de la Universidad de La Habana. Ocupó diversos cargos en el gobierno socialista cubano. Fue miembro del Comité Central del Partido Comunista hasta su muerte.

Markevitch, Igor (Kiev, Ucrania, 1912-Antibes, Francia, 1983). Compositor y director de orquesta de fama internacional. Emigró muy niño a Suiza. Estudió música en París. Debutó como director de orquesta a los dieciocho años. Vivió y desempeñó su carrera musical en Italia, Inglaterra, Francia, Suiza y España, y en esta última dirigió a las mejores orquestas. Dejó una amplia gama de composiciones y grabaciones.

Martínez Ararás, Raúl (Colón, Matanzas,¿?-¿?). Fue el encargado de la organización militar del frustrado asalto al Cuartel Carlos Manuel de Céspedes, en Bayamo; acción coordinada con el ataque al Cuartel Moncada, liderado por Fidel Castro, el 26 de Julio de 1953 contra el gobierno de facto de Fulgencio Batista. Más tarde renuncia a la violencia política y es uno de los firmantes del Manifiesto del 30 de Junio que apoya la vía electoral y la candidatura a la presidencia de Carlos Márquez Sterling, con quien mantuvo una larga amistad.

Martínez Fraga, Pedro (Santa Clara, Cuba, 1889-Estados Unidos, ¿?). Diplomático cubano. Fue embajador de Cuba en Estados Unidos durante el primero período presidencial de Fulgencio Batista. Miembro de la Sociedad Cubana de Derecho Internacional.

Martínez Fraga, Antonio (Cuba, 1902-Estados Unidos, 1980). Secretario del Partido del Pueblo Libre y candidato a senador por las Villas en 1958. En 1937 fue electo Presidente de la Cámara de Representantes, de la cual era miembro.

Martínez del Hoyo, Blanca María (*Cuca*). (La Habana, Cuba, 1916-Miami, Estados Unidos, 2006). Hermana mayor de la afamada primera bailarina Alicia Alonso. Compartió el escenario con ella y su cuñado Fernando

Alonso, en los años 40. Siempre cuidó de su hermana aunque sus carreras no avanzaron con el mismo éxito. Fue subdirectora artística de la compañía de ballet formada por los Alonso. Cuca también abrió su academia de danza y enseñó ballet en la Universidad de La Habana y colegios privados, como el de Margot Párraga.

Mathews, Herbert (Nueva York, Estados Unidos, 1900-Adelaide, Australia, 1977). Reportero y editorialista de *The New York Times*. Saltó a la fama al entrevistar a Fidel Castro en la Sierra Maestra, en 1957, y escribir varios reportajes en los que enfatizó los principios democráticos y anticomunistas del revolucionario cubano. Figura controvertida en el periodismo estadounidense.

Mestre Espinosa, Goar (Santiago de Cuba, Cuba, 1912-Buenos Aires, Argentina, 1994). Empresario cubano, nacionalizado argentino; considerado, junto a sus hermanos Abel y Luis Augusto, los pioneros en la industria audiovisual en la América Latina. A él se debe la construcción del edificio de Radio Centro, en 23 y L, en El Vedado habanero, concebido al estilo del Radio City de Nueva York. Fundador en Cuba del circuito CMQ, que llegó a contar con siete estaciones de televisión, nueve de radio, y más de treinta empresas diversas. En 1960 fundó Producciones Argentinas y el Canal 13. Asociado en esa misma época con las empresas CBS y Time Life, influyó en los mercados televisivos en Perú y Venezuela. Recibió varios premios, entre ellos la Gran Cruz de la Orden del Mérito Civil (España) y un Emmy del Consejo Internacional de la Academia de las Artes y Ciencias de la Televisión (Estados Unidos).

Mestre Gutiérrez, Ramón (San José de las Lajas, Cuba, 1928). Empresario y político cubano. Antes de cumplir los 30 años ya era dueño del Central Nela, en Mayajigua, Las Villas, y Presidente de Naroca, una de las empresas constructoras más importantes de Cuba. En noviembre de 1958 fue electo al Senado cubano por la provincia de Pinar del Río, como miembro del Partido del Pueblo Libre. Cumplió veinte años de prisión por ser uno de los líderes de la llamada conspiración trujillista contra el régimen cubano. Al término de la condena, en 1979, se exilió en los Estados Unidos donde volvió a crear Naroca, la cual ha construido en Miami bancos, centros comerciales, apartamentos para personas de bajos ingresos y la urbanización Monticello, entre otras obras.

Montiel, Sara (Ciudad Real, España, 1928-Madrid, España, 2013). Actriz de cine, cantante y productora cinematográfica española de extraordinaria belleza y simpatía. Actuó en múltiples películas en España, México y Estados Unidos. Cuenta asimismo con una amplia discografía. Su filme *El último cuplé* marcó un hito en el cine de su país y logró distribución internacional. Con *La violetera* Sarita Montiel, como era conocida, llegó a ser una de las actrices mejores pagadas de su época. Se retiró del cine en 1974 pero hasta el final de sus días se mantuvo activa en el campo del espectáculo musical. Viajó varias veces a La Habana, donde se ganó el cariño del público.

Moré, Benny (Isabel de Las Lajas, Cuba, 1919-La Habana, Cuba,1963). (N. Bartolomé Maximiliano Moré Gutiérrez). Apodado "El bárbaro del ritmo", fue un cantautor que se destacó especialmente por sus interpretaciones del son montuno, el mambo y el bolero. Tenía un innato talento musical y triunfó no solo en Cuba sino en toda la América Latina. Formó parte, entre otras agrupaciones, de las orquestas de Bebo Valdés y la Aragón. Igual actuaba en los más importantes cabarets y programas de la televisión, como en pequeños bares. De su amplia discografía se destacan el mambo "Bonito y sabroso", los sones montunos "Santa Isabel de las Lajas", y "Qué bueno baila usted", así como el bolero "Camarera de mi amor".

Mora Morales, Menelao (Pinar del Río, Cuba, 1905-La Habana, Cuba, 1957). Político y líder obrero. Milita en las filas del ABC contra el gobierno de Gerardo Machado. Su participación en la huelga de 1935 lo lleva al presidio y luego al exilio. Fue secretario y Presidente de la Cooperativa de Ómnibus Aliados. Se opone a la dictadura de Fulgencio Batista. Participa en el asalto al Palacio Presidencial, el 13 de marzo de 1957, en el que muere.

N

Nucete Sardi, José (Mérida, Venezuela, 1897-Caracas, Venezuela, 1972). Diplomático, periodista e historiador venezolano. Entre sus muchos cargos en el servicio exterior, fue embajador en la Unión Soviética; dos veces embajador en Cuba (1947-48 y 1959-1961), y embajador en Bélgica y Luxemburgo, así como en Brasil. Fue asimismo diputado a la Asamblea Nacional Constituyente de 1946. Ejerció la docencia universitaria. Miembro de número de la Academia Nacional de Historia. Como conferencista desempeñó una amplia labor de difusión de la literatura y la cultura de su país en el mundo. Autor de varios libros.

O

Ochoa, Emilio (*Millo*). (Holguín, Cuba 1907-Miami, Estados Unidos, 2007). Político de extracción humilde. Participó en las luchas estudiantiles contra Gerardo Machado. Fue elegido en 1939 miembro de la Asamblea Constituyente como representante del Partido Auténtico. Senador de la República de 1940 a 1948. Uno de los fundadores del Partido Ortodoxo, cuya dirección ocupa tras el suicidio de Eduardo Chibás, en 1951. Defensor acérrimo de la democracia y la Constitución, luchó contra todas las dictaduras y fue detenido un sin número de veces.

Olga y Tony. Pareja artística y sentimental formada por Olga Chorens (La Habana, Cuba, 1924) y Tony Álvarez (La Habana, Cuba, 1918-Miami, Estados Unidos, 2001). Contrajeron matrimonio en 1945 y unos meses después iniciaron una gira de cinco años por Latinoamérica con grandes éxitos en importantes capitales, interpretando cada uno valses, tangos y composiciones del cancionero romántico. A su regreso a Cuba ya se oficializan como dúo y en 1951 se presentan en el programa del circuito CMQ alcanzando gran éxito con "El show de Olga y Tony" que trasmitía la emisora de TV en vivo y acompañados de grandes figuras del momento. En 1963 emigran a México y allí, como en Puerto Rico, República Dominicana y Estados Unidos se mantuvieron activos y triunfantes. Se establecen definitivamente en la década de los 80, en Miami, contratados por el Canal 51.

Ortega, Antonio (Gijón, España, 1901-Caracas, Venezuela, 1970). Busca asilo durante la Guerra Civil Española, primero en Francia y luego en Cuba, donde se desenvuelve como periodista. Llega a ser Jefe de redacción de la revista *Bohemia* y director de *Carteles*. Publica la novela *Ready* (1946) y *Yema de coco y otros cuentos* (1959). Ya exiliado de nuevo en Venezuela, gana en 1969 el Premio Lena de cuentos, de su Asturias natal.

Ortiz, Fernando (La Habana 1881-1969). Uno de los más destacados intelectuales cubanos del siglo xx. Fue etnólogo, antropólogo, jurista, arqueólogo, periodista, lingüista, musicólogo, economista, diplomático, historiador y geógrafo. Se le conoce como el tercer descubridor de Cuba por sus investigaciones sobre las raíces afrocubanas de la identidad nacional. Acuñó el concepto de la "transculturación". Figuró en el Grupo Minorista, de gran repercusión en la década del 30. Colaboró con importantes instituciones, entre ellas la Sociedad Económica de Amigos del País, la Academia de la Historia y la Sociedad de Estudios Afrocubanos. Fue director de la revista *Bimestre Cubano* y de *Archivos del Folklore Cubano,* entre otras publicaciones. Entre sus muchas obras se destacan *Contrapunteo del tabaco y el azúcar* (1930) e *Historia de una pelea cubana contra los demonios* (1959).

P

Pagés Cantón, Héctor (Matanzas, Cuba, 1903-San Juan, Puerto Rico, 1974). Abogado y político cubano, graduado de la Universidad de La Habana. Fue electo a la Cámara de Representantes por tres términos consecutivos (1936-1947). Allí promulgó y legisló a favor del establecimiento de la Zona Franca en la ciudad de Matanzas. En 1948 resultó electo al Senado de la República. Cuando Carlos Prío fue derrocado por el Golpe de Estado de Fulgencio Batista, el 10 de marzo de 1952, tomó la decisión de abandonar la vida política activa y dedicarse a la agricultura. En enero de 1961 salió al exilio junto con su familia y se radicó en Puerto Rico. Allí se integró a la industria de bienes raíces hasta el mismo año de su muerte.

Pardo Llada, José (Las Villas, Cuba, 1923-Cali, Colombia, 2009). Periodista de gran influencia en la política cubana, tanto a través de sus artículos en la revista *Bohemia* como de sus populares programas radiales para Unión Radio, en los que sin embargo ofendió a muchos y se buscó no pocas trifulcas. Fue electo representante a la Cámara en 1950 por el Partido Ortodoxo. Fundó en 1954 el Movimiento de la Nación Cubana y apoyó una salida electoral contra el dictador Fulgencio Batista. Sin embargo, en 1958, subió a la Sierra Maestra. No obstante a su activismo revolucionario, en marzo de 1961 pidió asilo en México y luego se estableció en Cali, Colombia, donde ejerció con éxito el periodismo. Después de obtener la ciudadanía del país, fue electo al Congreso y nombrado embajador de Colombia en Noruega y Republica Dominicana.

Párraga, Margot (La Habana, Cuba, 1879-1959). Activa en importantes iniciativas culturales como el Lyceum and Lawn Tennis Club y la Sociedad Pro-Arte Musical. Apoyó en sus inicios a pintores como Amelia Peláez y Víctor Manuel. Fundó el colegio Artes e Idiomas con su hermana Rosita y con Luisa Fernández Morell, con quien había estudiado en la Academia de Artes de San Alejandro. Viajó a Estados Unidos en 1928 donde tomó cursos en Columbia University sobre los métodos modernos de pedagogía. Considerada una pionera en el campo de la educación. Tuvo siempre un gran interés por el ballet y lo hizo parte importante del currículo de su escuela.

Pazos, Felipe (Habana, Cuba, 1912-Puerto Ordóñez, Venezuela, 2001). Economista y diplomático. Graduado de la Universidad de La Habana. Como miembro del Servicio Exterior asistió a la conferencia mundial en Bretton Woods en la cual se creó el Banco Mundial y el Fondo Monetario Internacional, donde trabajó de 1946 a 1949. Durante el gobierno de Carlos Prío se ocupó de la creación del Banco Mundial, el cual presidió de 1950 a 1952. Propició que el periodista Herbert Mathews entrevistase en la Sierra Maestra a Fidel Castro para *The New York Times*. El propio Pazos se reunió con Castro en las montañas y lo apoyó, confiado de que restauraría la Constitución de 1940. Con el triunfo de la Revolución, en enero de 1959, el Dr. Pazos fue repuesto en su cargo de Presidente del Banco Nacional de Cuba, pero antes de que terminara el año se desilusionó con la marcha del nuevo gobierno. Logró salir del país con su familia y murió exiliado en Venezuela.

Pendás Garra, Porfirio (*Piro*). (Las Villas, Cuba, 1908-Mexico, D.F., 2003). Figura pública cubana de la era republicana que luchó por una verdadera democracia en Cuba. Sufrió prisiones y varios exilios. Fue electo por su provincia natal a la Cámara de Representantes y posteriormente al Senado. Durante sus años como legislador introdujo proyectos de ley a favor de las industrias tabacalera, azucarera y redes de restaurantes, entre otros. A la llegada de Fidel Castro se exilió en la Ciudad de México, con su familia.

Pinelli, Germán (La Habana, Cuba, 1907-1996). Periodista y actor. Comenzó su carrera a temprana edad en la radio. Su rostro fue el primero que se vio en las pantallas de la televisión en Cuba, en la que desarrolló una brillante carrera. También fue músico, miembro de la orquesta Palau y actuó en varias películas. Recibió numerosos reconocimientos. Sus hijos y nietos se han destacado también como actores y músicos.

Piñeiro, Federico (Santa Clara, Cuba, 1903-Miami, Estados Unidos, 1961). Actor y comediante. En la década de los cuarenta actuó en las películas mexicanas *El Rebelde, Embrujo antillano* y *Marina*. Sobresalió en la radio y televisión con el papel de Sopeira en la pareja Chicharito y Sopeira o El negrito y el gallego, junto a Alberto Garrido. Con sátira y humor, los libretos reflejaban una crítica social de la realidad cubana.

Portela, Guillermo (La Habana, Cuba, 1886-1956). Abogado, diplomático y político. Fue uno de los miembros de la Pentarquía que gobernó brevemente en Cuba, luego del Golpe de Estado del 4 de septiembre de 1933, que derrocó al gobierno provisional de Carlos Manuel de Céspedes. Fue catedrático en la Facultad de Derecho de la Universidad de la Habana, en la cual también estudió.

Pototo y Filomeno, ver Leopoldo Fernández y Aníbal de Mar.

Prío Socarrás, Antonio (Bahía Honda, Cuba, 1905-Miami, Estados Unidos, 1990). Banquero y político. Ocupó los cargos de Ministro de Viviendas y Ministro de Finanzas durante la presidencia de su hermano Carlos Prío. En 1950 se postuló a alcalde de La Habana pero no tuvo éxito.

Prío Socarrás, Carlos (Bahía Honda, Cuba, 1903-Miami, Estados Unidos, 1977). Electo Presidente de Cuba en 1948 por el Partido Revolucionario Cubano (Auténtico), cargo que desempeñó hasta el 10 de marzo de 1952 en que fue derrocado por un golpe militar protagonizado por Fulgencio Batista. Conocido como "el presidente cordial", su gestión estuvo marcada por el respeto a la libre expresión, la creación del Banco Central y el Tribunal de Cuentas. No pudo controlar la corrupción que abundaba durante el gobierno de su predecesor, Ramón Grau San Martín. Antes de ocupar la presidencia, Carlos Prío fue electo y sirvió como senador por la provincia de Pinar del Río.

Pumarejo, Gaspar (Santander, España, 1913-San Juan, Puerto Rico, 1969). Destacada figura de la radio y la televisión. Comenzó su carrera cantando tangos y como locutor en Radio Salas. Trabajó varios años con Goar Mestre en CMQ. A una idea suya se debe la creación de Radio Reloj. En 1947 fundó su propia empresa, Unión Radio, y fue el primero en lanzar al aire la señal de televisión comercial en Cuba, en 1950. Popular locutor y animador, y un sagaz empresario, aunque sin los mismos recursos que sus competidores, los hermanos Mestre. En 1959 se marchó a Puerto Rico donde colaboró con el desarrollo de la televisión.

Quintana, Nicolás (La Habana, Cuba, 1925-Miami, Estados Unidos, 2011). Graduado de Arquitectura de la

Universidad de La Habana. Miembro de la generación influida por el movimiento modernista. Para 1950 está al frente de Moenck & Quintana, la firma de su padre, también notable arquitecto del mismo nombre. Participa en la Junta Nacional de Planificación. En 1960 se fue de Cuba y desarrolló con éxito su carrera en Venezuela y Puerto Rico. Se muda a Miami en 1986 y enseña en la escuela de Arquitectura de la Universidad Internacional de la Florida. Hasta sus últimos días trabajó en un proyecto de reconstrucción de La Habana.

R

Rasco, José Ignacio (La Habana, Cuba, 1925-Miami, Estados Unidos, 2013). Abogado, profesor, periodista, político. Compañero de curso de Fidel Castro en el Colegio de Belén. Graduado de Derecho y de Filosofía y Letras de la Universidad de La Habana. Como miembro del movimiento Liberación Radical, se unió a la oposición política a la dictadura de Fulgencio Batista y apoyó la candidatura a Presidente de Carlos Márquez Sterling. Funda en Cuba durante los primeros tiempos de la Revolución el Partido Demócrata Cristiano, a cuya filosofía y organizaciones internacionales se mantuvo afiliado. Trabajó varios años en el Banco Interamericano de Desarrollo, en Washington, D.C. En Miami fue profesor de la Universidad de Saint Thomas, fundó el Instituto Jacques Maritain, de Cuba, y mantuvo una columna periodística en *Diario Las Américas*.

Revuelta, Raquel (La Habana, Cuba, 1925-2004). Actriz dramática que sobresalió en la radio, la televisión, el teatro y el cine. En la pantalla chica llegó a actuar en dos programas semanales. Tuvo gran éxito en el papel de Doña Bárbara.

Fundadora de Teatro Estudio, en La Habana, en 1956. Sobresalió en la puesta en escena de *Viaje de un día hacia la noche,* de Eugene O´Neill, en 1958. Entre las películas se destacan sus actuaciones en *Lucía* (1968) y *Cecilia* (1982).

Rico, Pedrito (Elda, España, 1932-Barcelona, España, 1988). Actor, cantante y bailarín español. Comienza su carrera artística muy joven en Valencia, y allí un empresario argentino lo contrata. Conquista al público de Buenos Aires, quien lo apoda el Ángel de España. Inicia una gira por América. Triunfa en Uruguay, Perú, Colombia, Venezuela y Estados Unidos. Cuba no es una excepción. En su temporada en la Perla de las Antillas gana popularidad y reconocimientos así como un Disco de Oro.

Rivero Agüero, Andrés (San Luis, Cuba, 1906-Miami, Estados Unidos, 1996). Abogado y político cubano. Graduado de la Universidad de La Habana. Durante el primer gobierno de Fulgencio Batista (1940-1944), de quien era amigo, ocupó el cargo de Ministro de Agricultura. Apoyó el Golpe de Estado del 10 de marzo de 1952. Fue designado Ministro de Educación y más tarde Primer Ministro. Su hermano Nicolás fue asesinado por miembros del 26 de Julio opuestos a la celebración de los comicios de 1958, en los que Andrés fue el candidato presidencial oficialista y supuesto ganador. El gobierno de Estados Unidos se negó a reconocer a Andrés Rivero Agüero como Presidente y abandonó el país, al igual que Batista, la madrugada del 1ro. de enero de 1959.

Roa García, Raúl (La Habana, Cuba, 1907-1982). Escritor, periodista, profesor, historiador, político y diplomático cubano. Estudió Derecho en la Universidad de La Habana, y se destacó en los movimientos estudiantiles contra la dictadura de Gerardo Machado. Sufrió prisión en dos ocasiones: en la década del 30 y después del Golpe de Estado del General Fulgencio Batista, en 1952. En los años 40 fue profesor titular de la Facultad de Ciencias Políticas y Derecho Público de la Universidad de La Habana. En esa época fue becario de la John Simon Guggenheim Foundation. Al triunfo de la Revolución es designado ministro de Estado y luego de Relaciones Exteriores. Militó en el Comité Central del Partido Comunista. Entre sus obras se destacan *Historia de las doctrinas sociales*, *La Revolución del 30 se fue a bolina* y *Aventuras, venturas y desventuras de un mambí.*

Rosales, Maritza (Cienfuegos, Cuba, 1929-La Habana, Cuba, 2013). Actriz de radio, televisión y cine. En los años 40 se destacó en radionovelas y programas humorísticos. Se incorporó a la televisión en cuanto se estrenó en La Habana, tanto como animadora de programas, modelo de anuncios y actriz dramática. Su personaje Reina Milanés, en la telenovela *Historia de tres hermanas* (1957-1958), le ganó aplausos y reconocimientos. Apoyó al Movimiento 26 de Julio contra la dictadura de Fulgencio Batista. Durante varios años protagonizó el personaje humorístico de Tota, en compañía del actor Manolín Álvarez, para Radio Liberación, antigua CMQ. En 2003 recibió el Premio Nacional de Televisión en Cuba.

Rovira, Josefina (¿?- Caracas, Venezuela, 1976). Actriz de radio, televisión, teatro y cine. Se distinguió en varias telenovelas, entre ellas *Historia de tres hermanas* (1956) y *Mi apellido es Valdés* (1957).

S

Salas Amaro, Alberto (La Habana, Cuba, 1914-Miami, Estados Unidos, 1996). Periodista y político cubano. Dirigió el periódico *Ataja*. Se presentó como candidato a gobernador de La Habana en 1945 y a la presidencia de la República en 1958.

Sánchez Arango, Aureliano (La Habana, Cuba, 1907-Miami, Estados Unidos, 1976). Abogado, político y profesor universitario. Se graduó de Derecho de la Universidad de La Habana, y fue profesor en dicha ciudad así como en Estados Unidos, Costa Rica y Ecuador. En 1927 fundó el Directorio Estudiantil Universitario que se opuso a la prórroga de poderes del Presidente Gerardo Machado. Durante la administración de Carlos Prío Socarrás, ocupó los cargos de ministro de Educación y ministro de Estado. Fue acusado de corrupción por el locutor radial y fundador del Partido Ortodoxo Eduardo (*Eddy*) Chibás, quien al no poder mostrar pruebas de las acusaciones, se disparó un tiro durante una comparecencia radial. Se opuso a las dictaduras de Fulgencio Batista y Fidel Castro.

Santiesteban, Enrique (Matanzas, Cuba, 1910-La Habana, Cuba, 1983). Actor de radio, televisión, teatro y cine. Comienza muy joven en CMQ Radio. Sobresale en el papel de Tarzán. Desde los inicios de la televisión cubana se destaca en roles dramáticos de obras clásicas con personajes como Otelo, Macbeth y Enrique VIII. Hizo teatro lírico con el maestro Ernesto Lecuona y también bufo en el Teatro Martí con Garrido y Piñeiro. Sus éxitos en el cine van desde la interpretación del escritor francés Emilio Zola, en 1952, hasta su actuación en *Mella* (1975), del director Enrique Pineda Barnet. Obtuvo fama y admiración entre los televidentes por su personaje de Plutarco Tuero, en el programa humorístico "San Nicolás del Peladero".

Sirgo, Otto (Bayamo, Cuba, 1918-Miami, Estados Unidos, 1966). Actor de radio, televisión, teatro y cine. En la radio se destacó en los programas "El teatro del aire" y "La hora Bacardí". En el cine debutó en 1941 con el filme cubano *Romance musical*, al que siguieron *Como tú ninguna* y la co-producción cubano-argentina *A La Habana me voy*. Trabajó en películas de Argentina, México, España y Cuba. Grabó poemas para el sello Puchito. Dirigió una compañía de teatro y fue propietario de El Café de Artistas. Tuvo papeles protagónicos en diversas telenovelas.

Sosa Blanco, Jesús (San Antonio de los Baños, Cuba, ¿1907 o 1908?-La Habana, Cuba, 1959). Coronel en el ejército cubano durante la dictadura de Fulgencia Batista. Acusado al triunfo de la Revolución de haber cometido múltiples crímenes. Su juicio tuvo lugar en el Palacio de los Deportes de La Habana con una audiencia de 17 000 personas, además de ser televisado en vivo. El 18 de febrero de 1959 fue encontrado culpable y fusilado.

Soto Pradera, Emilio (Sagua La Grande, Cuba, 1912-Virginia, Estados Unidos, 1981). Graduado de Medicina de la Universidad de La Habana. Cursa estudios de posgrado en Pediatría en la Universidad de Pennsylvania y en el John Hopkins Hospital. Organiza el Primer Congreso Internacional de Pediatría de Cuba. Funda el primer hospital para niños inválidos en la Isla y dirige el primer Centro de Prematuros y la Sala de Recién Nacidos del hospital Maternidad Obrera. En Estados Unidos, a donde llega en 1960, después de revalidar su título, continúo ejerciendo su carrera. Funda y dirige el Departamento de Pediatría del hospital de Fairfax, Virginia. Fue profesor titular de la Universidad de Georgetown.

T

Tebaldi, Renata (Pésaro, Italia, 1922-San Marino, Italia, 2004). Célebre soprano italiana. Estrella de La Scala y la Ópera Metroplitana. Una de las voces más bellas del siglo xx, apodada "La voz de ángel". Recogió aplausos en escenarios del mundo entero, acompañada por grandes cantantes de la época como Franco Corelli, Plácido Domingo y Alfredo Kraus, entre muchos otros. Actuó igualmente bajo la tutela de grandes directores, entre ellos Leonard Bernstein, Francesco Molinari-Predelli y Arturo Toscanini. Su rivalidad con la soprano María Callas fue legendaria. Durante su estancia en La Habana, en 1957, invitada por la Sociedad Pro-Arte Musical, la diva italiana se ganó el corazón de los amantes del bel canto con sus actuaciones en *La Traviata,* de Verdi y en *Tosca*, de Puccini.

Torroella, Gustavo (La Habana, Cuba, 1918-2006). Graduado de Filosofía y Letras de la Universidad de La Habana, donde organiza con éxito un curso sobre la Historia de la cubanidad. Ejerce como profesor de Psicología, Filosofía y Ciencias Sociales en el Instituto de Segunda Enseñanza de El Vedado. Crea el primer Laboratorio Psicotécnico y de Orientación Profesional para la enseñanza secundaria. Completó una maestría en Orientación Psicológica en la Universidad de Columbia en Nueva York, en 1956. En 1961 preside el grupo docente de la Escuela de Psicología de la Universidad de La Habana. Colabora sistemáticamente con instituciones dentro y fuera del país. Publicó extensamente sobre las ciencias pedagógicas.

V

Vargas, Pedro (San Miguel de Allende, México, 1906-México, D.F., México, 1989). Tenor y actor mexicano. Pese a su preparación para la ópera, se dedicó al canto popular donde alcanzó reconocimiento mundial. Gran intérprete del compositor Agustín Lara. Grabó con el sello RCA Víctor canciones de su autoría. Su extenso repertorio incluía rancheras, boleros y canciones románticas. Fue parte, asimismo, de la Época de Oro del cine mexicano y actuó en setenta películas. Visitó Cuba múltiples veces, la primera en 1933, y pasó en ella largas temporadas. Grabó varios boleros con Benny Moré, a quien consideraba un genio musical. En 1955 Cuba le concedió la Orden Carlos Manuel de Céspedes.

Varona de, Manuel Antonio (*Tony*). (Camagüey, Cuba, 1908-Miami, Estados Unidos, 1992). Abogado y político. Fue Primer Ministro durante el gobierno de Carlos Prío Socarrás, de 1948 a 1950, y Presidente del Senado de 1950 a 1952. Miembro del Consejo Revolucionario Cubano, en Estados Unidos. En 1961 se involucró en la organización y desarrollo de la Invasión de Bahía de Cochinos, en la cual participó su hijo Carlos de Varona Segura.

Vázquez, Eva (La Habana, Cuba, 1915-Miami, Estados Unidos, 2011). Actriz de teatro, radial, y de la televisión. Trabajó desde muy joven en las temporadas del Teatro Principal de la Comedia. En la radio actuó en populares novelas como *Mi apellido es Valdés* y *Hasta que la muerte nos separe*. En CMQ triunfó como parte del elenco de Tensión en el Canal 6 y Teatro del Sábado. Impartió clases en la Academia Municipal de Arte Dramático de La Habana. Continuó su carrera en las tablas en Miami. Estuvo casada con el actor Carlos Badías, padre de su hijo del mismo nombre, también actor.

Veloz, Ramón (La Habana, Cuba 1927-1986). Importante figura de la música guajira. Comenzó a sobresalir desde niño en la radio, tanto en pequeños papeles en radionovelas como cantando tangos y canciones líricas. Grabó varios discos con Panart y la firma Velvert. En la CMQ conoció a Coralia Fernández, con quien se casó, cantó durante largos años, y compartió escena en el afamado programa musical de los domingos "Palmas y Cañas". Fue en la guajira y el son montuno donde más ambos se destacaron. La mayoría de su descendencia, hijos y nietos, han continuado la tradición artística, ya sea del canto como de la actuación dramática, tanto en la Isla como en los países a donde algunos han emigrado.

Vieta, Ángel (Madrid, España, 1881-Miami, Estados Unidos, 1968). Graduado en Cirugía Dental y Medicina de la Universidad de La Habana en 1914, y en 1925 en Farmacia, al igual que de la Escuela Nacional San Alejandro de Pintura y Escultura. Fue profesor de la Universidad de La Habana y rector de la Escuela de Medicina. Se destacó como bacteriólogo. Fue académico de número de la Academia de Ciencias Médicas, Físicas y Naturales de la Habana. Estuvo activo en varias sociedades médicas, en Cuba y en el extranjero.

Villa Fernández, Ignacio Jacinto (*Bola de Nieve*). (Guanabacoa, Cuba, 1911-Ciudad de México, 1971). Famoso pianista, cantante y compositor. Triunfó en América Latina, Europa, Asia y Estados Unidos. Inició su carrera como pianista de filmes silentes. En 1933 viajó como pianista acompañante de Rita Montaner y es donde adquiere su apodo. Fue parte de la compañía de Ernesto Lecuona, con quien viajó a España, Estados Unidos y Puerto Rico. Apareció en innumerables teatros del mundo con destacadas figuras de la época, como Lena Horne, Libertad Lamarque y Silvia Pinal. Se ha dicho que era el Nat King Cole cubano.

Z

Zéndegui y Carbonell, Guillermo de (La Habana, Cuba, 1910-Miami, Estados Unidos, 1998). Abogado, político, ensayista, e historiador. Entre otros cargos fue en Cuba Director de Cultura. En el exilio dirigió por muchos años la revista *Américas*, de la Organización de Estados Americanos. Entre sus libros se encuentran *Ámbito de José Martí, Las primeras ciudades cubanas y sus antecedentes urbanísticos* y *Todos somos culpables.* Su segundo matrimonio fue con Beatriz Lugris.

Índice

www.ingramcontent.com/pod-product-compliance
Lightning Source LLC
LaVergne TN
LVHW081257100826
845148LV00005B/897

9781613701157